江戸時代の
絵図と歩く

神戸・阪神「名所」の旅

大国 正美◉著

神戸新聞総合出版センター

はじめに

本書は「摂津名所図会」などの挿画のうち、神戸・阪神間を対象に、当時の風景や人々の暮らしを描いたものを読み解き、新たな発見を目指した書である。「摂津名所図会」で不足する分は「播州名所巡覧図絵」「日本山海名産図会」で補完した。なお本書の趣旨から文学作品の場面を想像して描写したものは除いた。

これまで、「摂津名所図会」の記述は広く利用され、また大阪府内の名所については、紹介する書が多く出版されている。また挿画も幅広く利用されてきた。挿画は入念にスケッチされており、火災や復興を繰り返した寺社の盛衰、当時のまちとむらの空間構成、伝統産業や人々のなりわい、変容する祭り、身なりやしぐさが豊かに描かれている。しかし、「摂津名所図会」を巡る考察といえば、初版と再版の異同や、異本の検討、京都を中心とした植生などに集中し、挿画を読み解くという観点の取り組みは限定的である。大阪府内では本書と通じる読み解きの試みがあるが部分的で、兵庫県内の名所については文章に添える補助的な「絵」としての利用にとどまっている。

画人の観察眼と意図が込められた「画」の情報を読み解いたら、どんな歴史空間が復元でき、何が分かるだろうか。本書は江戸時代の神戸・阪神間の名所を対象に「画」を主人公にした読み解きの試みである。筆者の力量不足から、植生など自然景観や図法など技術面には筆が及ばす、限られた視点にとどまっていて、成果はまだまだ不十分だが、「名所図会」の新たな利用法を切り開きたいという意図だけは強調しておきたい。

「摂津名所図会」は、寛政八（一七九六）年に「武庫郡・菟原郡」「矢田部郡（八部郡）」上下巻、「有馬

郡・能勢郡」の三巻四冊が出版され、寛政十年に前半の一～六巻八冊が出て、合わせて九巻一二冊本として流布した。その後小刻みに重刷と一部手直しがされて、明治初期まで重刷、再版が繰り返された。十二冊版に加えて十六冊版もあり、再版、再々版する際に、記述の修正や挿画の一部差し替えも行われた。本書では、執筆の趣旨に合わせ、差し替え前と差し替え後の挿画の両方を掲載し、比較検討も行った。また享和二(一八〇二)年には、九巻一二冊の「摂津名所図会」は全く同じ内容ながら一〇巻に再編され、山城一〇巻・大和五巻・河内三巻・和泉二巻と併せて、三〇巻の「五畿内名所図会」も発刊されている。今回、「五畿内名所図会」についても若干触れた。改めての流布調査や分析が必要だが、これについては別の機会を設けたい。

挿画に描かれている主題を筆者なりに読み解き、章立てを街道と景観・史蹟と旧跡・社寺・なりわいと娯楽とした。この章立て自体が挿画読み解きの第一歩である。最終章のなりわいと娯楽は、「名所図会」を従来の発想以外にどう利用するか、という新しい切り口を盛り込んだつもりでいる。別の論者なら違う章立て、違う分類になるだろう。寺社の描写は、詳細でかつ伸び伸びとしていて、近世人の神仏に対する畏敬の念が伝わってくる。また人物描写は構図に動きがあり表情豊かで、太平の世に、神戸・阪神間で生きた庶民の姿を活写している。また有馬を出発点に阪神間を巡り、摂津の西端までというコースを基本に組み立てたが、どこからでも自由に読んでいただければと思う。

さあ、近世人の「心象風景」を読み解く名所の旅に、お出かけあれ。

大国　正美

目次

第4章　神戸の社寺

第5章　なりわいと娯楽

第１章　街道と景観
第２章　史跡と旧跡
第３章　阪神間の社寺
第４章　神戸の社寺
第５章　なりわいと娯楽
4 屏風岩
知明湖
日生中央
能勢電鉄日生線
3 一庫湯
能勢電鉄妙見線
山下
173
猪名川
3 平野湯
25 多田院神廟と多田院釈迦堂
平野
鼓滝
55 鼓ケ滝の鮎漁と筏下り
477
26 満願寺と最明寺滝
能勢電鉄妙見線
28 清荒神
27 中山寺
川西能勢口
阪急宝塚線
中山観音
176
1 湯山街道
生瀬
宝塚
清荒神
阪急箕面線
171
5 小浜宿と毫摂寺
石橋
北伊丹
6 辻の石碑
56 猪名川と相撲取り
昆陽池
30 昆陽寺
29 伊丹野宮牛頭天王（猪名野神社）
57 伊丹の酒造り
伊丹
阪急伊丹線
阪急今津線
16 猪名寺と猪名笹原
猪名寺
甲山
36 神呪寺
北山貯水池
武庫川
西宮の傀儡師
35 廣田神社
甲陽園
苦楽園口
阪急神戸線
西宮北口
塚口
31 久々知妙見祠と広済寺
7 神崎の渡し
夙川
西宮
JR 神戸線
芦屋
59
34 西宮神社と円満寺
2
9 武庫川おかしの宮
尼崎
8 尼崎城下と大物
今津
43
58 鳴尾の西瓜
鳴尾
武庫川
阪神本線
33 貴布禰神社
32 本興寺
大物
60 西宮の桜鯛と白魚漁

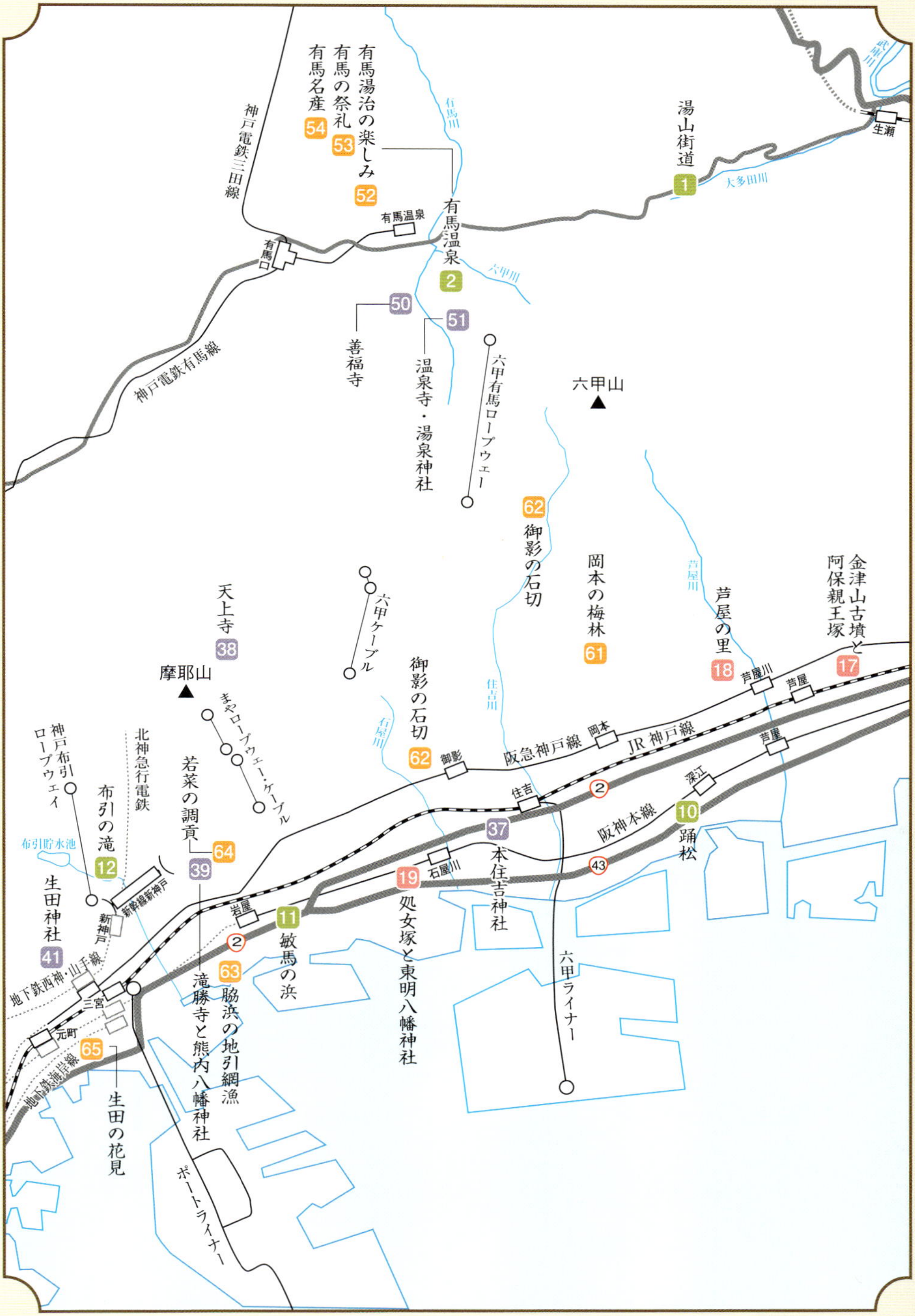

有馬湯治の楽しみ 52
有馬の祭礼 53
有馬名産 54
神戸電鉄三田線
有馬川
湯山街道 1
武庫川
生瀬
大多田川
有馬温泉
有馬口
有馬温泉 2
六甲川
善福寺 50
温泉寺・湯泉神社 51
六甲有馬ロープウェー
神戸電鉄有馬線
六甲山
御影の石切 62
岡本の梅林 61
芦屋川
芦屋の里 18
金津山古墳と阿保親王塚 17
天上寺 38
六甲ケーブル
摩耶山
御影の石切 62
住吉川
石屋川
まやロープウェー・ケーブル
神戸布引ロープウェイ
北神急行電鉄
布引の滝 12
布引貯水池
若菜の調貢 64
39
生田神社 41
新幹線新神戸
新神戸
芦屋川
芦屋
岡本
阪急神戸線
JR 神戸線
御影
芦屋
深江
住吉
2
10
踊松
阪神本線
37
本住吉神社
43
石屋川
19
処女塚と東明八幡神社
岩屋
11
敏馬の浜
2
63
脇浜の地引網漁
滝勝寺と熊内八幡神社
六甲ライナー
地下鉄西神・山手線
三宮
元町
65
地下鉄海岸線
生田の花見
ポートライナー

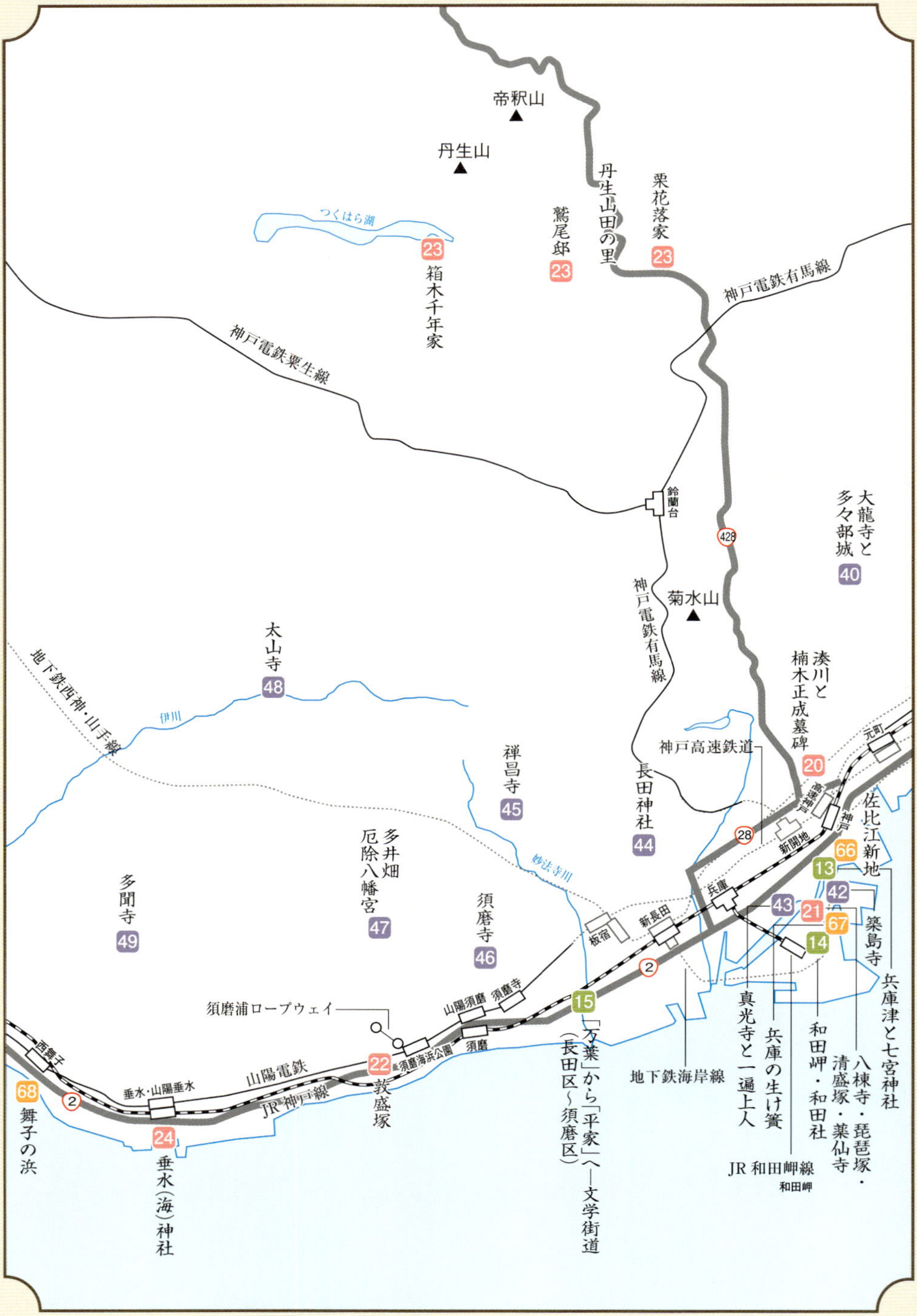

帝釈山
丹生山
つくはら湖
23 箱木千年家
23 鷲尾邸
丹生山田の里
23 栗花落家
神戸電鉄有馬線
神戸電鉄粟生線
鈴蘭台
428
大龍寺と多々部城 40
菊水山
神戸電鉄有馬線
湊川と楠木正成墓碑 20
神戸高速鉄道
元町
高速神戸
神戸
新開地
28
佐比江新地 66
13
42
兵庫
43
21
67
14
築島寺
兵庫津と七宮神社
八棟寺・琵琶塚・清盛塚・薬仙寺
和田岬・和田社
JR 和田岬線
和田岬
兵庫の生け簀
真光寺と一遍上人
地下鉄海岸線
地下鉄西神・山手線
太山寺 48
伊川
禅昌寺 45
長田神社 44
妙法寺川
多井畑厄除八幡宮 47
多聞寺 49
須磨寺 46
板宿
新長田
2
15 「万葉」から「平家」へ—文学街道（長田区〜須磨区）
須磨寺
山陽須磨
須磨
須磨浦ロープウェイ
22 須磨海浜公園
敦盛塚
山陽電鉄
JR 神戸線
西舞子
垂水・山陽垂水
2
68 舞子の浜
24 垂水(海)神社

第1章　街道と景観

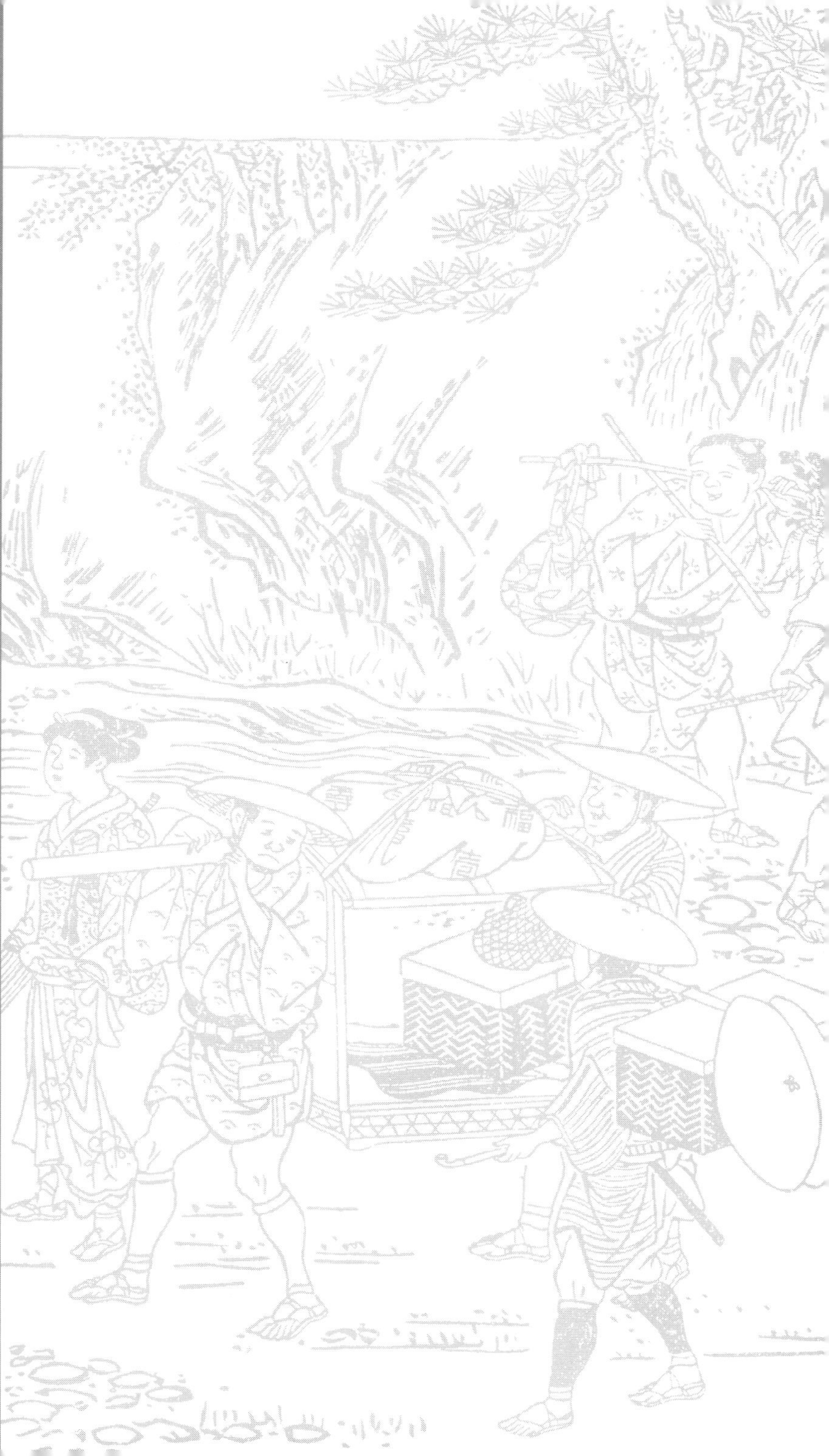

1

湯山街道（生瀬～船坂ルート）

川伝いに跳び渡りながら有馬へと向かう旅人

西宮市山口町船坂

「摂津名所図会」に挟み込まれている挿画を読み解く旅は、有馬郡編の最後に挿入されているこの挿画から始めよう。「摂津名所図会」の挿画にはたいてい説明が入っていて、場面や場所が特定できる。場所が分かればさまざまな利用が可能だが、この絵には全く文字情報がない。何を描いたものなのか。

さて挿画を見ると、武家の家族の一行が駕籠を従え山中の河原を歩いている。笠を被った女性は遠くを眺め険しい表情なのに対し、話しかける女性はにこやかで先方を指さしている。旅人の風ではなく、近所の女性のようで、案内人かもしれない。雨が上がったところなのか、もう一人の女性は唐笠を持っていて、着物の裾をたくし上げている。駕籠は疲れた時のためか、荷物が括り付けられているだけで誰も乗っていない。これに両掛け挟み箱を背負った者は、笠を二つ背負っているので従者とわかる。この一行を眺める老人の旅人がいる。そ

してその後ろの若者は引き抜いた大根を担いでおり、地元の住人であろう。何げなく旅する一行を描いたように見えるがそうではない。

実は寛政八（一七九六）年に出された初版の「摂津名所図会」の挿画はこれではなく、次ページにある図柄なのである。秀雪亭の作で「有馬道　四十八ケ瀬」と書かれている。

有馬への道筋はいくつもあるが、京都や大坂からは武庫川をさかのぼって、生瀬（西宮市塩瀬町）を通過し武庫川の支流の大多田川沿いに蓬莱峡、船坂を経て有馬に入る別名湯乃山街道が最も古くから利用された。川伝いで、大雨が降れば道が変わり、旅人は川の左岸、右岸を跳び渡り歩いた。

「摂津名所図会」は「小多々渓《おたたかわ》」という項目を設け「四十八瀬　小多々渓、船坂より生瀬に至る五十町の間、みな河原にして中に流れあり、往来の人はこれを右に飛び左に越て渡る、洪水には難路にして往来し難し、道の左右みな山にして、深雪の時も用心あるへし」と、紹介している。何度も川を渡るので「四十八ケ瀬」と名付けられた。「摂津名所図会」の挿画は、まさにこの四十八ケ瀬を描いたものである。『有馬郡誌』によれば川に左右に渡る時に滑ったり、転んだりしたことから、「うたたび（転び）川」といい、これが転じて大多田川

となったとある。

「摂津名所図会」にはこのほか大多田川沿いに、抛岩《なげいわ》、座頭谷、屏風巌を掲げている。抛岩は四十八ケ瀬の道端にあり、弘法大師が有馬に行くのに妨げになったので山腹へ投げ上げたので名前がついたという伝説を紹介している。初版本の左画面の右手に大きな岩が横たわっているが、これがそうだろうか。座頭谷は盲人が道に迷って亡くなったことを戒めにしたとしているが「此の座頭谷の方は道広く有馬道は狭し」と注意を促している。屏風巌は「四十八ケ瀬の半より少し船坂の方にあり、高五丈余の大岩石にして屏風を立たるか如し」と書き蓬莱峡の風景の見事さを紹介している。挿画を差し替えた理由は定かでないが、当初の挿画は道幅が広く、平坦な印象を受けたのではないか。人々の表情も丹羽桃渓の作品の方が豊かだ。

丹羽桃渓（一七六〇～一八二二）は、江戸時代中期から後期の大坂の浮世絵師。蔀《しとみ》関月の門人で、本名は大黒屋喜兵衛。絵本や狂歌本、読本、滑稽本、名所図会、絵手本、節用集、重宝記などに多くの挿絵を描いた。秋里籬島とともに「摂津名所図会」を刊行したのち、享和元（一八〇一）年には「河内国名所図会」も刊行した。

2

有馬温泉

温泉街を俯瞰
鳥地獄、鼓ケ滝の景観も

神戸市北区有馬町

「有馬細見惣図」は、船坂（西宮市塩瀬町船坂）を越え有馬に到達した付近の鳥瞰図で、北東側から描いているが、実際にこのような景観が見えたわけではない。有馬富士、別名角山は、この方向ではなく、もっと右手になる。「摂津名所図会」にも「湯山の愛宕の社前より遥に見れば、駿河の芙蓉峰に似たればとて名とす、霧の海山の腰を帯びて、田子浦を表し」とある。芙蓉峰とは富士山の雅称で、愛宕山山上の愛宕神社の前からの景観を合成したものなのである。角山の標高は三七四メートルと高くないが、三田盆地が雲海にかかると、田子浦から見る富士山のようで、明和七（一七七〇）年に出来た「有馬六景」の一つに

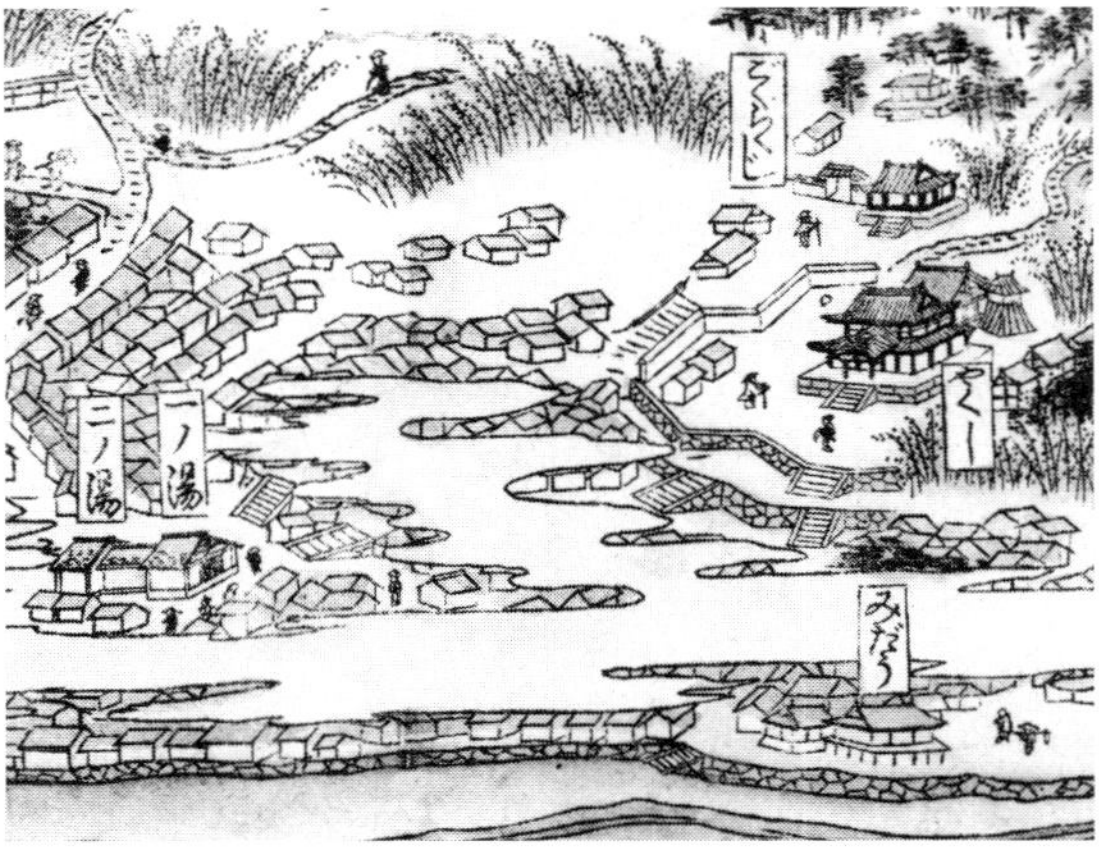

橘守国画「有馬景勝図」の「みだう」

も選ばれた。

右手には落葉山とそのふもとの善福寺が雲間に描かれ、落葉山の横に城跡と書かれている。城跡は、落葉山山頂にあり、落葉山城とも有馬城とも呼ばれる。「摂津名所図会」は有馬古城の項目を立て、落葉山の項目にも「山頭に城跡あり、故に城山ともいふ」とある。現在、落葉山山頂は、北から三の丸・二の丸・本丸・南丸が一直線に並ぶ細長い縄張りとなっていて、本丸跡や二の丸跡に妙見宮が祀られている。暦応元（一三三八）年ごろは南朝方の湯山左衛門の居城で、天文八（一五三九）年、細川晴元の側近、三好政長がここを拠点に播磨・丹波へ侵攻、同年の湯山合戦で三木城主、別所家直に攻め落とされた。その後、三田城主、有馬村秀の配下になるが、天正七（一五七九）年に織田信忠に攻められ落城した。

その左手には「たき」と見え、鼓ケ滝を指しているのかもしれないが、周辺には多くの滝がある。その手前には愛宕神社。愛宕神社については一九四ページに詳しい景観を掲載している。麓には薬師堂、これは温泉寺の薬師堂である（一九〇ページ参照）。その左手に堂があるのが極楽寺だろうか。その左手にある「御堂」とはどこだろう。位置的には温泉寺の奥の院、清涼院だろうが、一九三ページで描く清涼院はいずれもこのような印象を与える規模の寺として描いていない。その一方、寛延二（一七四九）年の橘守国画「有馬景勝図」に林渓寺を「みだう」

と表記している。もし林渓寺とすれば善福寺と薬師堂との間でなくてはならず位置がおかしい。

このページに掲げた「有馬温泉図」は「有馬細見惣図」とほぼ同じ方向から温泉街を拡大して描いたものである。温泉街のほぼ中央に一の湯、二の湯がある。「摂津名所図会」によれば、仁西上人が建久二（一一九一）年に廃れていた湯源を浚って復興し、寺院と十二坊を置いたという。その後、八坊が加わり、「摂津名所図会」を発行した一八世紀末には二〇坊とそれ以外の民屋七、八〇軒が旅客を泊めている。三階建ての旅館も多くみられる。当時は外湯で、一の湯を利用するのが、奥之坊、伊勢屋、御所坊、尼崎坊、禰宜屋、角之坊、二階坊、大門、若狭屋、中之坊。二の湯を利用するのが、池之坊、川崎、休所、河野屋、兵衛、大黒屋、水舟、下大坊、素麺屋、茅之坊の各一〇坊ずつがあった。もともと一つの建物で内部を一の湯と二の湯に分けて間を板で仕切りをしていただけのようである。

一の湯・二の湯から左手に来ると「うはなりゆ」がある。「摂津名所図会」には、盛装した女性がこの湯の前に立つと沸騰したとある。うわなりとは、上代は前妻または本

妻以外の妻をいい、のちには再婚の妻をいった。本妻が後妻を嫉妬して打ちたたくことを「うわなりうち」といい、「うわなり」を嫉妬の意味でも使うようになった。最近では昭和三十年代に湧出したが　今は湧出しておらず祠が設けられている。

温泉街の背後、瑞宝寺公園から鼓ケ滝に向かう途中に鳥地獄・虫地獄があった。愛宕山のふもとではかつて炭酸ガスが噴き出し、近づいた鳥や虫が死んだため、鳥地獄、虫地獄、炭酸地獄と呼んだ。「摂津名所図会」は鳥地獄だけを項目を立て、「地名を地獄谷といふ、此の所に井水あり、これを毒禽湯《どくきんとう》といふ」としている。「摂津名所図会」には立派な地蔵が描かれている。現在も鳥地獄の石碑や地蔵は健在である。そこから有馬川に下ったところに松風庵跡がある。「摂津名所図会」も「むかし此の地に庵室ありて、松風庵といふ、今古跡存せり、小堂に地蔵尊安置す」とあるだけで由緒を記載していない。

ここからさらに進むと、有明桜を経て鼓ケ滝である。有明桜は、「摂津名所図会」は「弥生の花盛りには、入湯の旅客こゝに遊んで幽艶を賞す、又此の辺に丹楓《もみじ》も多し」として「春秋共に佳景の勝地」と絶賛する。「摂津名所図

会」では、有馬川が曲がるあたりに桜が咲き誇り、有明桜と書かれている。やや上の広場では花見客がゴザを敷いて酒宴のさなかである。その上に行者堂、鎮守があるが、今はない。

滝の付近には河原に降りて滝を鑑賞する人たちであふれている。「摂津名所図会」は鼓ケ滝について「左右の岩は殊に岨《そば》って、其の中より落る滝の音、岩の空虚に籠りて、山間の谺鼓《こだま》を打つが如し」と滝の名前の由来を記している。また「中頃洪水の時山崩れ、水勢衰へてむかしの如くならず」とも記載する。鼓ケ滝の上には大きな土蜘蛛がいて木こりを苦しめたために領主から退治されたという蜘蛛滝、さらに上流で滝つぼがすべて白石で、盆石に用いられる白石滝が紹介されている。

鳥地獄（大正〜昭和初期）

3

平野湯と一庫湯

多田の名湯二泉
宿屋でくつろぐ湯治客

川西市平野3、一庫唐松

有馬に並んで、江戸時代に摂津三温泉と云われたのが多田の平野湯と一庫湯である。

平野地区にある薬師堂の東側に「湯口」があり、「湯とゆ（樋）」を伝って、薬師堂の下の町並みに続いている。右を流れるのは猪名川の支流、塩川で、橋も架けられている。次ページの図のほぼ中央には大きな浴室が描かれている。ここも有馬同様、外湯方式で、周辺に宿屋があった。「摂津名所図会」によれば、浴室は「方五丈許《ばかり》、中を隔て男女を分つ、後ろに釜あり、是より薪を焚いて温湯とす、其の時旅舎の人に入湯の期を触るる」とあるので、浴室は一五メートル四方ほどで、内部は男女に分かれ、冷泉と温泉の中間で、薪で沸か

していた。常時入湯はできず、湯が沸くと宿泊客に知らせたという。

「摂津名所図会」は入浴の効能を説き「諸疾に益ある事神の如し」と万病に効くとする。「其の色鶏卵を解きたるが如し、上に釣瓶を設けてこれを汲み上げ」る金泉だったと記載する。源満仲のころ涌きだしたが洪水で廃れ、復興を繰り返し、元禄年間（一六八八～一七〇四）に浴屋を建てて繁盛したとも紹介する。しかし元禄十四（一七〇一）年初版で享保二十（一七三五）年改訂の「摂陽群談」には「病を治すること古《いにしえ》に同じ、知る者これを設け沐浴す、宗玄これを開く、洪水により退転せり」とあって、洪水で衰退し万病に効くことを知っている者だけが沐浴をする程度で、当時まだ十分な浴室が整っていなかったことが記される。

「摂津名所図会」は背後に立派な薬師堂を描く。現在は小さな薬師庵があり、「多田平野湯之町温泉薬師庵」の碑などがひっそり建っているだけだ。また塩川を挟んで対岸には住吉神社と古社があ

る。この住吉神社は現在も健在で、塩川の対岸の山の上に鎮座する。これらは正確に描いている。これに対し薬師堂の西に沙羅林山、塩川を挟んだ対岸に日玉山を描いているが、これは東西が逆である。日玉山については「平野村にあり、山頂に愛宕権現祠あり、故に一名愛宕とも称す」としている。平野に現在も愛宕山があり、また天保七（一八三六）年刊行の「新改正　摂津国名所旧跡細見大絵図」でも塩川の右岸、平野と多田院の間に日玉山を描く。一方沙羅林山は舎羅林山のことは明白で、これは「東多田村の上方にあり」としていて、現状と一致する。興味深いのはいずれも水晶の産地と書いていることである。

舎羅林山は、「摂津名所図会」によれば、源満仲が天徳二（九五八）年に建立した沙羅林山石峰寺という寺院があったが文永年間（一二六四～七五）に焼失したという。本尊を石の箱に詰めて山中に埋め、慶長元（一五九六）年に、夜な夜な沙羅林山の山中に光るものがあり、掘り出して庵を建てたと伝える。さらに慶長八年に庵主宗玄に「京都の近くに寺を移せばご利益がある」と夢のお告げがあり、宗玄は京都・五条橋の東、若宮八幡宮の境内に石峰寺を建てたという。後、黄檗山大本山万福寺の第六世千呆和尚が京都・深草に寺を移し禅宗の寺になった。「摂津名所図会」では宝永年間（一七〇四～一一）とあるが、正徳三（一七一三）年説もある。現在の本尊は釈迦如来だが、昭和五十四（一九七九）年に放火で焼失するまでは薬師如来だった。

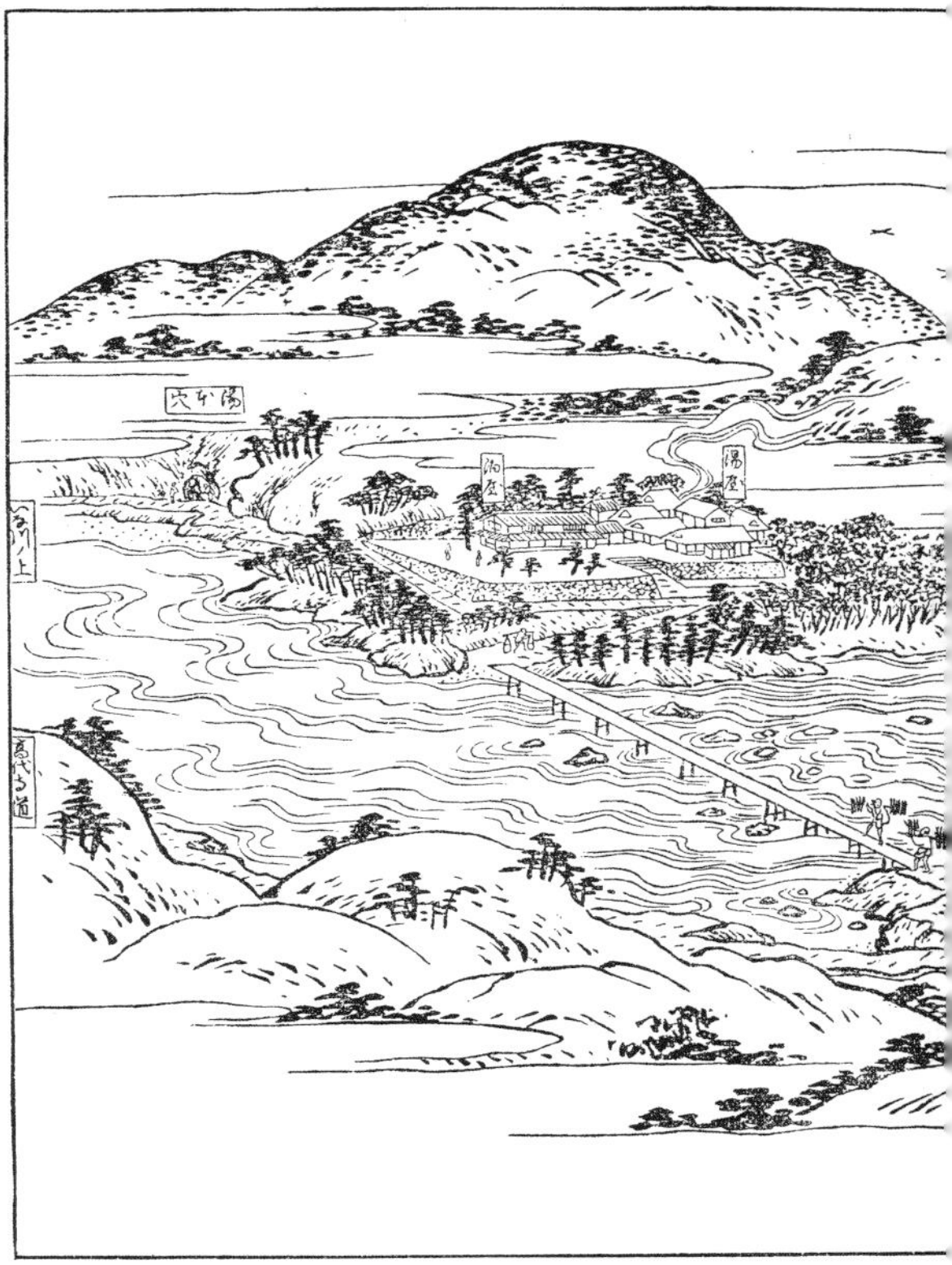

一方、現在、東京都葛飾区東金町にある東江寺にも天徳二年の源満仲建立から京都の石峰寺創立まで全く同じ由緒が伝えられている。江戸幕府の開府に伴い江戸へ移り住む人が増えたので、堺の比丘、聖珊が江戸・牛島に移したものが東江寺で、源満仲にちなんで「多田の薬師」と親しまれ、江戸名所のひとつになった。大正十二（一九二三）年の関東大震災で焼失し、昭和二（一九二七）年、本所区番場町（墨田区）から現在地に移転した。こちらは天台宗の寺である。江戸と京都に全く同じ由緒を持つ寺が二つあるが地元には何も残っていない。

平野湯は、江戸時代末期に大火災の後に衰退したが、明治十七（一八八四）年に鉱泉を利用した日本初の清涼飲料水「平野水」の製造工場ができたことはよく知られている。明治四十年にはシロップを加え「三ツ矢サイダー」の製造を始めた。

平野湯と並ぶ温泉として一庫湯もあった。「摂津名所図会」には、「一庫村の山中、一庫川の側にあり、此の所に取金坑《かねとりまぶ》あり、土人銀水といふ、効能平野湯に相同じ」とある。また「山の麓に方一丈計《ばかり》の槽をしつらひ、其の中より霊泉涌出す、これを浴屋へ汲み入れ湯にして浴さしむ、傍らに入浴の人止宿の家あり、川辺に楼造りにして風流なり」と温泉場の様子を描く。挿画を見れば、猪名川支流の一庫大路次川を橋で渡った右岸に湯屋と泊屋が描かれ、泊屋は瓦葺きの二階建て。右奥に湯本穴があり、のぞき込む人の姿も見える。

右の上には山下村。「下財の家多し、吹屋あり」とあって、鉱夫が多く住み銀銅の精錬を行っていた。

宿屋での過ごし方についても、「摂津名所図会」は詳しく記述するとともに、平野湯の最も大手旅館の桝屋を描く。「摂津名所図会」によれば「日毎に三度計《ばかり》浴し、其の間は好に随《したが》ひ、碁・双六・生花・小歌・三弦の類を翫《もてあそ》ふ、旅舎の中にも桝屋が家には、鞠懸・数寄屋を設けて蹴鞠の興、茶湯の娯《たの》しみ、自在なり、鮮魚は尼崎より日毎に運送す」とあって、湯治の合間に娯楽を楽しむ様子が活写されている。「多田入湯旅舎」の図は、右上に碁将棋と読書、左上に茶の湯、中央に酒宴と芸事、左下に蹴鞠の遊楽風景が描かれている。右下は旅舎の外の風景で、到着した客、迎える宿の者たち。加えて物売りや肥を運ぶ者…。湯船が描かれ湯があふれている。外湯がこのように設けられていたことも分かる。

このほか、和泉屋（岡田氏）・山城屋（藪野氏）・大和屋（池本氏）・萬屋（福田氏）・多田屋（下中氏）・中野屋（中野氏）・河内屋（武山氏）・菊屋（下中氏）・大坂屋・平野屋・若狭屋・近江屋・京屋・丸屋・津村屋という宿屋があったとされる（高垣定光『「多田平野湯」考』一九八三年）。

4

屏風岩

遠方からも訪れる猪名川の景勝地

猪名川町北田原

屏風岩は北摂一の名勝といわれる。「摂津名所図会」は「大井村にあり、岩の形屏風を立てたるに似たり、数六枚、小大あり、高さ凡《すべ》て二十間計《ばかり》、幅十間余」「清流岩下に激して、風致斜めならず、春は岩間に山躑躅《つつじ》咲乱れて、遠近ここに来り風色に興ず」とあって、屏風の形に似た岩が六枚あって、春は山ツツジが美しく、遠方からも見物客が訪れるとしている。

屏風岩

大井村とは、北田原村の一角である。中世には独立性の高い村だったとみえ、永和元（一三七五）年の「諸堂造営料棟別銭郷村注文」（多田神社文書）によれば、北田原村と同列で大井村が記載され、村内の七家が多田院の法花堂・常行堂・地蔵堂造営のために棟別銭を負担している。また慶長十（一六〇五）年の「摂津国絵図」にも「北田原村」と並んで「ヲヽイ村」が独立した集落として描かれている。ただ村高は合算して記載されており、景観としては独立性が高くても、行政的には一村として扱われた。慶安元（一六四八）年の「正保郷

帳」では「北田原村」に添えるように「大井村」が書かれ、さらに元禄十五（一七〇二）年の元禄郷帳になると「大井村」の記載は消えてしまう。

それでも屏風岩の所在地は「摂津名所図会」に記載されるように大井村であり、寛政九（一七九七）年俳人大江丸が描いた写生画も「大井屏風石之図」とあって、大井の地名が記載されている。この大井は、屏風岩の下にある用水井からきているのであろう。北田原村と南田原村への用水の配分を六対四に決める取り決めが元文四（一七三九）年に決められ、今も守られている。

「摂津名所図会」は四ページ連続の挿画で描く。屏風岩の前には河原があり、見物客が下りて景観を楽しんでいる。屏風岩の下流には当時橋はなく、水しぶきをあげて流れる川に間に飛び石があり、渡り終えた旅人の姿が見える。向こう岸には今から渡ろうとする旅人二人。その向こうには「大井の薬師さん」と親しまれた東光寺。今では遊行僧・木喰明満上人が九〇歳の時に立ち寄り、制作した一四体の「木喰仏」を安置している寺で有名だが、それは「摂津名所図会」発刊直後の文化四（一八〇七）年のことである。

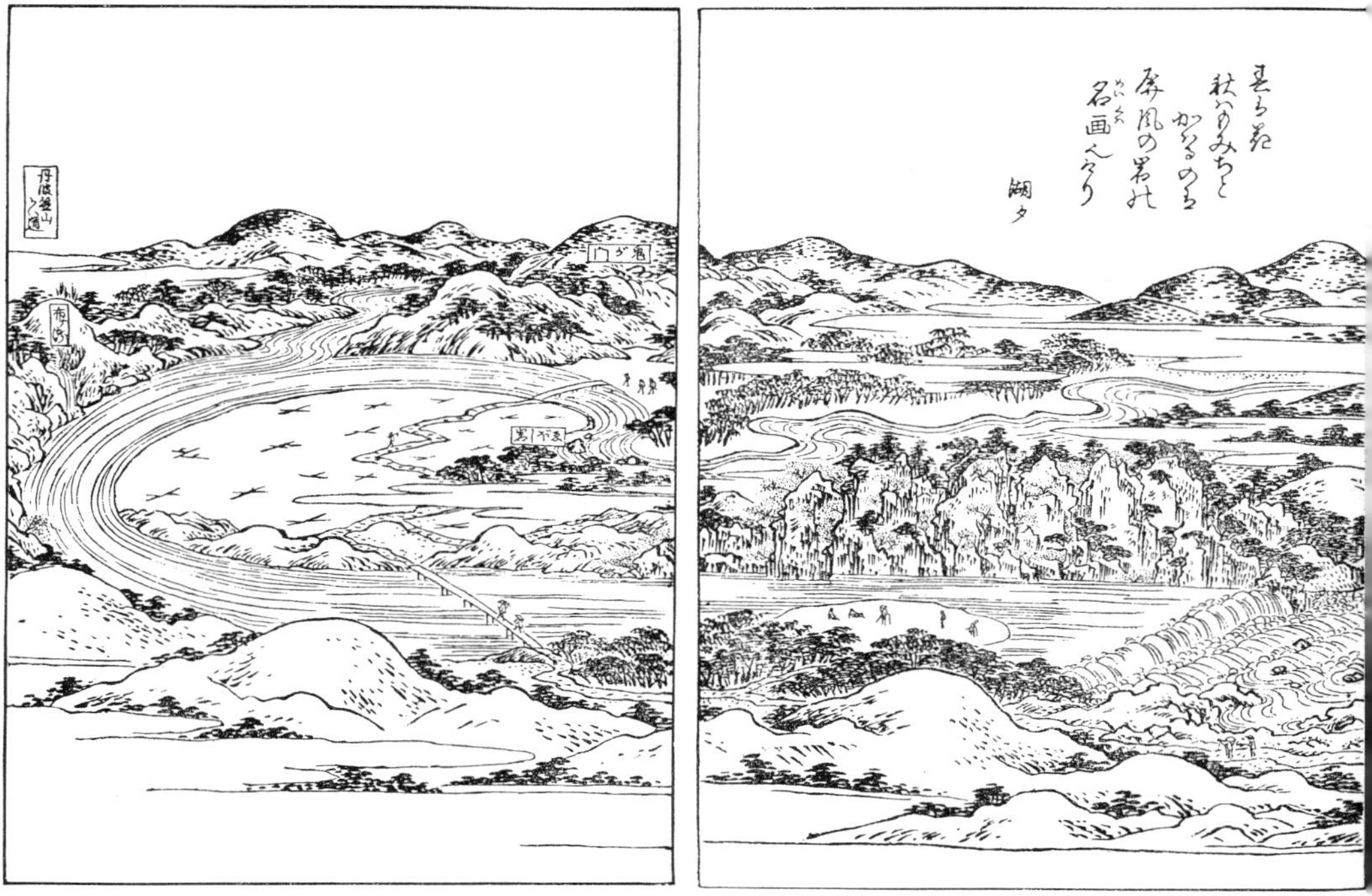

東光寺の前には「裏屏風」が描かれ、「摂津名所図会」には「同じ村の中にあり、初《はじめ》の屏風岩より少し小さし」と似た景観があることを紹介している。現在この付近は「屏風浦」と呼ばれ、「裏」が「浦」に変わったことが知られる。

上流に目を移すと烏帽子岩と鬼が門。烏帽子岩は「形によって名とす」、鬼が門は「形、石門の如し、人力に及びがたし、鬼神の所造なりとて名に呼ぶ」とある。「屏風岩」のバス停から槻並方面へ、槻並川沿いに進むと山の中腹に巨大な石組みがあるのが鬼が門。川の左手には、昭和六十二（一九八七）年の河川改修で川の中央から川岸に移した烏帽子岩が建っている。「摂津名所図会」に描かれた場所からは少し異動しているのである。

対岸には布ケ滝。「摂津名所図会」には流量豊富な滝として描かれるが、今は雨の後の一瞬しか流れない枯れ滝になってしまった。

5

小浜宿と毫摂寺

寺内町として発祥 要衝地として栄えた宿場町

宝塚市小浜5

毫摂寺《ごうしょうじ》は、「摂津名所図会」によれば、はじめは丹波の六人部《むとべ》（京都府）にあって天台宗だったが、本願寺三世覚如の高弟、乗専が京都の出雲路で浄土真宗に改宗して毫摂寺を建立したという。覚如の子、善入が住持となるが、その後、京都・出雲路の毫摂寺は兵火で焼失、越前（福井県越前市）に毫摂寺が建立された。「摂津名所図会」では乗専が越前に毫摂寺を建てたことになっているが、越前の毫摂寺の寺伝では善入の系譜を引く善鎮が再興したとある。

　一方、小浜の毫摂寺は「摂津名所図会」によれば、明応年間（一四九二〜一五〇一）に京都にいた善入の子孫の善秀坊と奥村正信、八尾氏らが切り開いて小浜庄を作ったという説と、天正年間（一五七三〜九二）に善秀坊らが毫摂寺の伽藍を整えたとする説を掲載する。明応と天正の両方の記述に善秀坊が登場するのは無理がある。明応年中の伝承は「摂陽群談」の引用であっ

て、「摂陽群談」は、奥村氏の子孫の家伝をもとにしたために、矛盾する記述になった。越前の毫摂寺に伝わる由緒では、善秀は天正三（一五七五）年織田信長との戦いで越前毫摂寺が焼失したときの住持として名前が登場する。

「摂津名所図会」などの記述は一部誤りがあるが、小浜には一六世紀半ばに浄土真宗の毫摂寺が建立され、次第に寺内町として発展したと考えるべきだろう。顕如が天正年間に再三有馬に入湯、毫摂寺に泊まったことが日記に見える。ただ、小浜の寺内町は一向一揆とは歩調を合わせず、織田信長へ抵抗した形跡がない。逆に荒木村重の乱の時は信長軍が砦にしたという伝承もあり、戦国時代の一向衆としての動向は謎である。

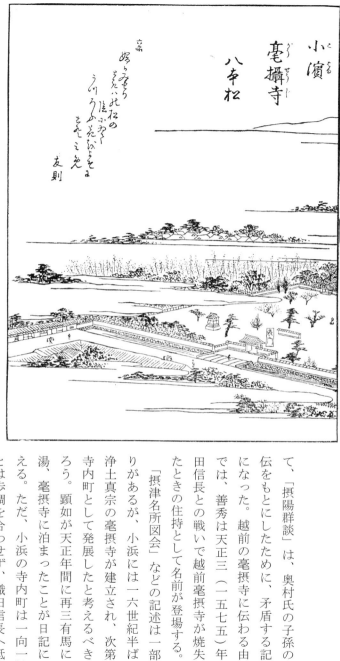

小浜は京都から有馬に向かう京伏見街道の重要地点で、豊臣秀吉が有馬湯治に通行し、毫摂寺で茶の湯の催しをしたという。秀吉の甥の秀次が毫摂寺の亀姫を側室にしたが、秀次が切腹を命じられた際に、京都の三条河原で処刑されたと伝える。

宗教都市として生まれた小浜は江戸時代になると宿場町に変貌する。慶長十一（一六〇六）年、郡山（茨木市）から生瀬（西宮市）の間で荷継ぎをするよう定められた。「慶長国絵図」では猪名川を渡って大鹿（伊丹市）へ向かう西国街道より、小浜を通って丹波や有馬に向かう京伏見街道の方が太く描かれている。元和三（一六一七）年には伊丹、同七年には池田、さらに寛永年間には瀬川がそれぞれ宿場町に指定され荷継ぎ場の範囲は狭まったが、江戸時代を通じて小浜は宿場町として繁盛した。小浜を切り開いたという奥村氏が菊屋、弟福村氏がぬり屋、八尾氏が壺屋という旅館を経営したという。

「摂津名所図会」に描かれた毫摂寺の門前には堀のようなものが描かれ、いかにも戦国時代に武装した一向一揆が立てこもった砦のイメージを彷彿とさせるが、文政十（一八二七）年の「小浜町絵図」には水路のようなものは描かれていない。小浜の町並みはこじんまりとしていて、通路も狭くこのような立派な堀があったとは考えにくく、門前のパターン的な描写ではなかろうか。

「摂津名所図会」は境内の八本松を描く。宝暦年中（一七五一～六四）に毫摂寺に縁のあった風早中納言公雄が清水谷大納言実栄ら当時の公卿十人の詠歌を集めて巻物にして贈った。「摂津名所図会」はすべての歌を掲載している。

宿場町としての小浜は、西の生瀬宿と再三紛争を起こした。丹波や有馬と西宮を結ぶ物流が、武庫川左岸の小浜を通るのか、右岸の生瀬を通るのか、お互いの宿場にとって死活問題だったからである。また小浜には宿駅として二五匹の牛を備える義務があったが、常備の数が足りず周辺の米谷や安倉、伊子志、川面（以上宝塚市）、鴻池（伊丹市）の村々からの「助役牛」によって役負担を賄った。その見返りにこれらの牛に駄賃稼ぎを認めた。このことが紛争のもとになり、貞享三（一六八六）年に抜け道を通っての物資や旅客を運ぶことを禁止した制札を得る。「摂津名所図会」には、境内の参拝客に加えて、笠を被った旅人、担い篭を背負いながら牛に牽かれる人など宿場町を行き交う人々が描かれている。

6

辻の石碑

西国街道と多田街道の交差する所に今も残る

伊丹市北伊丹1、春日丘6、高台5

多田院からの道、多田街道をまっすぐ南に下ると辻碑《つじのいしぶみ》がある。摂津の国の境界にあたる東寺（京都市）から一〇里、山城との国境の大山崎関戸院・播磨との国境の須磨・丹波との国境の天王（三田市母子）・和泉との国境の大小路（堺市）からそれぞれ七里の位置にあり、それぞれからの道が交差する場所にある。

「摂津名所図」では辻碑は八幡宮の脇に小さく、覆い屋と碑が描かれているだけで、注記もなく、よく見ないと見落としそうだ。その点「大路荘辻村・野村絵図」（伊丹市立博物館蔵）ははっきりしている。西国街道と多田街道の交差するところよりやや多田院よりの八幡宮の鳥居の内側に、覆い屋と辻碑が写実風に描かれている。ただ「礼拝石」と異なった名前で記載されている。「大路荘辻村・野村絵図」は「礼拝石」のすぐ前に「野村」と記入されているが、これは明らかに位置が違っているから、「大路荘辻村・野村絵図」の情報もうのみにはできない。

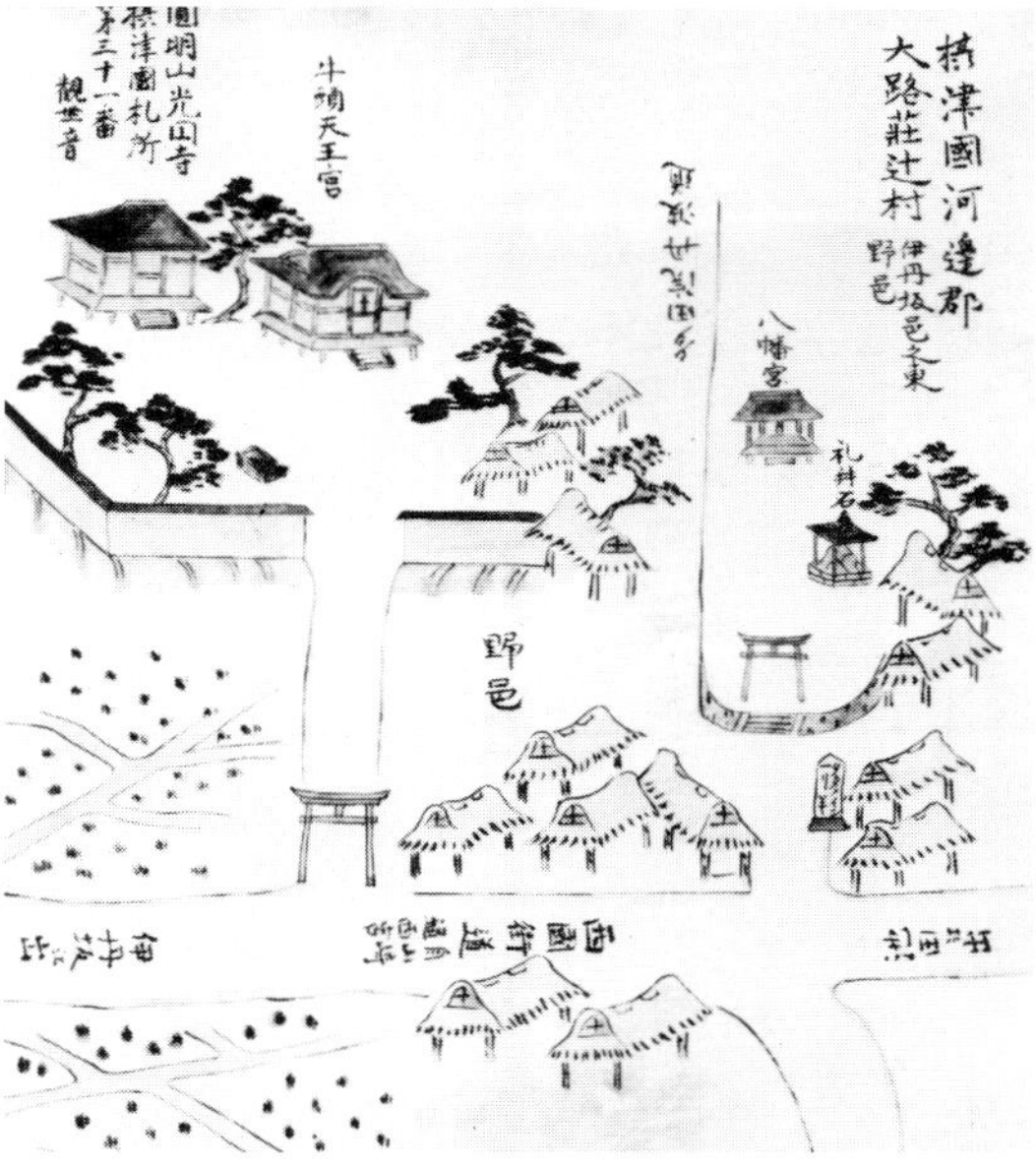

「大路荘辻村・野村絵図」（伊丹市立博物館蔵『伊丹古絵図集成』所収）に描かれた辻碑

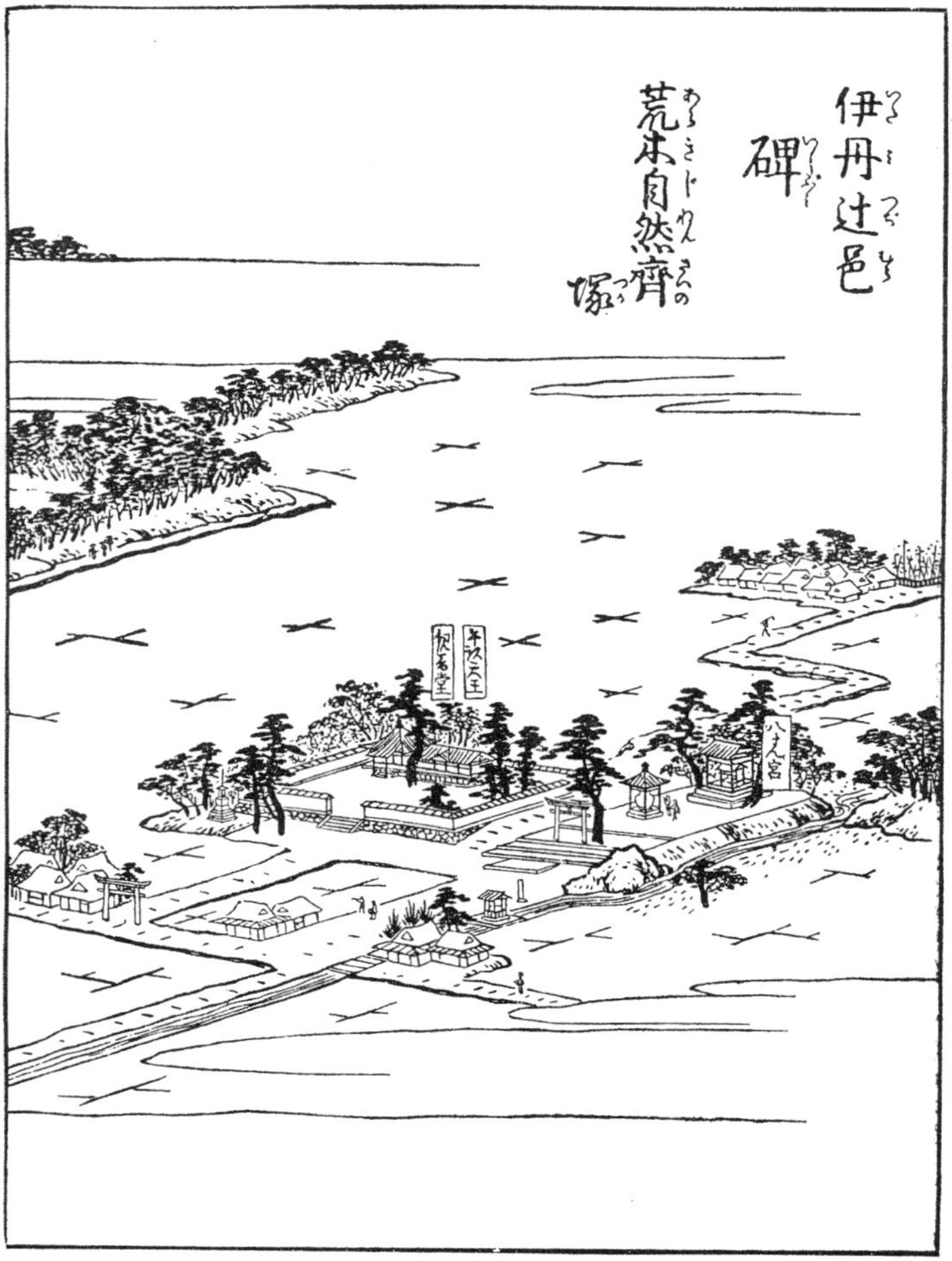

さて辻碑について「摂津名所図会」によれば「陸奥の壺碑にならって石碑あり」と書いている。壺碑は一二世紀末ごろの「袖中抄」一九巻に「日本のはてといへり、但田村将軍征夷の時、弓のはずにて、石の面に日本の中央のよしをかきつけたれば、石文といふといへり」とあるもので、多くの和歌に詠われている。辻碑について「摂津名所図会」は「此の所、摂津国中央の正当なりとぞ」と紹介するが「文字東寺以下多く磨滅して見へず」と、すでに当時から読めなくなっている。しかし「碑銘に曰《いわ》く」として文献から調べた碑文を引用している。

八幡宮や牛頭天王、観音堂は現在なく、前述した「大路荘辻村・野村絵図」には観音堂を「光円寺　摂津国札所第三十一番」の霊場とするが、史料も所伝もない謎の寺である。

「摂津名所図会」では辻碑を過ぎて西に向かうと田圃を過ぎて段丘に差し掛かる。伊丹坂である。そのこんもりとした森の中に「泉式部塔」がある。地中に埋まっていたといわれ、塔身・請花・宝珠が残っているだけだが、完形なら二・三メートルほどになる大型五輪塔で、鎌倉時代のものと推定される。和泉式部

は平安時代の女流歌人で昆陽を詠んだ歌が一首あるだけで、伊丹との関係は不明。「摂津名所図会」も「由縁不詳」とあきらめている。和泉式部の墓や供養碑は各地にある。女性の遊行者がイズミ式部と名乗って各地で布教したことが、こうした墓や供養碑を生む原因になったといわれている。

　和泉式部塔の右手には「自然塚」が描かれ、「摂津名所図会」の本文では、天正七（一五七九）年、荒木村重の子息で一四、五歳の自然が、京都で処刑されたのを憐れんで建てた墓と断定している。墓碑銘は「自然居士之墓」とあり、「摂津名所図会」は「謬《あやま》れるなるべし、自然居士の塚は京師西九条福田寺にあり」としている。ここでいう自然居士は実在の僧（一二四七〜一三〇九）で観阿弥作の能の曲名にもなった。奈良興福寺で修行し説法で浄財を集め京都の東福寺に住居した。「摂津名所図会」はこの人物とは別人の墓だと主張するのだが、荒木村重の子供の墓というのもはっきりしない。

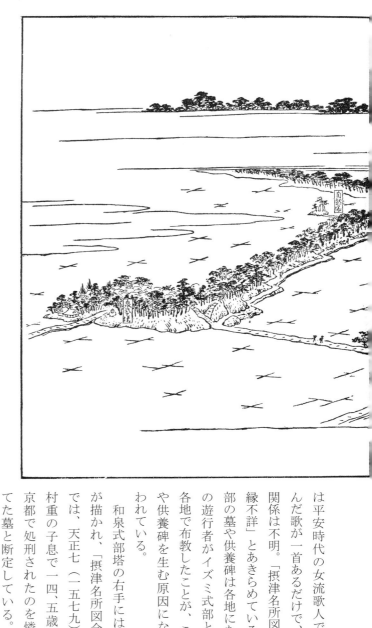

7 神崎の渡し

酒米や年貢米の集散地 要所ならではの紛争も

尼崎市神崎町

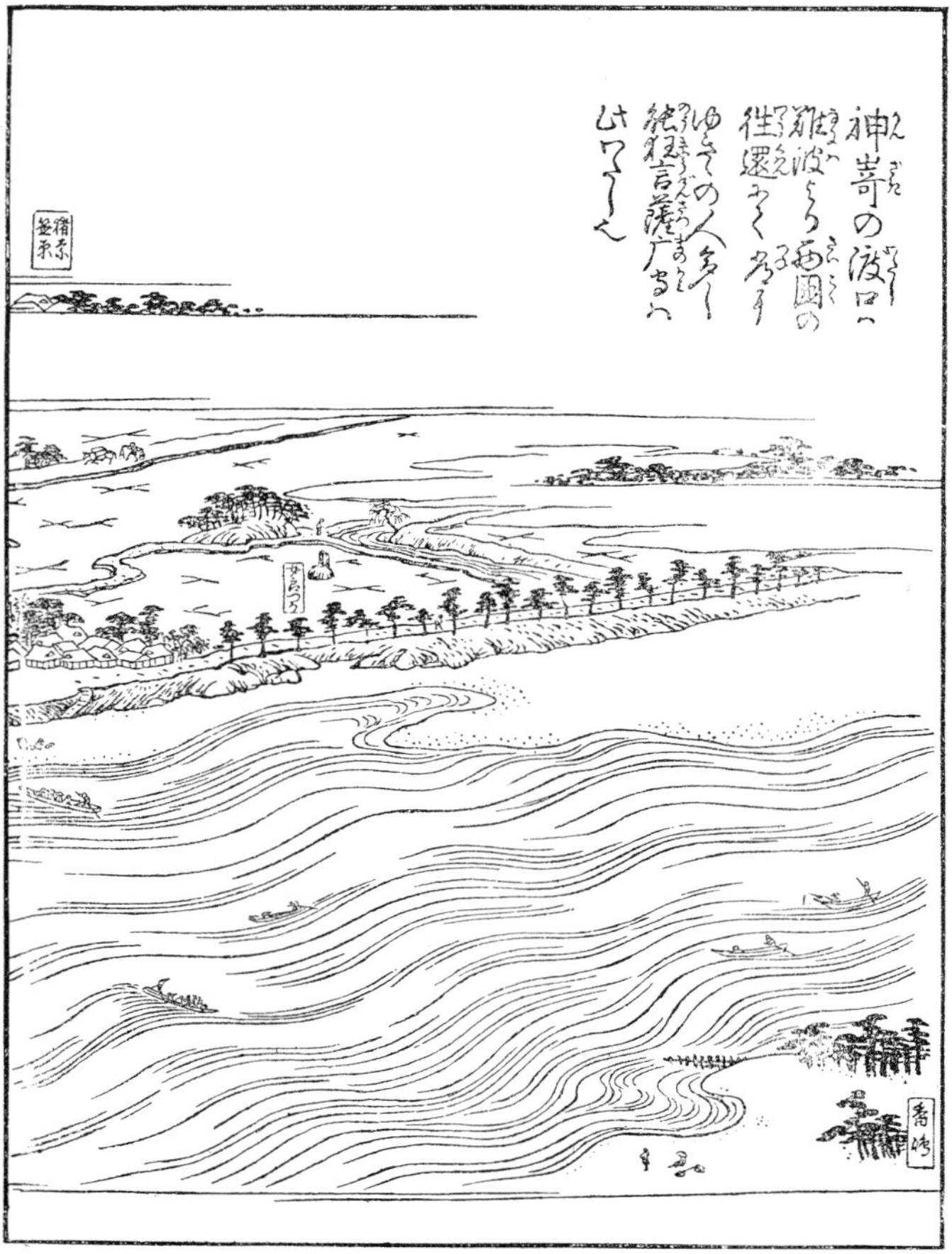

伊丹から大坂道を南下し、猪名川と藻川、神崎川の合流するあたりにあるのが神崎である。「摂津国風土記」逸文に「神功皇后が朝鮮出兵に先立ち、川辺の郡の内の神崎の松原で祈った」との逸話を記載しているから、古代は大阪湾の深い入江で海上交通の要地であった。延暦四（七八五）年長岡京と瀬戸内海を結ぶため淀川と神崎川を直結させる水路が設けられ、淀川のバイパスとなり繁栄した。

神崎の渡しは平安時代末期から鎌倉時代初期の公卿中山忠親の日記「山槐記」などにも登場し、公家が船で通行している。南北朝時代には橋が設けられており、「太平記」には康安元（一三六一）年に摂津守護佐々木氏の軍勢が神崎橋を渡り、翌年橋を焼き落としたとある。ただ文明十五（一四八三）年には蓮如が有馬温泉からの帰途、舟で渡しを通過している。また狂言「薩摩守」では東国の若い修行僧が住吉天王寺へ参詣する途中、高額な船賃を払

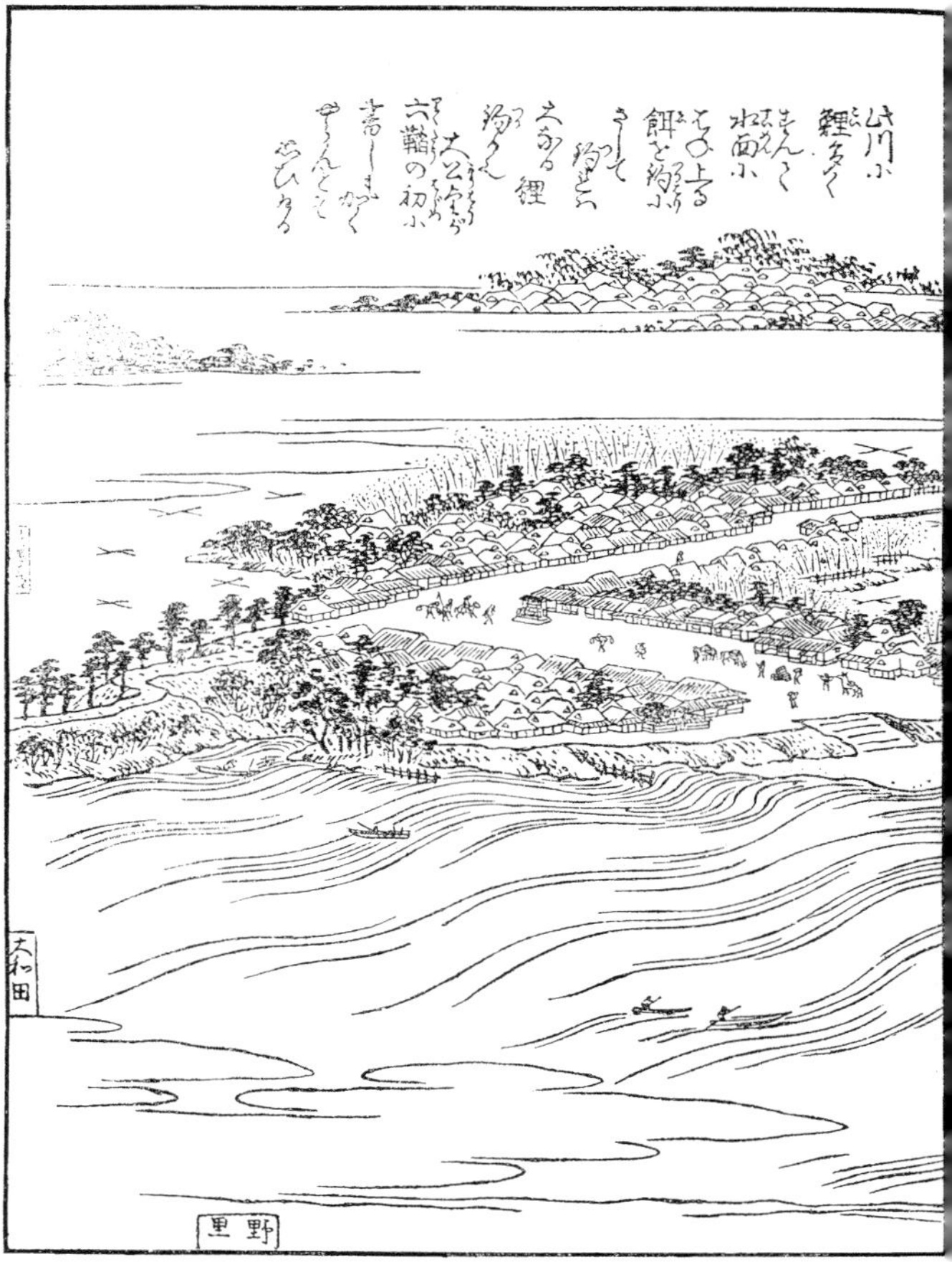

わないと神崎川の渡し舟に乗れないと教えられ、船頭と掛け合うさまが描かれているから、橋は常置ではなかった。薩摩守は平忠度《ただのり》のことで、「ただで乗る」ダジャレを盛り込んだものである。江戸時代も大坂防衛のため橋は架けられず「摂津名所図会」には舟が九艘も描かれている。

挿画で右に伸びるのが伊丹からの道で、江戸時代には神崎は尼崎藩指定の宿場町となった。宿場町は公用交通を支える義務の見返りに駄賃を取って客や物資を運ぶ権利が認められた。神崎は幕府の定めた宿駅でなかったために、伊丹の馬借や宿場、酒造家と再三紛争が起きた。享保十（一七二五）年の判決では神崎浜に着いた荷物を神崎馬借が独占することを禁じられ、寛政九（一七九七）年には神崎の問屋六人を相手取り、伊丹の酒造家や問屋・馬借が訴えた。このように輸送をめぐる紛争が起きるのは、神崎が周辺村々の年貢の積み出し地であり、伊丹酒造業の酒米の集散地として重要であったことの裏返しでもある。天明四（一七八四）年には伊丹の下河原から神崎までの猪名川通船も認められ南北交通の拠点としても重要度を増した。神崎には茅葺きに交じって瓦葺き、二階建ての茶屋、往来する馬上の武士、荷を積む馬などが描かれる。

遊女塚

しかし明和六（一七六九）年兵庫～西宮が幕府領になり、公用交通の負担が増えていくのに、寛政三（一七九一）年に神崎は「伊丹酒の扱いがかつての三分一に減った」と訴えているように、民間の積み荷の減少で次第に困窮した。「摂津名所図会」に描かれたのはこうした困窮を深めるころの神崎の景観で、文化五（一八〇八）年に、測量のためにこの地を訪れた伊能忠敬は神崎の宿について「家作宜しからず」と書き、嘉永六（一八五三）年、幕府の勘定奉行川路聖謨《としあきら》に同行して神崎を通った古賀謹一郎は「西使日記」で、昼食をとった店について「塵がつもり障子が破れた汚い店で、飯は冷たくて生臭い」と苦言を呈している。

神崎は平安時代後期には、遊女の里として知られ、高名な学者大江匡房が「遊女記」で「天下第一之楽地」と評し、江戸時代後期の読本作者・上田秋成が、「宮木が塚」という物語を遺している。宿場の右手には田圃の中に女郎塚が描かれ、建永二（一二〇七）年、讃岐へ流される法然上人がこの地で五人の遊女に念仏を授けたところ、懺悔し入水したという伝説を記載している。尼崎市寺町の如来院の寺伝によれば、法然上人が遊女たちを教化した遺跡の堂舎・神崎釈迦堂が移転したのが如来院だという。

現存する遊女塚には元禄五（一六九二）年の銘があり、「摂津名所図会」に描かれているのはこの石塔だが、工場建設で大正年間に川沿いから現在地に移された。「摂津名所図会」には「尼崎如来院よりこゝに墓碑を建て、表には六字の名号、裏には遊女五人の名を鐫《え》る」と記しているが、梅溪昇氏の『法然上人遺跡　如来院の来歴と史料』によれば、石塔背面に遊女の名が刻まれていた形跡はない。

8 尼崎城下と大物

海路と陸路の結節点 追われる義経の脱出港

尼崎市大物町、寺町など

尼崎城について「摂津名所図」は天守閣や櫓を描くが、遠景だけである。室町時代に大覚寺のあった場所に築かれたので「旧名大覚寺城といふ」と紹介し、大永年中（一五二一〜二八）細川尹賢、元亀年中（一五七〇〜七三）荒木村重、村重滅亡の後池田信輝、元和三（一六一七）年戸田氏鉄と代表的な城主を紹介する。ただし戸田氏鉄以前の城は「尼崎城」「尼崎古城」などと呼ばれるが、別物である。「交易の商人多し、南は船路泉州・紀州に続きて、小船の泊によし」と書き、和泉や紀伊との水上交易が盛んだった。

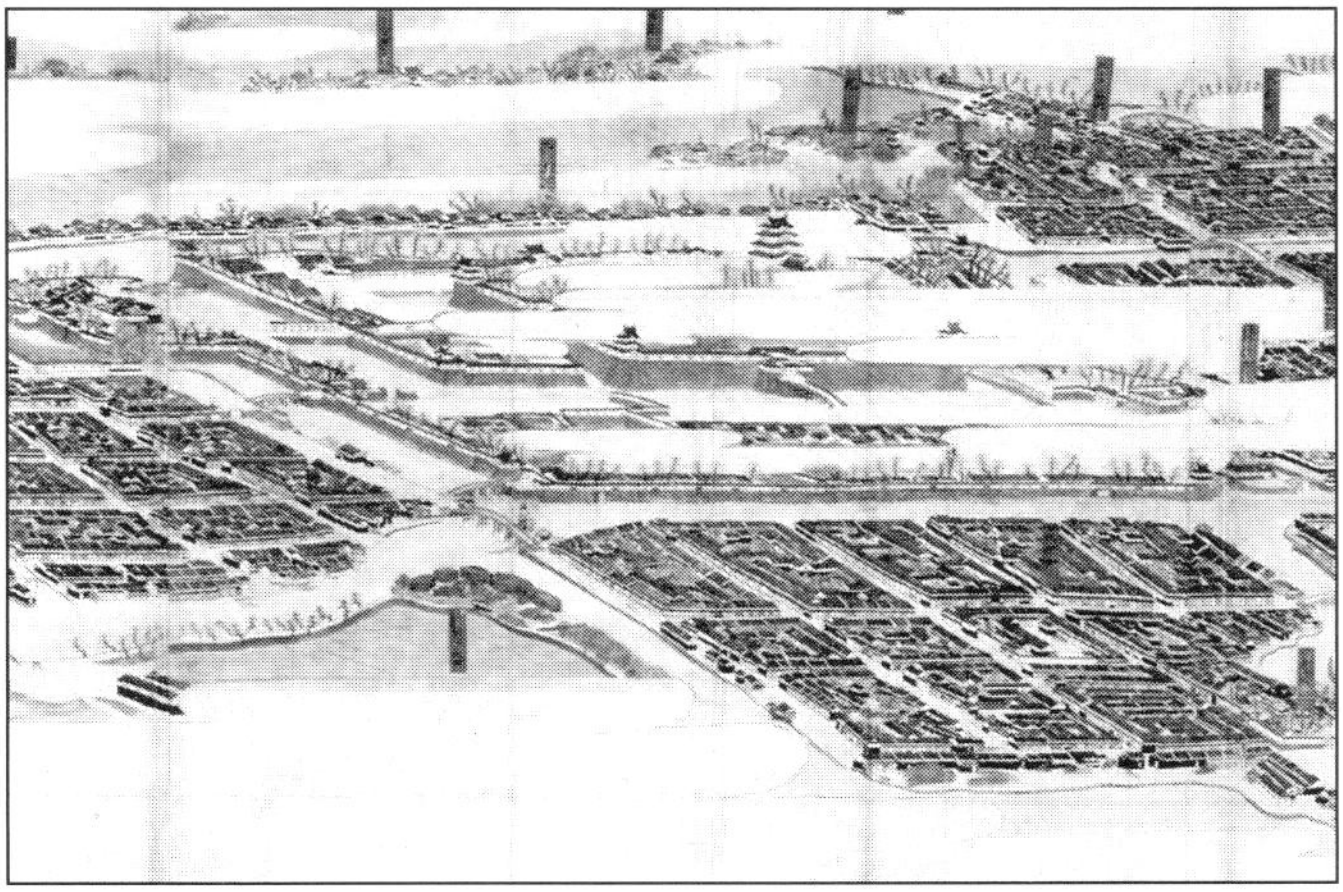

尼崎城下風景図（部分）

大物は神崎川河口にあり、天平勝宝八（七五六）年の「摂津職河辺郡猪名所地図写」に大物浜が登場、治承四（一一八〇）年の福原遷都では京都を出発した公卿一行は大物を宿泊地と定める。また京都から淀川を下った九条兼実ら公卿がこの地で輿に乗り換えるなど、大物は淀川と海路や陸路を結ぶ結節点だった。平家滅亡の後、兄の源頼朝から追われる身になった義経は、大物から船で逃げたことが九条兼実の日記「玉葉」や鎌倉幕

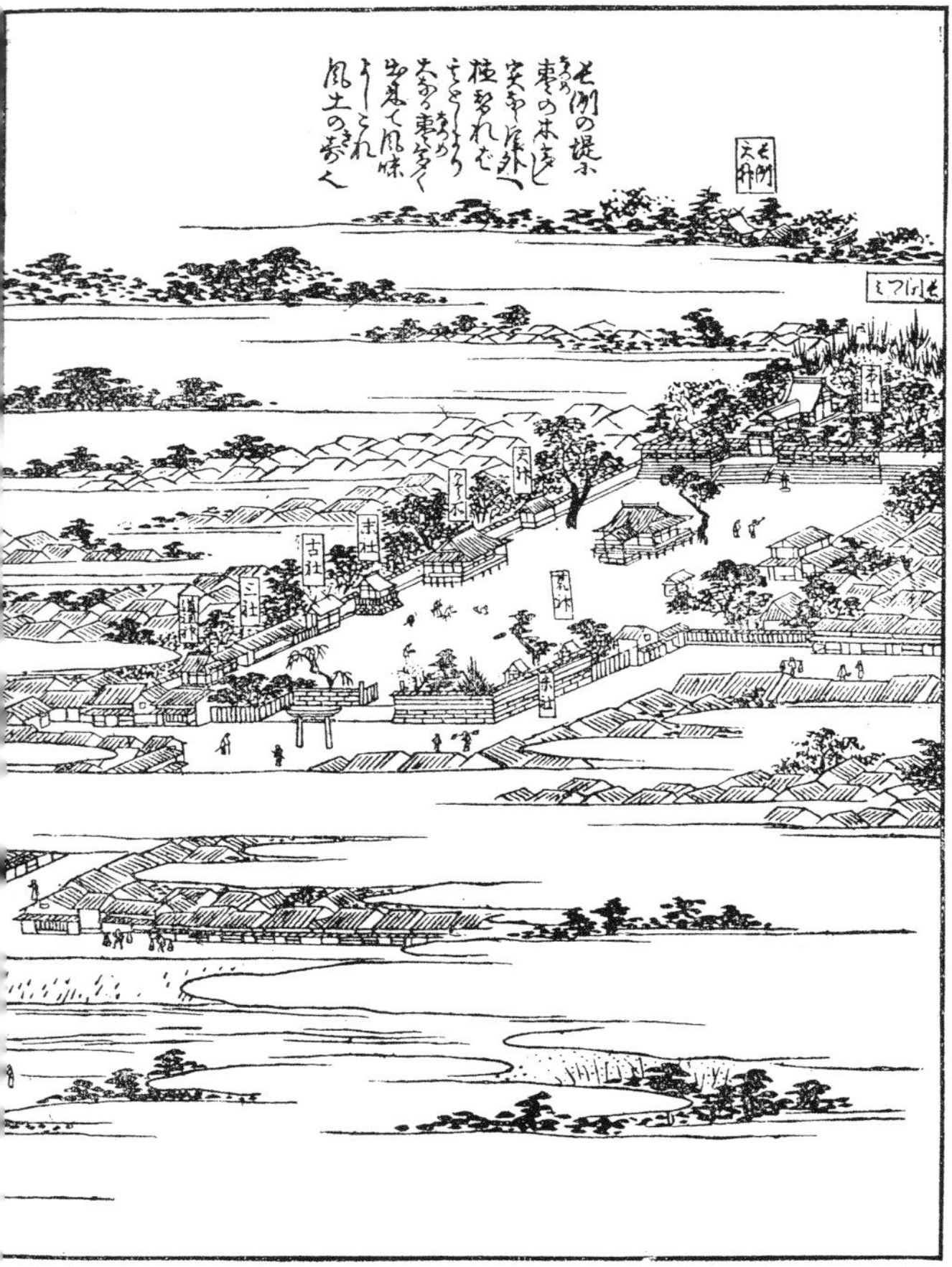

府の正史「吾妻鏡」に見える。

この地の産土神が大物社で、若宮とも呼ばれた。「摂津名所図会」では社伝として平清盛が安芸・厳島に向かう際に逆風に遭い、この地で厳島明神に祈ったところ風が静まったので、市杵島姫命《いつきしまひめのみこと》を勧請して祀ったのが始まりと記す。「摂陽群談」では弁財天社とし、若宮八幡とも称すとしている。藩主の信仰が厚く、貴布禰神社同様に参拝を受けた記録が残る。明治七（一八七四）年大物主《おおものぬし》神社となった。

「摂津名所図会」は鳥居をくぐると左手前から道祖神・三社・古社・末社・かぐら所・天神を描き、右手には手前から末社・荒神が続く。背後には長洲堤があり、詞書には「棗の木が多く生えているが実がならず、ほかの場所に植えるとその年から大きな実がなる」と記載している。尼崎城下町の市庭町との間の大物川には大物橋が架かっていて、大物町側のたもとには高札場、市庭町側のたもとには小さな堂と鳥居が描かれている。市庭戎社で、近代になってから貴布禰神社に合祀された。

尼崎城下町は寺町を遠景で描いている。遠くに尼崎城、手前に東から広徳寺・栖賢寺・甘露寺・法園寺・大覚寺・長遠寺・如来院、その背後に海岸寺を描く。

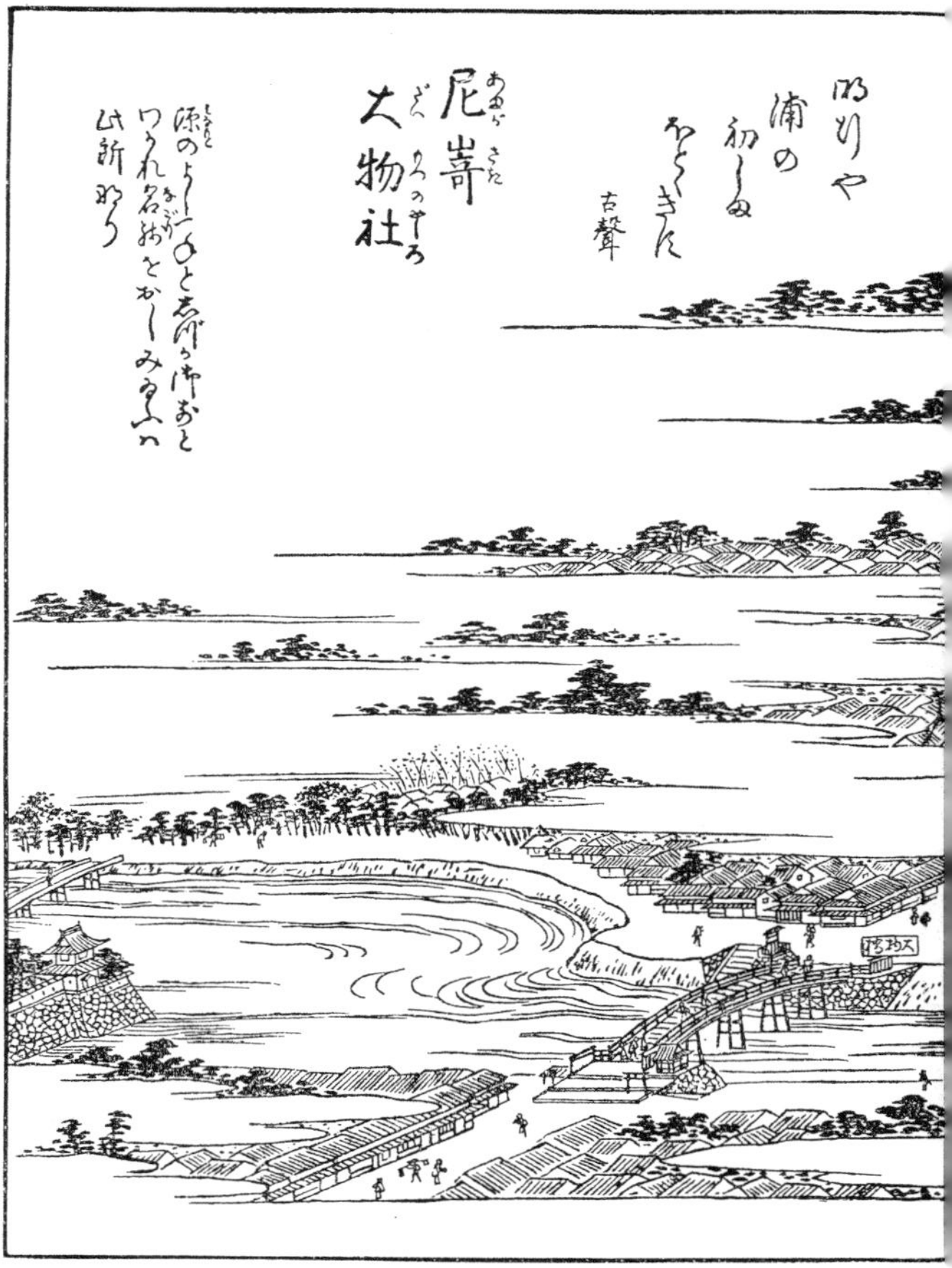

いずれも元和三（一六一七）年尼崎城の築城で大物町や城の予定地から移された寺である。

西端に描かれる如来院は神崎にあった法然ゆかりの神崎釈迦堂が大物に移転したと伝えられる。移転時期について「摂津名所図会」は永禄年中（一五五八〜七〇）とするが、「如来院縁起」には永正十七（一五二〇）年とある。また「名月姫の父母三ツ松刑部左衛門国春夫婦の石塔あり」とあり、これは嘉暦二（一三二七）年の笠塔婆のことである。銘文に「二親三十三ケ年の遠忌」とあるので、亡父母の三十三回忌に子供が建てたものと判明する。挿画で、門を入って左手、塀越しに見える石塔がそれだろう。良質の御影石の優品である。本堂は元禄九（一六九六）年建立。当初瓦葺きだったが、昭和五十二（一九七七）年の修復で銅板葺きにした。表門は一七世紀末頃の建築とされ、「摂津名所図会」が描く門そのものである。

その東は「正をん寺」とあるが正しくは長遠寺。「大堯山縁起」では、観応元（一三五〇）年七ツ松（尼崎市）に創建され、のち風呂辻町・辰巳・市庭の地へ移転し、法花寺と呼ばれていたが、元和三（一六一七）年の移転の際に長遠寺と改めた。本堂は元和九（一六二三）年、多宝塔は慶長十二（一六〇七）年建立で、いずれも

国指定重要文化財。挿画にはしっかりと多宝塔が描かれている。

隣は大覚寺。「摂津名所図会」によれば能勢郡の剣尾山にあった月峰寺が源流で、二体の観音像のうち一体が尼崎・長洲に移され室町時代に灯炉堂が設けられ、東大寺の琳海が建治元（一二七五）年摂津に移り建立したのが大覚寺とされる。寺東側の門前に市場が設けられて市庭町となり、大覚寺を中心に町場・尼崎が形成された。「摂津名所図会」は鳴尾沖で盲人を殺害して奪った金銭で富裕となった海賊が、我が子を海難で失い、罪を悔い十王堂を奉納したと記載する。密集した伽藍を描くが明治になって再三火災に遭った。

法園寺は、室町時代に勝誉恵光法園上人が開基したという。築城までは別所町（東本町三）にあった。境内に豊臣秀吉に仕えた武将佐々成政の墓碑がある。太閤検地を急いだ成政に対し肥後国人一揆が起き、失政の責めを受けて天正十六（一五八八）年この寺で切腹した。隣が浄土宗甘露寺。室町時代円誉上人が開いたと伝え、元は大物町にあった。「摂津名所図会」は「法然が愛用した袖釜がある」と記している。天正五（一五七七）年に亡くなった六代目住持の添状があり、遅くともこのころには寺に現存している。

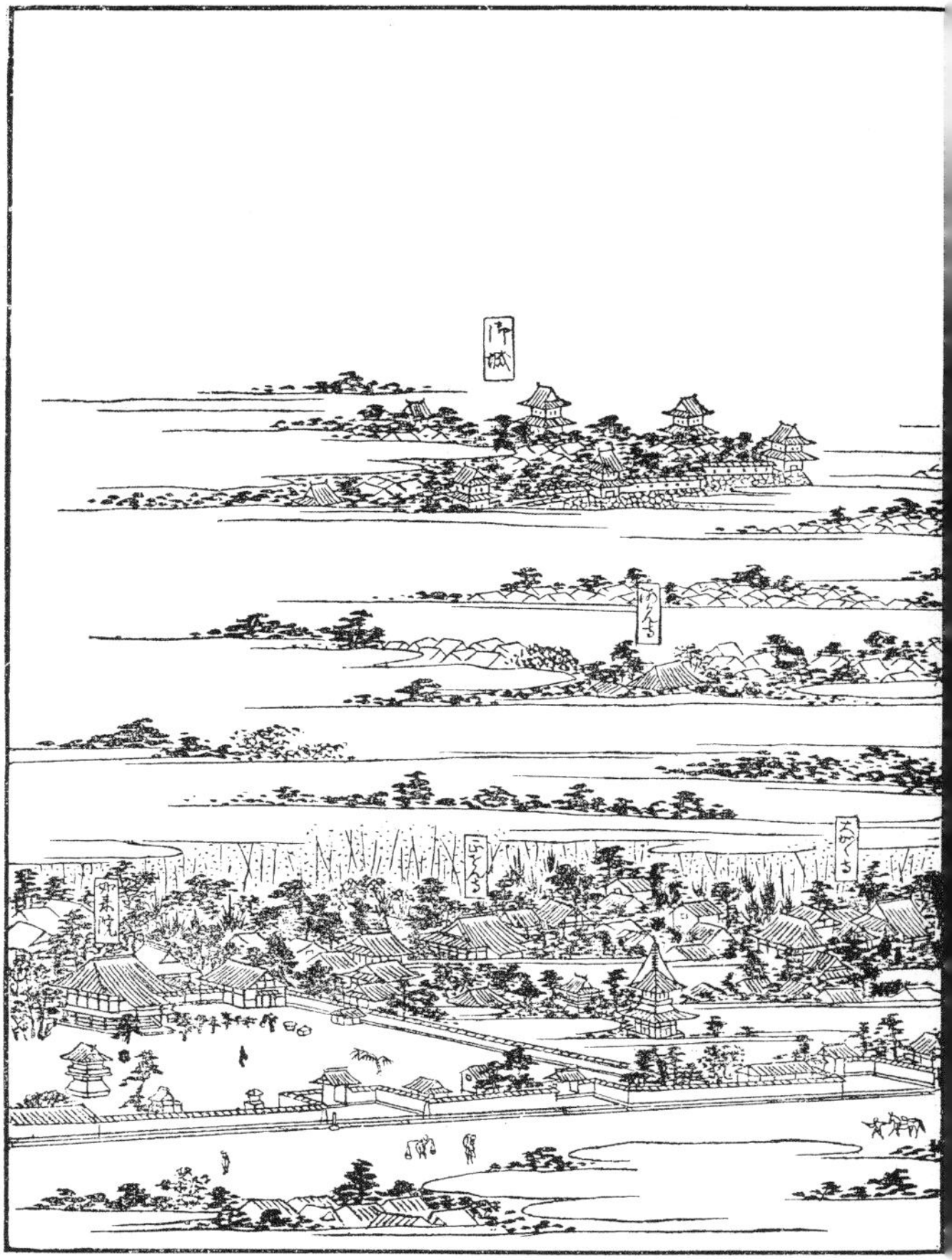

栖賢寺は、室町時代に創建された臨済宗の寺で『尼崎志』は康永年間（一三四二〜四五）開基とも赤松氏の建立とも書く。もとは大物町にあり、「摂津名所図会」は豊臣秀吉が明智光秀を討った山崎合戦のあと諸侯をもてなした寺だと紹介する。近代になり無住となり、昭和七（一九三二）年に京都・修学院村（京都市）に移転した。

広徳寺も臨済宗の寺。「広徳寺々記」によれば京都紫野の大徳寺の言外宗忠和尚が開山、宗忠の弟子の花岳宗栄禅定尼が開基という。「摂津名所図会」は栖賢寺と同様、豊臣秀吉が山崎合戦の戦勝を祝ったことを記載する。やはり元は大物町にあった。

海岸寺は「摂津名所図会」に正慶年中（一三三二〜三四）に開創され明徳年中（一三九〇〜九四）に臨阿弥によって中興された時宗の寺とある。また「秦武文《はたのたけぶん》古墳　当寺にあり」とある。秦武文は「太平記」に登場する南朝方の武将。土佐（高知県）に流された後醍醐天皇の皇子、尊良親王に従ったが、妃を土佐に迎える際、この地で妃を海賊に奪われ、自殺するという伝説の主人公。海岸寺は廃寺になり現在は時宗の善通寺に移されている。海岸寺がいつ廃寺になったのかは分からない。

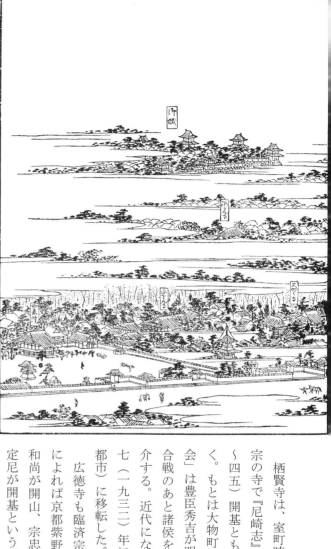

9

武庫川おかしの宮

「岡司」ゆかりの岡太神社 平重盛「小松殿」の伝承も

西宮市小松南町2

尼崎城下を抜けて西に行くと武庫川に突き当たる。上流は伊子志（宝塚市）、髭の渡し（尼崎市〜西宮市）などがあり渡し船だったが、「摂津名所図会」の挿画を見ると、この場所には細いながらも橋が架かっている。すれ違うことも困難な細い橋である。

武庫川とその支流を渡ると、田圃の中に「おかしの宮」「小松旧跡」がある。おかしの宮は、今、岡太神社で、社伝に、寛平五（八九三）年武庫郡広田村の岡司《おかし》新五が開発、延喜元（九〇一）年広田明神を祀ったことに始まるとする。「摂津名所図会」は「土人はただ押照宮《おかしのみや》と称して」と書き、地元では「押照」と書いて「おかし」と呼んだという。律令制度の施行細則「延喜式神名帳」に登場する式内社・岡太神社について並河誠所は、享保二十（一七三五）年刊行の「摂津志」で「小松村にあり」と比定し、元文六（一七四一）年社号標石を設置した。これに対し「摂津名所図会」は「非なり、岡田神社は門戸村にあり」とする。神戸女学院大学がある岡田山の中央に鎮座する岡田神社のことで、廣田神社の摂社である。

「小松旧跡」は「押照祠より二町許《ばかり》西にあり、御供所の古跡なり、土人小松重盛塚といふは大なる謬《あやまり》なり」と書く。小松重盛は平清盛の長男の重盛で、西南の「伏松」という小高い丘が館趾と言い伝えられている。また二基の供養塔もあり、重盛の供養塔とされる。この供養塔は東南の共同墓地と西の洪水よけの堤防に立っていたもので笠石を九層に重ね、元は十三重塔だったらしい。鎌倉末期の作品だとされる。

重盛は京都六波羅の小松第に居を構えていたので「小松殿」「小松内大臣」と呼ばれた。一方この地は小松庄と呼ばれ平家の所領だった。小松庄は平重盛と関係があるのかもしれないし、小松という地名から派生した伝承かもしれない。ただこの地区には「一時上臈」と呼ばれる民俗行事があり、重盛が館を築いたときに手伝った百姓に樋口姓が与えられ、その家筋だけで構成する講組織がある。何重にも「小松殿」の伝承が行き渡っている。

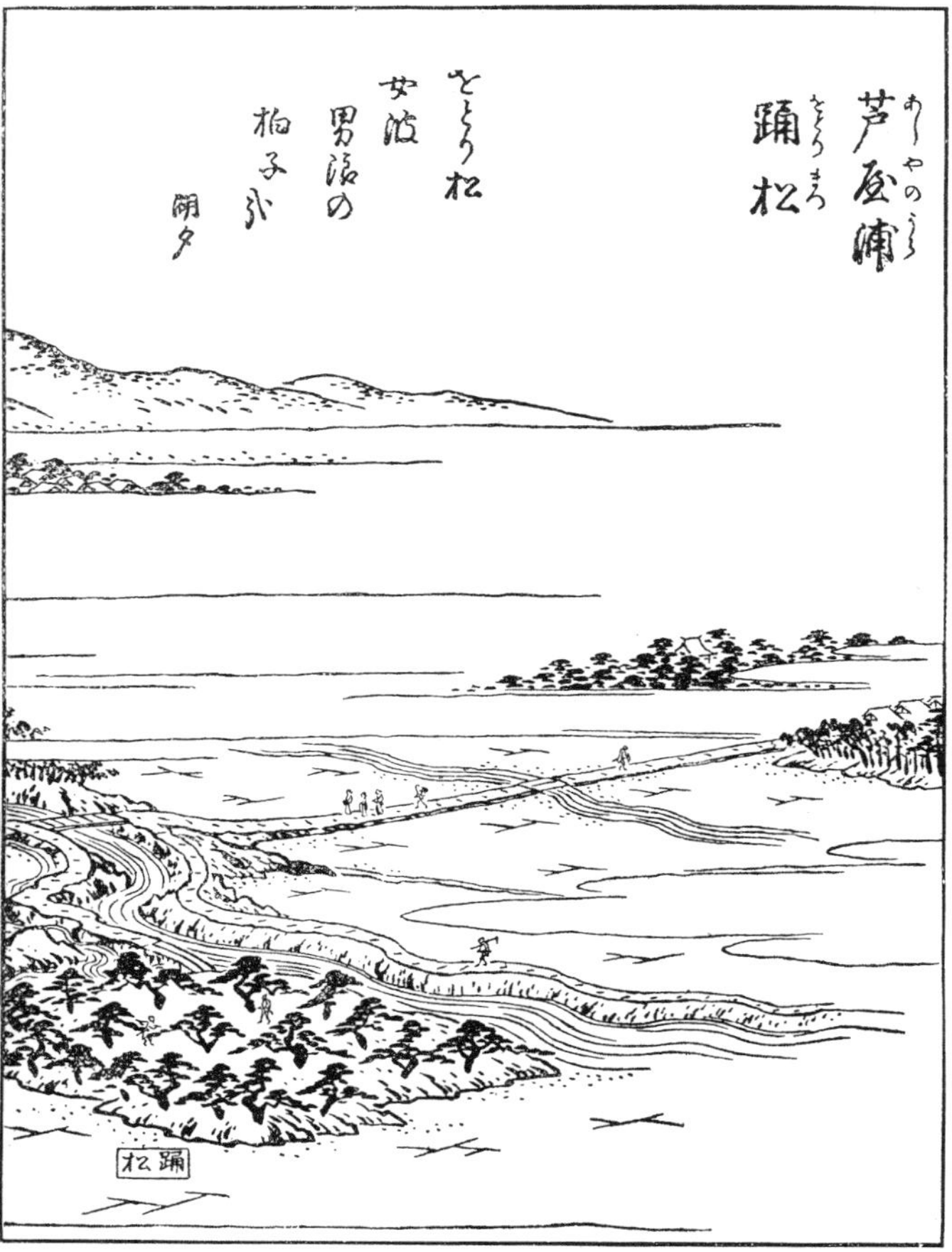

10

踊松

古来は氏子が踊り今は神輿渡御に

神戸市東灘区深江本町4

西宮を過ぎれば武庫郡から菟原郡に入る。その先頭に登場するのが「芦屋浦、踊松」である。打出浜より西にあるのに挿画は手前にある。それだけ名所として意識したのだろう。厳密にいえば踊松は深江浜にあり芦屋浦ではない。ただこれは近世的な行政管轄であって、「摂津名所図会」は「打出（芦屋市）より青木《おうぎ》（神戸市）までをみな芦屋浦といふ」と書いている。

踊松については「此の辺はみな海浜にして風色斜めならず」と景色のよさを強調する。森村（神戸市）の稲荷神社の神幣が洪水で深江の松まで流れつき、麦の刈り干し中だった氏子が杵を持ったまま神幣を迎えに来て踊ったという伝承を記し「今に毎年四月中卯日《うのひ》杵の神拝あり」と書く。元禄十四（一七〇一）年刊の「摂陽群談」では「躍《おどり》は終に止みぬ」とあるので、当時、氏子が踊る風習は亡くなっていた。現在「卯の葉祭り」では神輿が森の稲荷神社から深江の大日霊女《おおひるめ》神社まで渡御する。一方、森の稲荷神社に伝わ

る社伝では霊亀元（七一五）卯月卯日に神輿が海上から松の根元に流れ着いたので松の周りで踊って迎え、山手の森に祀ったという伝承になっている。深江の古文書「深江由緒書」では流れ着いたのは延暦五（七八六）年と食い違う。

　挿画を見ると、深江の集落を過ぎて田圃の中の街道を進むと橋を渡った辺りに松が集中している。二〇株以上はある。写真や大正時代の絵葉書に残る踊松もこれほど多くなく、「摂津名所図会」が菟原郡の挿画のトップバッターに据えたのもうなずける。松林を散策する人物も複数描かれ、風情を楽しんでいる。

脇を流れる川は高橋川で、俗謡に「深江越えれば大日如来、高い高橋、踊松」と謡われた。高橋川が高い堤防で区切られ、板橋がかかっていることも挿画から判明する。高橋川に橋が架かっていたことは天明八（一七八八）年の「深江村絵図」（神戸大学文学部蔵）にも描かれている。また左手から流れてくる川は、中野村（神戸市）からの排水路で江戸時代半ばの「川違并新田御願場絵図」（神戸大学所蔵芝切義寛氏文書）によれば、もともと川はなかったが、中野村の排水をよくするために毎年深江村に川床代として米七斗七升を払って掘った用水路が描かれている。この絵図では直接海に流れ落ちているが、天明絵図では高橋川に合流している。

11

敏馬の浜

古代は海の玄関口 岩屋付近「酒屋多し」

神戸市中央区岩屋中町

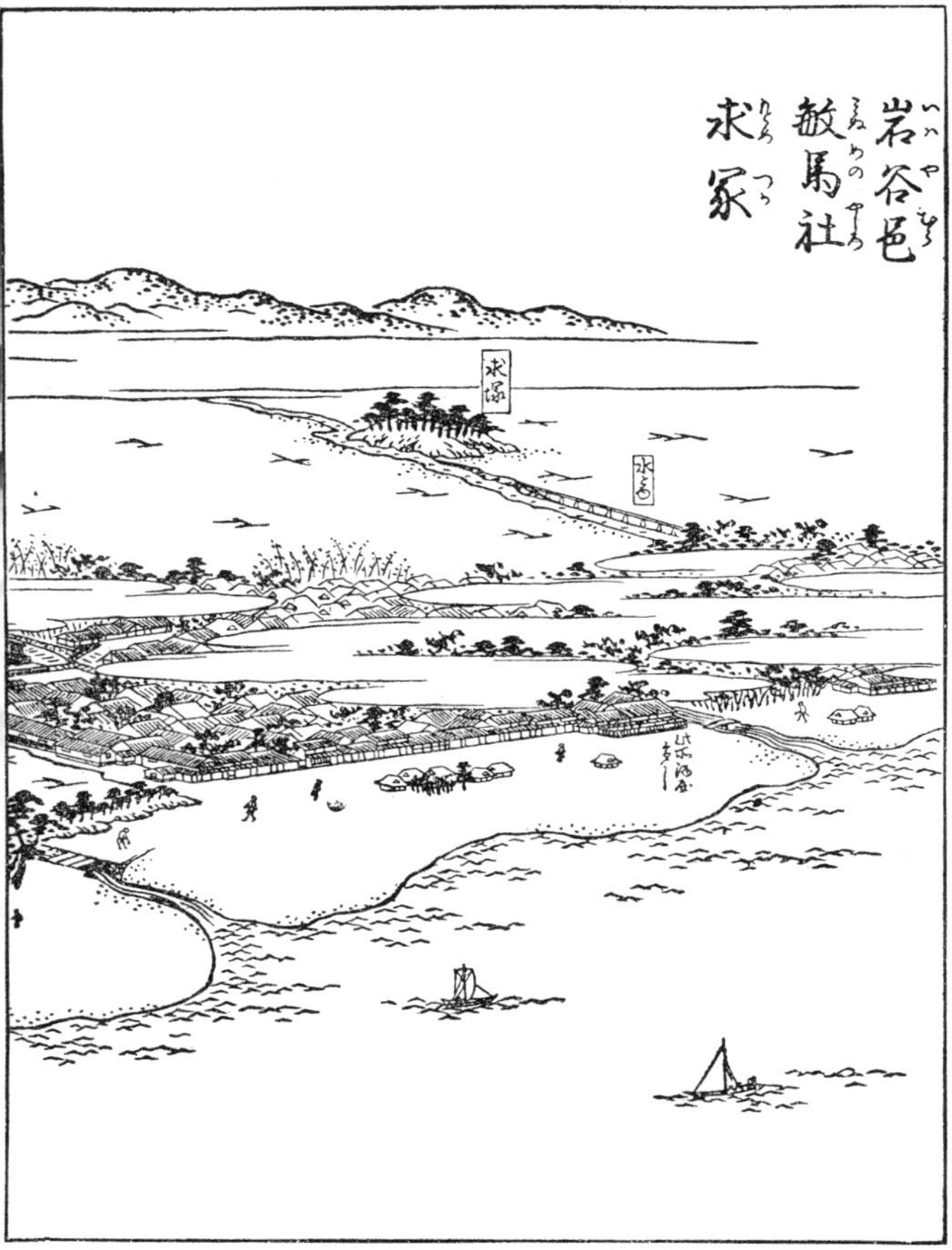

敏馬《みぬめ》浦・敏馬崎は「敏売」「三犬女」とも書き「万葉集」に何度も登場、朝鮮半島に向かう時に惜別の地点として歌い込まれている。また「神代より百船の泊《は》つる泊」と田辺福麻呂が歌ったように、万葉人からみても大昔から多くの船が停泊する港と認識されていた。

それはこの地が古代は海の玄関口だったためで、「延喜式」巻二一の玄蕃寮諸蕃条に、七世紀から始まる外交儀礼が記され、新羅《しらぎ》などの使いが来朝した時には、敏売崎と難波館で神酒を与えることを定めている。兵庫県立歴史博物館の坂江渉さんによると、敏売崎は推古天皇の時代に、畿内＝王権の聖域に入る玄関口に位置づけられた。そして神酒を供することを通じて外国使節と意思疎通することを目指したが、それは周辺の国を従える大国としての威儀を高揚する場だったとする。「摂津名所図会」に描かれた敏馬神社は浜辺に向かった高台にあり、神々しいしつらえになっている。

敏馬神社は律令制度の施行細則「延喜式神名帳」に登場する汶売神社とされるが、「延喜式神名帳」では八部郡に所属している。近世以降は旧生田川（現在のフラワーロード）が八部郡と菟原郡の境界になっているので、古来様々な議論がされた。明治四十四（一九一一）年刊の『西摂大観』は汶売神社を兵庫津の七宮神社に比定する。しかし古代条里制を研究した落合重信さんは、敏馬神社の丘陵付近が八部郡の条里の起点であることを明らかにした。また天平十九（七四七）年の「法隆寺伽藍縁起并流記資財帳」では宇治郷が雄伴郡（のち八部郡）と菟原郡の両方に所属している記載があることから、郡境は動いており、まず八部郡と菟原郡の境界は古湊川付近にあり、雄伴郡を八部郡に改めた仁和二（八八六）年前後に汶売神社付近に変更になり、その後現在のフラワーロードの位置になったと結論づけている。

「摂津名所図会」が描く岩屋付近は、幹線道路でもない浜辺に二階建ての町屋が並び「此の所酒屋多し」と書かれ、北の西求女塚の脇からは水とゆ（樋）が見える。酒造米を精米する水車を動かす樋である。町家の山側に江戸時代は敏馬神社を管理していた龍泉寺。現在はここに描かれた町家は国道の敷地に変わっている。

12

布引の滝

「白布を曝した」ような滝 和歌、物語の題材に

神戸市中央区葺合町

布引の滝は、日光の華厳の滝、紀州の那智の滝とともに三大神滝の一つで雄滝、夫婦滝、鼓が滝、雌滝の四つの滝の総称である。「摂津名所図会」には「砂山《いさごやま》にあり、雌滝・雄滝の二流ありて相距《へだ》つ事三町許《ばかり》、倶《とも》に岩面を流れ落る事、白布を曝《さら》すに似たり」「衆郡最一の美観なり」「飛泉《たき》の東に一ツの小丘あり、これを望瀑台《ぼうばくだい》といふ」と、簡潔に紹介している。古来多くの和歌に詠まれ、また「栄華物語」「伊勢物語」「平治物語」「平家物語」などに取り上げられてきた。また浮世絵師、安藤広重が「諸国名所百景」の一つとして「摂州布引の滝」を作品にするなど、明治以前の様子をビジュアルに描いたものも少なくない。ただ多くは滝そのものの描写で、「摂津名所図会」のように周辺の道などを詳細に描いたものはさほど多くない。

「摂津名所図会」によれば、滝道から山道を登り、まずは雌滝。滝壺近くには家も見える。戻って山道を登り右手

に砂山を見ながらさらに上ると不動尊。さらに登ると雄滝にたどり着く。現在は滝から展望台へ巡る回遊路がついているが、これは明治五（一八七二）年に花園社という民間団体が布引遊園地を開発した際に造成した。

それ以前の滝見物を、伊勢の朱子学者で蘭学者の斎藤拙堂（一七九七〜一八六五）が「観曳布瀑遊摩耶山記」という名文で残している。拙堂は天保四（一八三三）年に布引の滝を訪れた。「崎嶇《きく》十余町、一邱を攀《よ》じて、茶店を得う。呼んで望瀑台《ぼうばくだい》となす」とあって険しい山道を一キロ余りも登って、望瀑台と呼ぶ茶店にたどり着いた。「匹練掣曳《ひつれんせいえい》せるが如《ごと》し」、滝は一匹の白布をひっぱったようだと記載する。上からみたのでは奇観ではないと、下に降り仰いで壁面を見ると「石有りて突出し、瀑下垂して、石に至って輒《すなわち》怒る。駭珠《がいしゅ》・驚玉《きょうぎょく》、餘沫《よまつ》霏散《ひさん》し、空に漲《みなぎ》りて下ふるは、驟雨《しゅうう》の至るが如《ごと》し。衣巾尽《ことごと》く湿《うるお》ふ」。水が宝石のように飛び散り大雨に遭ったようにびしょ濡れになった、という。明治三十三（一九〇〇）年に布引貯水池が建造されるまでは、滝水が豊富だったことが見事に表現されている。

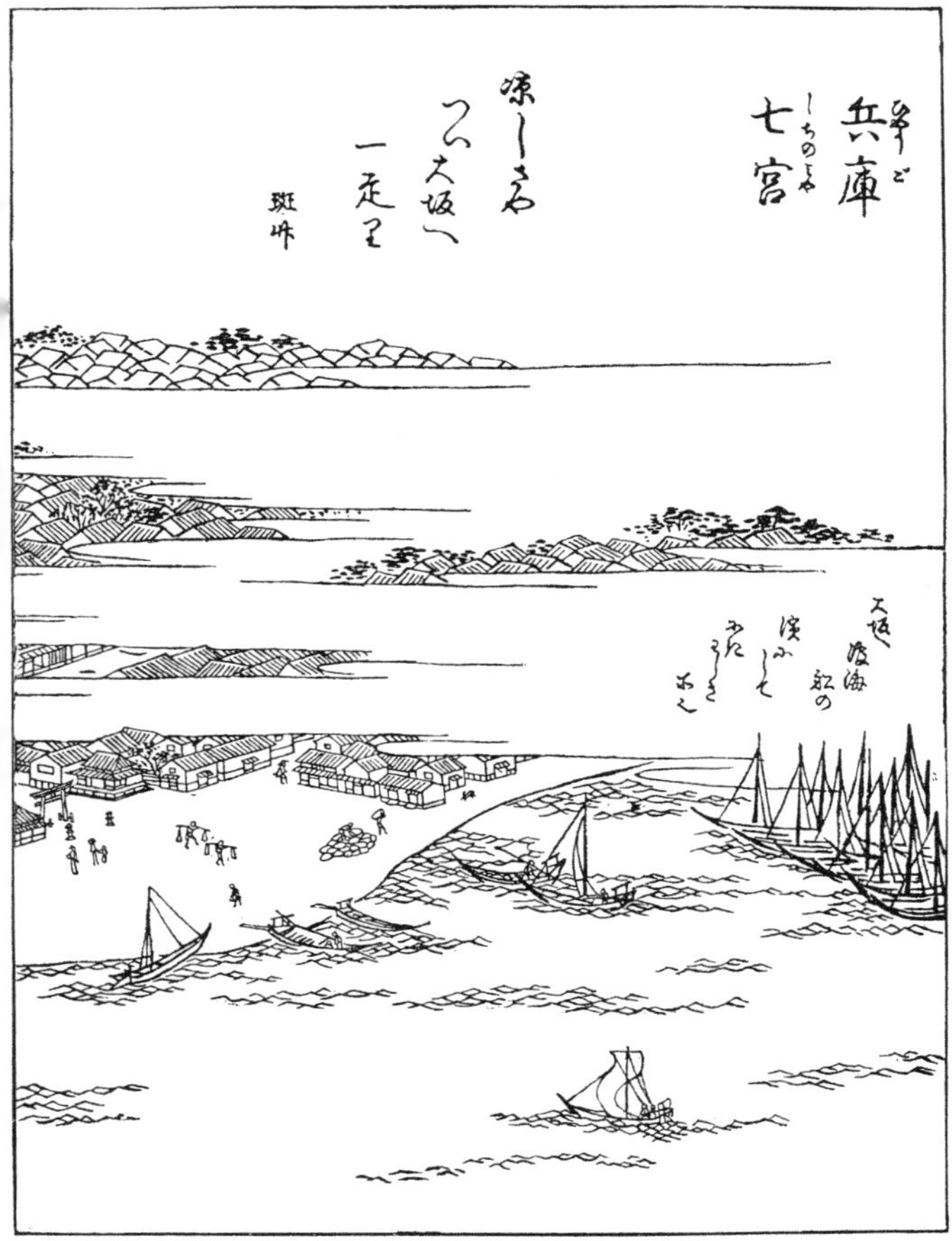

13

兵庫津と七宮神社

浜には大坂への渡海船 神社付近の賑わい描く

神戸市兵庫区七宮町2

天下の台所・大坂の中心部は淀川を遡ったところにあったから、大きな廻船は強風が吹くと座礁する恐れがあった。このため日本海沿岸や西国からの大型の廻船は、江戸時代はいったん兵庫津で渡海船と呼ばれる小船に荷物を積み替え、安治川を上り中之島にあった各藩の蔵屋敷や市場に物資を運んだ。

「摂津名所図会」には「海陸渡海の地なり、町数四十四名、西海道の駅にして大坂入船の要津なり」「諸国の商船こゝに泊りて風波の平難を窺ひ諸品を交易す、町小路の賑ひ昼夜のわいため（分別）なく繁花の地なり」と端的に紹介している。挿画は兵庫津の北端にあった七宮神社付近を描き「大坂へ渡海船の浜にしてにぎわしき所なり」という詞書、そして「涼しさやつい大坂へ一走り」の句を掲げる。浜には渡海船が着岸、俵のような積み荷を担ぐ人夫の姿が描かれている。大坂の川船との積み荷を巡る争いで兵庫津の渡海船の盛衰はあったが、大坂へ

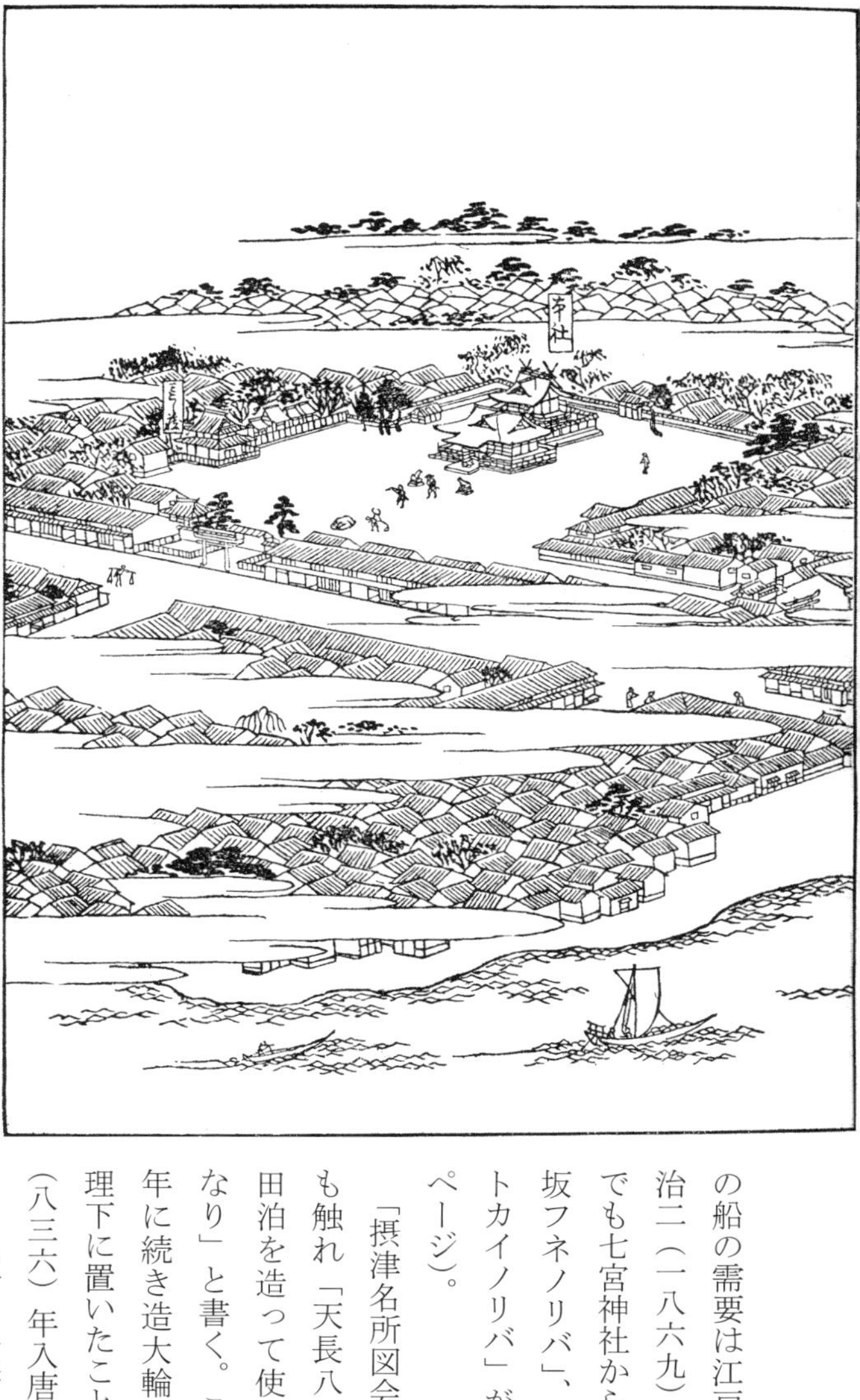

の船の需要は江戸時代を通じてあり、明治二（一八六九）年の「兵庫津細見全図」でも七宮神社から浜に出たところに「大坂フネノリバ」、築島寺の浜辺に「大坂トカイノリバ」が書かれている（一六四ページ）。

「摂津名所図会」は古代からの変遷にも触れ「天長八（八三一）年三月大輪田泊を造って使の遷替を定《さだむ》とは即こゝなり」と書く。これは弘仁三（八一二）年に続き造大輪田泊使を送り国家の管理下に置いたことをさす。また「承和三（八三六）年入唐使の船《ふね》を此の澳《おき》に泊る」とも記す。遣唐使船が暴風雨を避けるために寄港しているのである。さらに平清盛の築島によって江戸時代の兵庫津になったとする。

しかし「むかしの兵庫津はこれより西北の山手にして凡《すべ》て其の地までも海浜なり、町小路もなくして多くは漁村・楫取の家のみなり、諸船入津の売買は天正以降の事なり」とも書き、江戸時代までは漁村や海運業者の町で、商業が発展するのは天正年間（一五七三～九二）以降だとする。兵庫津は室町時代に日宋貿易・日明貿易の拠点として発展するからやや的外れの感はあるが、あながちそうとも言えないのは、例えば天和～貞享年間（一六八一～八八）の船数は、総数八四二のうち、漁船が半数以上の四七六艘を占め、輸送関連の船は廻

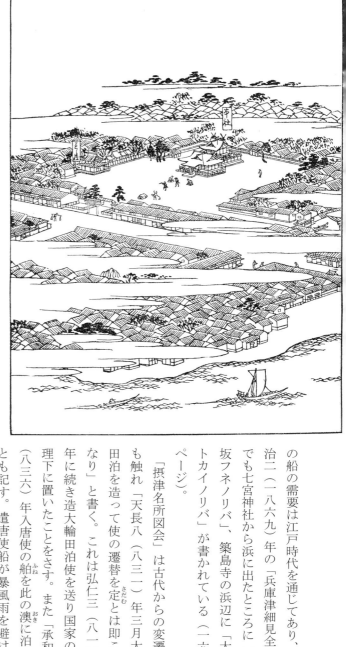

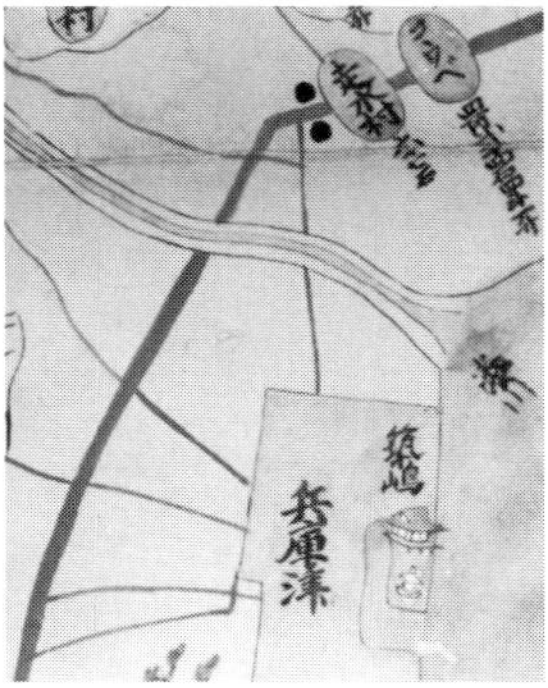

「慶長国絵図」にみる兵庫津

「神戸覧古」に描かれた七宮神社の社殿と門

船二三、上荷船二九七、渡海船三八、船問屋通船八に過ぎない。

また「諸船入津の売買は天正以降」という表現も、室町時代に兵庫津の禅宗寺院が外交の窓口として機能していたことを踏まえると納得しがたい。ただ慶長十（一六〇五）年の年号のある「慶長国絵図」（西宮市立郷土資料館蔵）によると、西国街道は兵庫津の町中を通らず山側を素通りして西に向かっている。すなわち当時兵庫津は海陸の交通の要衝ではなく、海上交通路の拠点だったのである。しかし慶長十一年に摂津国奉行の片桐且元が、西宮以西は兵庫津で荷継ぎをするよう触れたことで、宿場町としての地位を揺るぎないものにし、西国街道は兵庫津の中を通り、途中で直角に曲がって西に向かうようになる。

七宮神社には神宮寺があり、元禄九（一六九六）年の「摂州八部郡福原庄兵庫津絵図」には浜側に宮より大きく「真言宗神宮寺」が描かれている。「摂津名所図会」には本殿向かって左側に神輿蔵が描かれ、その傍らに末社や庚申祠があった。寛政二（一七九〇）年の「兵庫津寺社方絵図」（神戸市立博物館蔵）を見ると、神社から浜辺への道に鳥居が二つある。「摂津名所図会」にも浜辺の鳥居のほかに雲間に鳥居の笠木が見える。

社殿は江戸初期に片桐且元、大久保長安によって再建されたというが、天保二（一八三一）年、明治二十二（一八八九）年に相次いで焼失した。明治三十四年の「神戸覧古」（神戸市立中央図書館蔵）に描かれる七宮神社は明治二十八年に再建されたもので、「摂津名所図会」と本殿、拝殿は屋根の破風が異なっている。また「神戸覧古」には東の海沿いの鳥居の内側に朱塗りの門が描かれているが、「摂津名所図会」にはそれがない。

14

和田岬・和田社

畿内きっての名勝地 移転前の和田神社も描く

神戸市兵庫区和田崎町、和田宮通

「播州名所巡覧図絵」（下掲図）に描かれた和田岬の浜は、行楽の場である。ゴザを敷いて宴を楽しむ人々、その右には沖を行く船を遠望しているのだろうか。またその右手では相撲らしきものを見物する集団だろうか。松林の中を散策する親子連れとおぼしき人々を描く。

「摂津名所図会」は和田岬を「勝地なり」「浜松数千株ありて、颯々の声、浪の音に清らかなり、殊に中秋の月の名所にして、海上晴れわたりて、万里も一目に遮《さえぎ》りて、銀色三千界のけしきあり、騒人墨客こゝに来りて三五夜を賞すべき名勝なり、およそ畿内において、また双《なら》ぶる所なし」と、畿内に並ぶところのない名勝地と絶賛する。またさらに和田小松原として「南は蒼海渺茫《びょうぼう》と日を浴し、雲を洗ふが如か、漁舟ちいさく、鶚《みさご》は魚を捕って空に翔《かけ》り、芦間に鳴く千鳥寒く、名にしおふ淡路島山は相対して、人家幽《かすか》に見ゆるなり、紀の海・和泉の浦々も霞の中より眸《まなじり》に遮《さえぎ》る」「風光斜ならず、往来の旅客もしばしはこゝに憩ふて、山水の清暉を賞せずといふ事なし」と自然を楽しむ旅人

を記載する。ただ挿画には人物は和田浜には描かれず、この人々の楽しみは「播州名所巡覧図絵」で描かれる。「摂津名所図会」には、説明がないが和田岬の先端に番所が描かれている。「播州名所巡覧図絵」にはなく、その点では「摂津名所図会」が景観を正確に描いている。

「摂津名所図会」がこの挿画で中心に据えたのは和田神社である。「天台僧これを守る、当津能福寺の兼帯所なり」「万治二（一六五九）年五月二十三日、武庫郡押照宮洪水によって、この浦に流れ来たって、この影向松《ようごうまつ》に止まり給ふ、故にこゝに祭る、例祭も其の日を用ゆ、神輿、和田御崎よりわたり給ふ、渡海の船、陰晴風波の御鬮《みくじ》を取るに、必ず其の験《しるし》あり」とあって、武庫郡の押照宮が流れ着いたという。この真偽はともかく、寛文二（一六六二）年尼崎藩主青山幸利が願主になって建立されたのが和田神社である。江戸時代にはいって兵庫津の南浜が西国雄藩と結びつきを強め、物資を一手に扱う浜本陣ができたころ設けられた神社で、発展する兵庫津を象徴する神社であった。

和田神社を建立する前、周辺を蛭子森と呼んでいた。淡路から蛭子命が流れ着き、後西宮に移ったので蛭子命を祀ったという伝承があり「摂津名所

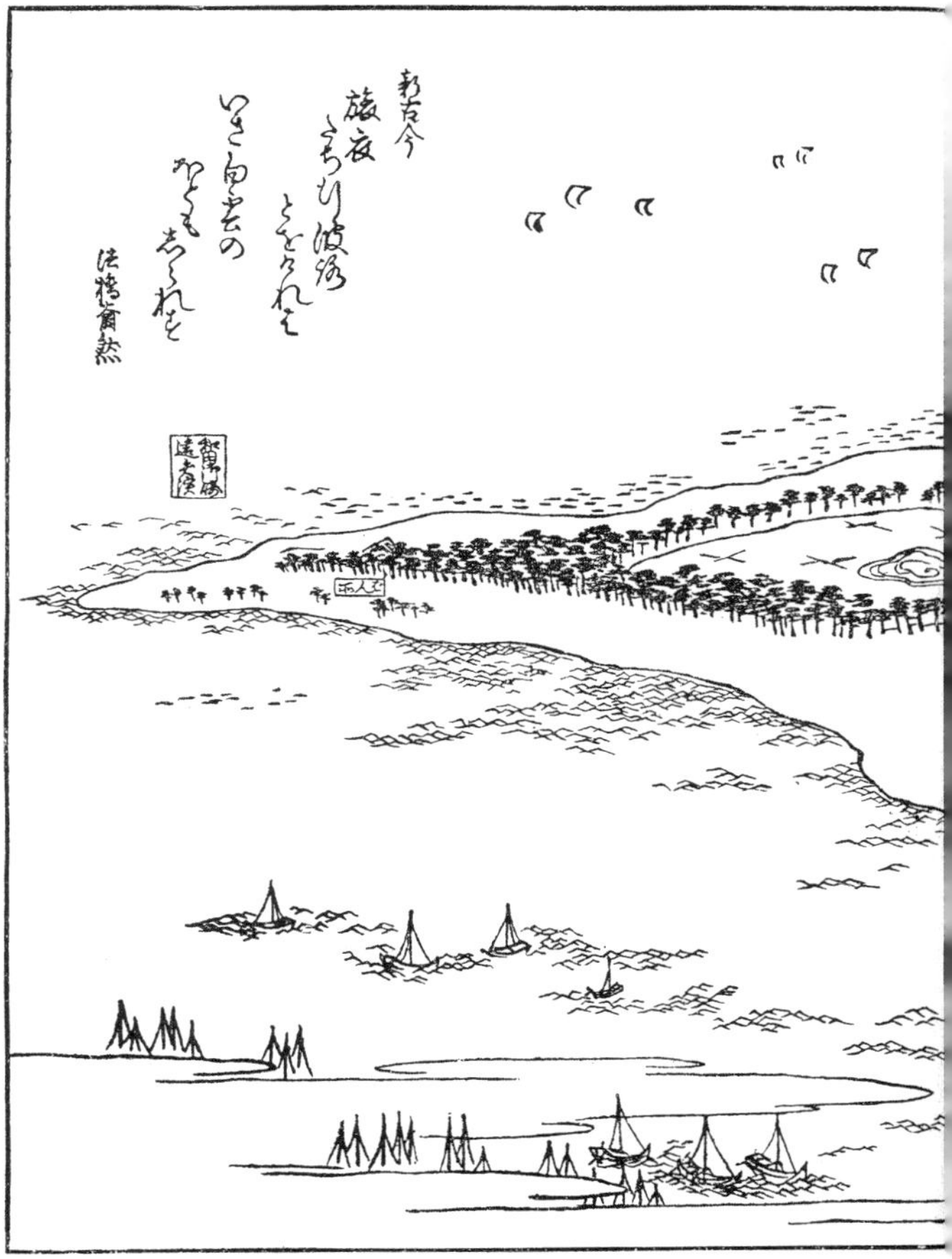

図会」には「本社の左にあり」と説明がある。西宮神社には和田岬沖で漁師の網にかかったのが西宮神社のご神体という伝承があり、一致している。旧暦八月にある廣田神社・西宮神社・南宮神社の祭礼では和田岬に神輿渡御があった。平安末期から続いていたが織田信長によって廃絶、阪神・淡路大震災を機に復活した。また平清盛が勧請したという弁財天祠が「蛭子宮に隣る」とも記す。ほかに観音堂と鳥居の傍らには秋葉祠があった。

「摂津名所図会」を見ると海に向かって本殿が建ち、川の手前に鳥居が建っている。川に橋はないが、明治の銅版画の境内図には橋が描かれているから、こちらがメーンの参道である。この参道と直交する参道があり、本殿向かって右手にはもう一つの鳥居が描かれている。蛭子宮や弁財天祠の鳥居だろうか。観音堂は「社頭にあり」と書かれているので本社の右手前がそうだろう。

明治三十四（一九〇一）年三菱造船所のドックの新設に伴い、和田神社は現在地の和田宮通に移転、当時とは場所が変わってしまった。

15

「万葉」から「平家」へ―文学街道

文学ツアーさながらにゆかりの地を絵図で綴る

神戸市長田区〜須磨区

兵庫津を出てから西に向かうと「摂津名所図会」は現在の長田区から須磨区まで、一気に一四ページ連続で街道の景観を描く。特に最初の四ページの挿画にはタイトルさえなく、何を意図したのかも不明だが、過去の文学作品の「万葉集」や「伊勢物語」「源氏物語」「平家物語」など文学作品のゆかりの地を丹念に描いている。想像をたくましくすると、どこを歩いてもこうした古代中世文学の故地に行き当たる、そんな地域性を丸ごと描こうとしたのかもしれない。

最初の二ページは二本の街道が走っているが、北の方が西国街道で、北に長田村の集落、そして西国街道と浜街道との間に東尻池村と西尻池村の集落が描かれている。西国街道の北側にある中央の池が小平六池で、かるも池とも言った。源氏方の猪俣小平六則綱（範綱とも）は平家の侍大将平盛俊をことば巧みに騙して討ち取った武士である。街道を挟んで南側が大池で、二つ合わせて夫婦池とも呼んだ。大池の横に父平知盛とともに逃げる途中、父の身代わりとして戦死した知章塚がある。享保年中（一七一六〜三六）、並河誠所が「摂津志」編集の時、往還の通行人に知章の孝心を知らせる目的で石碑を建てたといい、「摂津名所図会」はこの由緒を記載している。西国街道北の田圃の中には知章と一緒に討死した家臣の監物頼方の塚もあるが、同じく「摂津志」

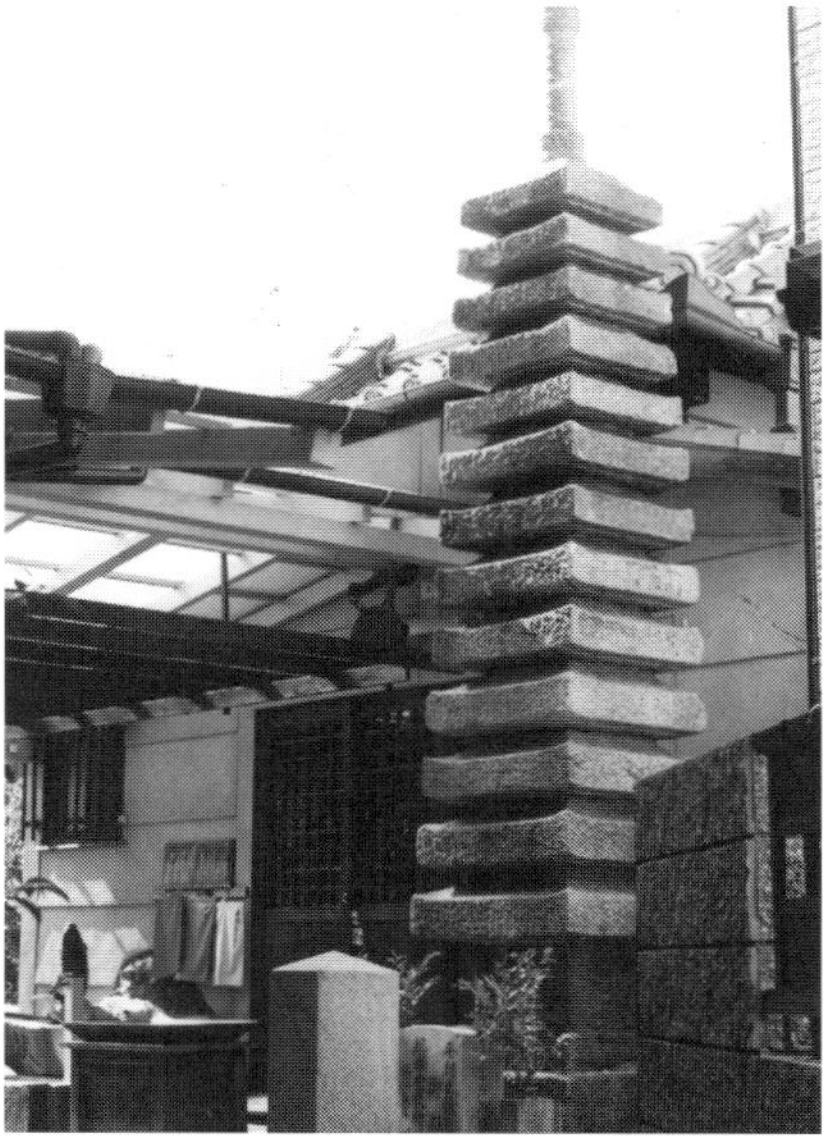

忠度塚（神戸市長田区駒ケ林）

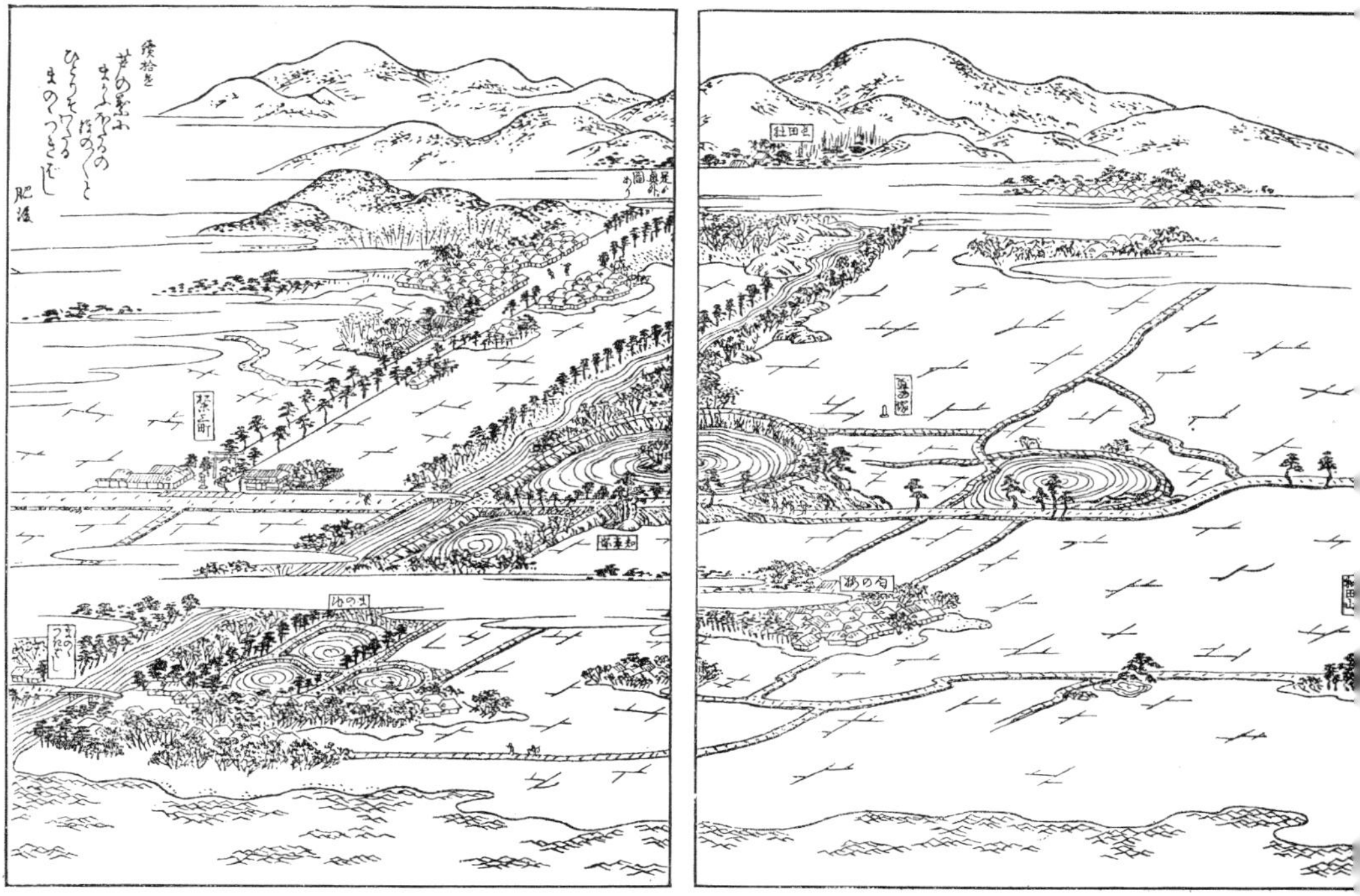

の作者、並河誠所が建立したと書く。

苅藻川を渡って右手には長田神社の鳥居。両脇に瓦葺きの茶店があって「松原三町」と神社まで三〇〇メートル余りは松並木の参道である。

苅藻川を下ると淀の継橋と真野池が見え、地名を詠み込んだ「万葉集」以降の和歌を引用する。「摂津名所図会」は、真野は大和、近江、陸奥、豊前にもあるとして「分別すべきこと」としつつ「万葉集」に歌われた真野榛原はこの地だとする。真野池の広さ四三〇畝と記録するのも貴重だ。

東尻池村には匂梅があり、菅原道真が筑紫へ流される時、愛した梅だとする。延宝八（一六八〇）年の「福原鬢鏡」にも掲載され「菅公匂いの梅」の祠と碑が長田区東尻池町に残る。

三、四ページも表題がない。右側中央に描かれているのは蓮池。平重衡が落ち延びる場面に登場する有名な池で、挿画から二つの池に分かれていたことが判明する。池の北には蓮祠《はすのやしろ》が森の間から見え、地元では行基祠と呼んでいると書く。池の南に源氏松。「摂津名所図会」は「光源氏須磨に居給ふとき、こゝに植え置き給ひしとぞ、一名

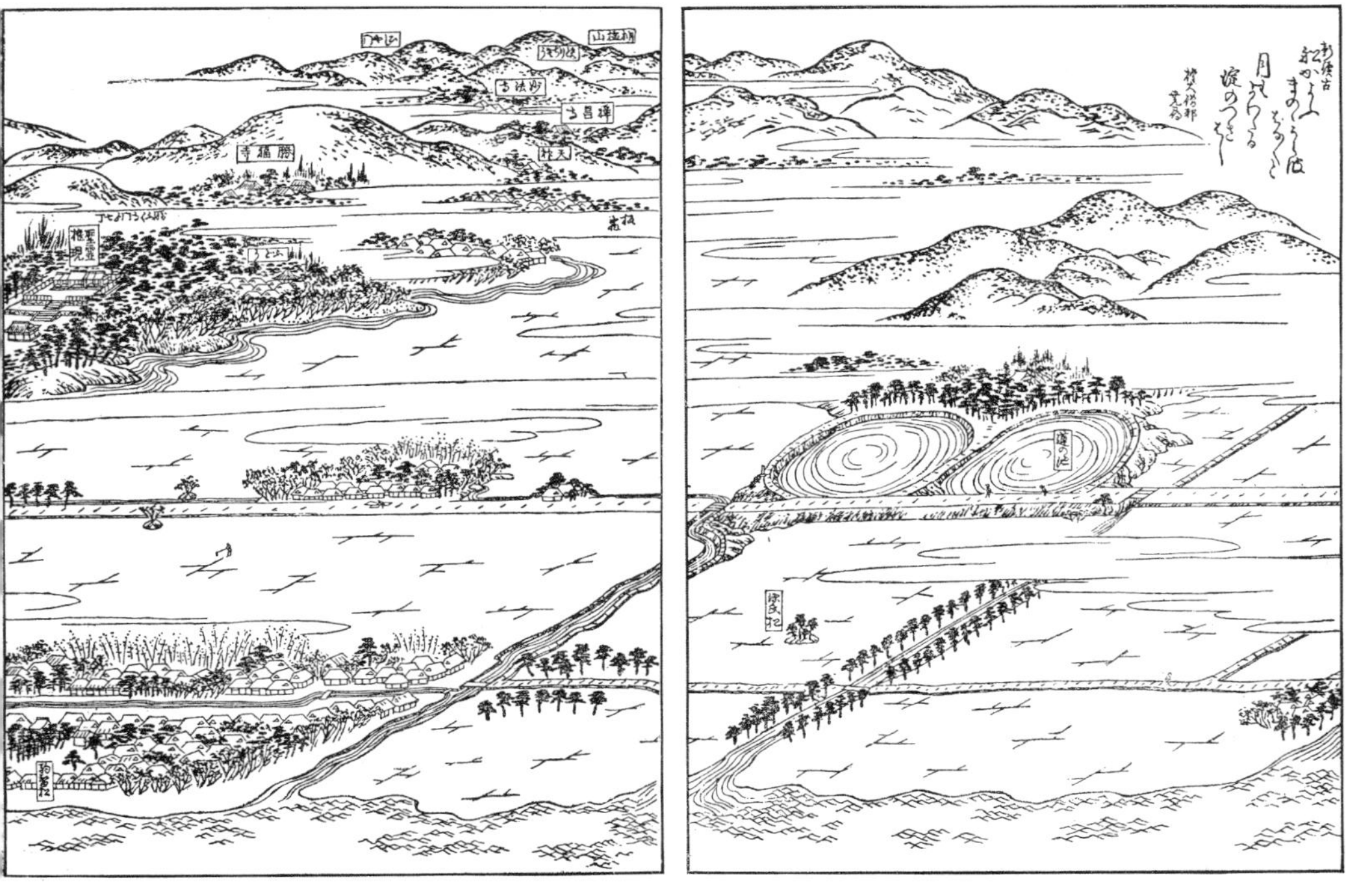

駒替松《こまがえまつ》」とフィクションから生まれた伝承である。四ページ目の左下の駒ケ林の集落にも「駒替松」があり、源氏松とは別に存在していたようだ。「播州名所巡覧図絵」は「光源氏の事は俗説」と書く。

北の西国街道に沿う集落は西代村で、北には大手村の集落。聖霊権現を左端に描く。「摂津名所図会」は熊野証誠権現を誤ったものとする。その右手に「ふどう」とあるが江戸時代の絵図を見てもこのあたりに不動尊は見当たらない。山裾には勝福寺。四棟の寺院が見える。明和五（一七六八）年の「明細帳」では円満坊・桜本坊・宝積坊・東林坊・長玄坊の五つの塔頭があった。裏山に「太平記」に登場する赤松範資の築いた松岡城があるとされる。その後ろには板宿村・天神・禅昌寺・妙法寺・ひしゃ(毘沙)門・神撫山・矢とり地蔵（善福寺）などが書き込まれている。

五、六ページは「駒ケ林」と表題を掲げ、浜辺に駒ケ林村、野田村が描かれている。五ページ海辺には戎社。今の駒ケ林蛭子神社である。集落の中にある忠度塚は、平清盛の弟忠度の塚と伝えられる。歌道に秀で、一の谷の戦いでは箙《えびら》に短冊を付けて戦ったという「平家物語」の記述は余りに有名。明石にも忠度塚があり、「土人云く、

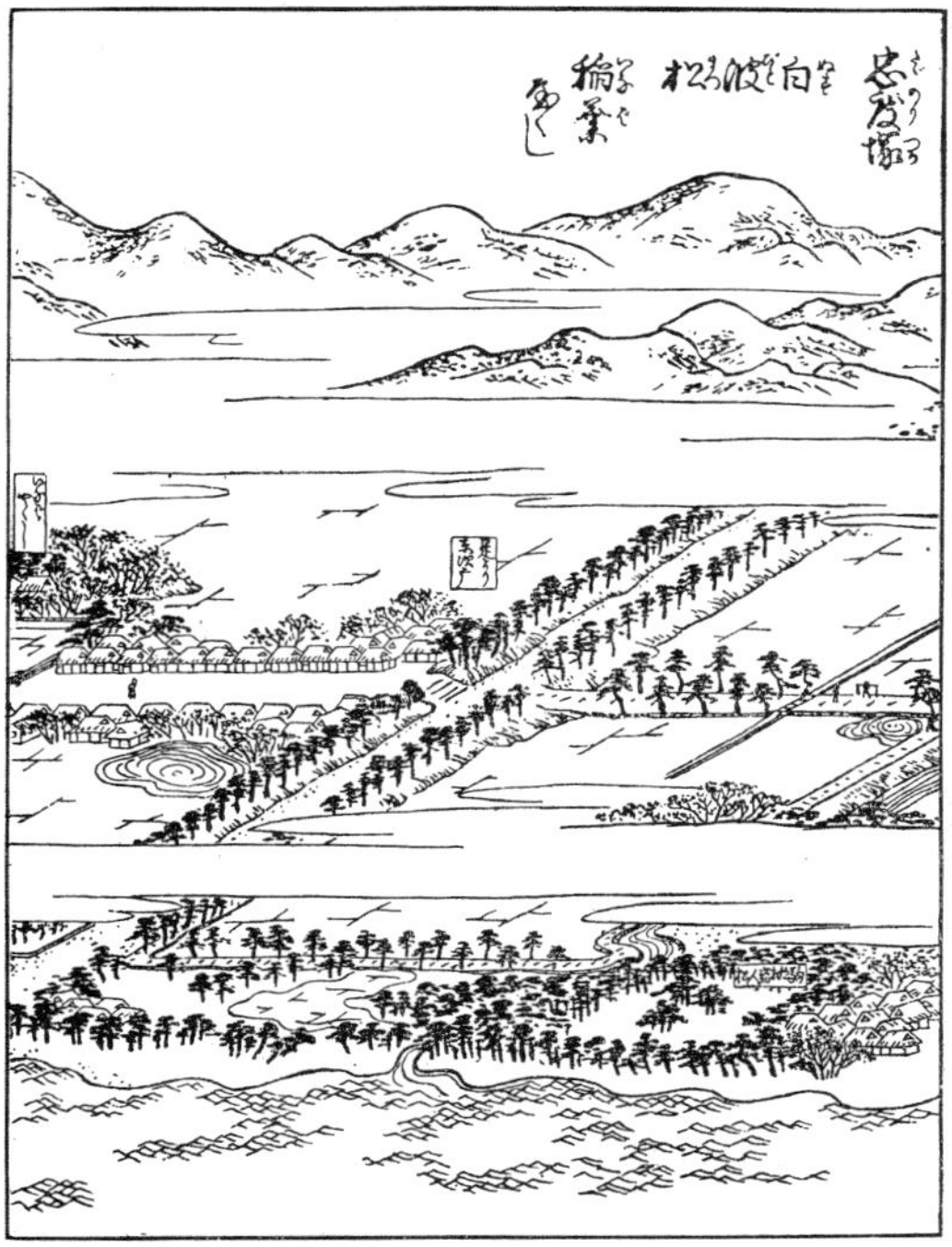

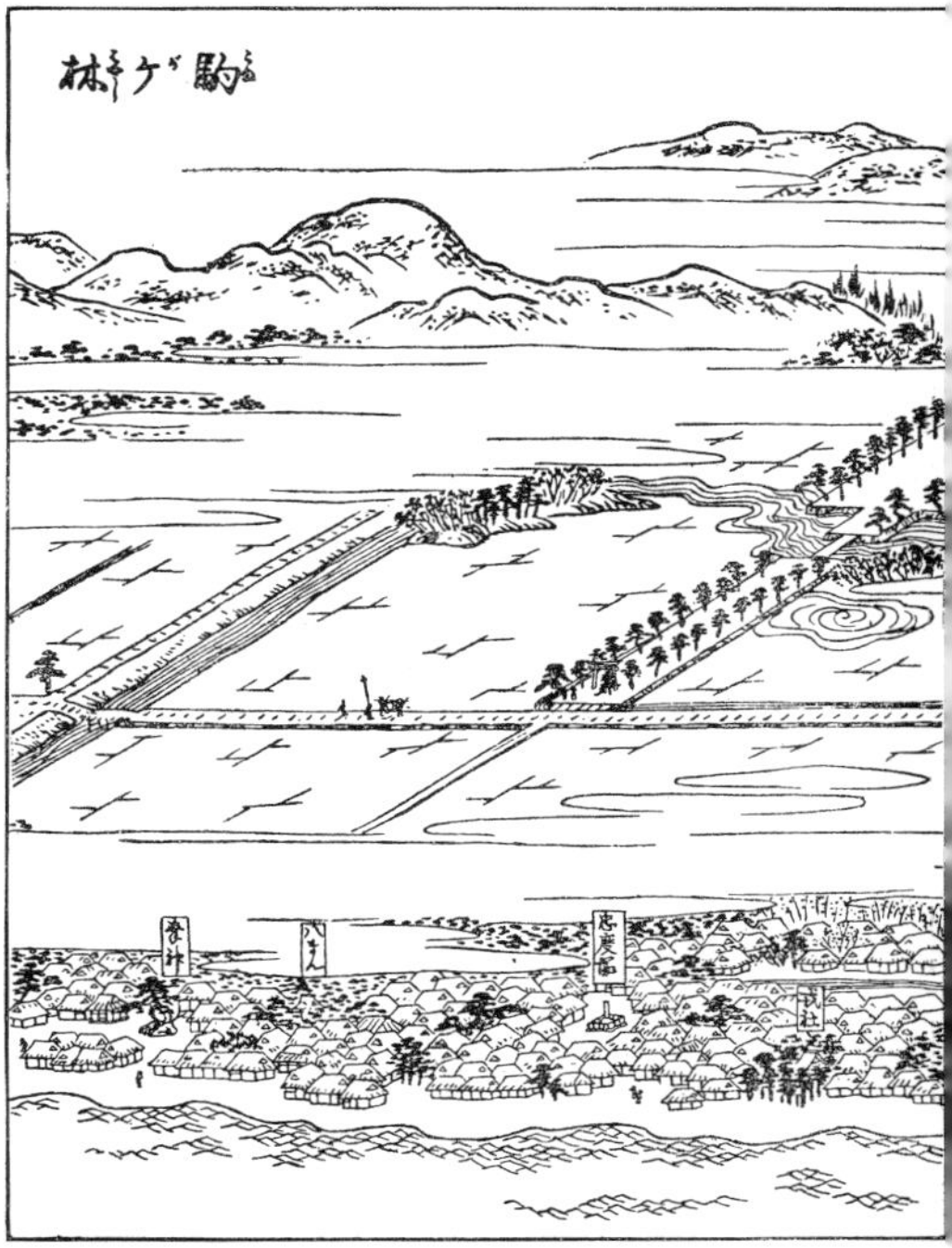

明石にあるは腕塚なりとぞ」と書くが、駒ヶ林村にあるものも腕塚と信じられている。野田村にも忠度塚があり、こちらが胴塚と伝える。「摂津名所図会」にはないが「播州名所巡覧図絵」には野田村の忠度塚も紹介する。八幡は現在の駒ケ林神社。江戸時代は八王子社といい、大正十三（一九二四）年に駒ケ林神社と改称した。村には東・西・中の三地区があり、それぞれ左義長の神を祀った。正月十三日から十五日には総高二四メートル余りもある左義長を作り、爆竹を使った祭りが有名だったが、昭和三十四（一九五九）年を最後に中止した。幸神とあるのは野田村の神社で宝暦二（一七五二）年に創建、今は幸殿社となっている。荒神だろう。

六ページには駒林盗人松。「摂津名所図会」は「野田村の中にあり」とし、「海浜にして白波の立たぬ隙もなきゆえに此の名ありとかや、草賊《ぬすびと》を白波といふ」としている。野田村も含んで駒ケ林と呼んでいたことが分かる。

北の西国街道は田圃の中を通り、東須磨村に入ると、稲葉薬師が左端に描かれている。勝福寺の末寺円福寺が廃寺になったため本尊を移したと伝えられ、当時すでに浄徳寺となっているが「摂津名所図会」は本文では円福

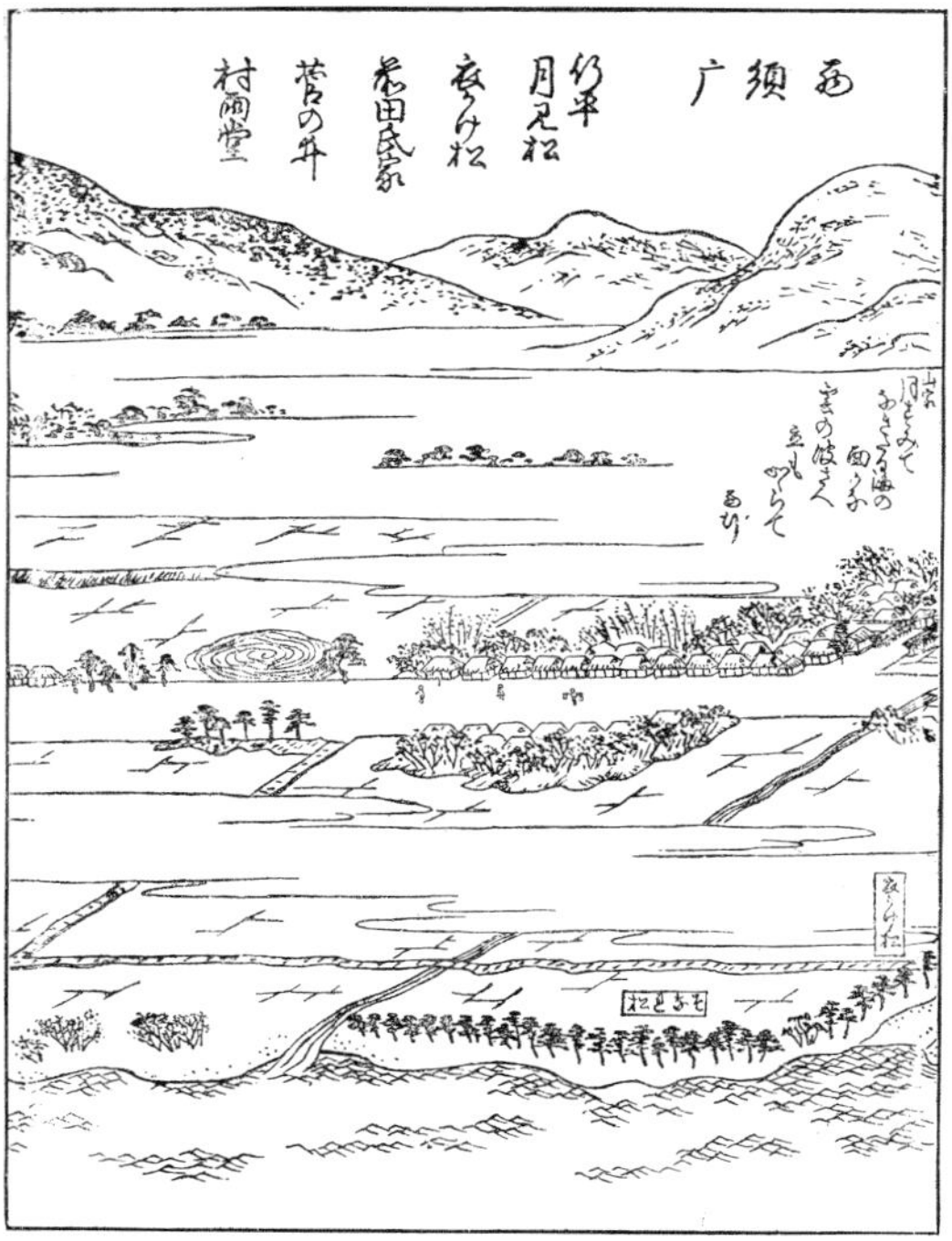

寺と記載する。本尊薬師如来は在原行平の念持仏という伝承を記載しながら「因幡薬師は京師にあり、在原行平と橘行平との混雑も覚束なし」と疑問を挟んでいる。

七ページは東須磨村、八ページは西須磨村を描く。八ページ目右端に村雨堂、その背後に月見松。離宮通に沿って流れる川を渡って西須磨村に入り、旧家前田家を中心に菅井、事代主神社、稲荷神社を描く。この地は在原行平がわび住まいしていたところといい「摂津名所図会」は「菖蒲《あやめ》小路といふ字《あざな》今にあり」「近き頃まで辻堂なるものあり、土人これを村雨堂といふ」と書くが、「播州名所巡覧図絵」は「其の証確かならず、左遷の事は国史に見ることなし」と書き、行平の左遷に疑問を呈している。月見松は「古松の大樹七本」「行平卿賞月亭《つきみてい》の旧跡なりといふ」と書くが「播州名所巡覧図絵」は因幡薬師・村雨堂や衣懸松などと一緒に「是等、皆、後世の戯作せるものなり」と文学から派生した伝承と断じている。

浜街道は衣懸松、磯馴松と、相変わらず松の名所が続く。衣懸松は在原行平が京に戻るときに別れを悲しむ松風・村雨のために衣を懸けたとする話に基づくものだが「摂津名所図会」も「松風の謡曲によりて名つけ初めしならん」として、虚構視する。磯馴松も行平ゆかりの伝承を持つが「播州名所巡覧図絵」は「磯に慣れたる松」「此のところにかぎるべからず」と書く。このあたりまで見事な松林が続いているが、長田と須磨の境界で松が途切れている。

旧家前田家は西須磨の里長で神功皇后時代からの家譜があるとし「須磨記」を書いた橘季祐も先祖とあるが、「摂

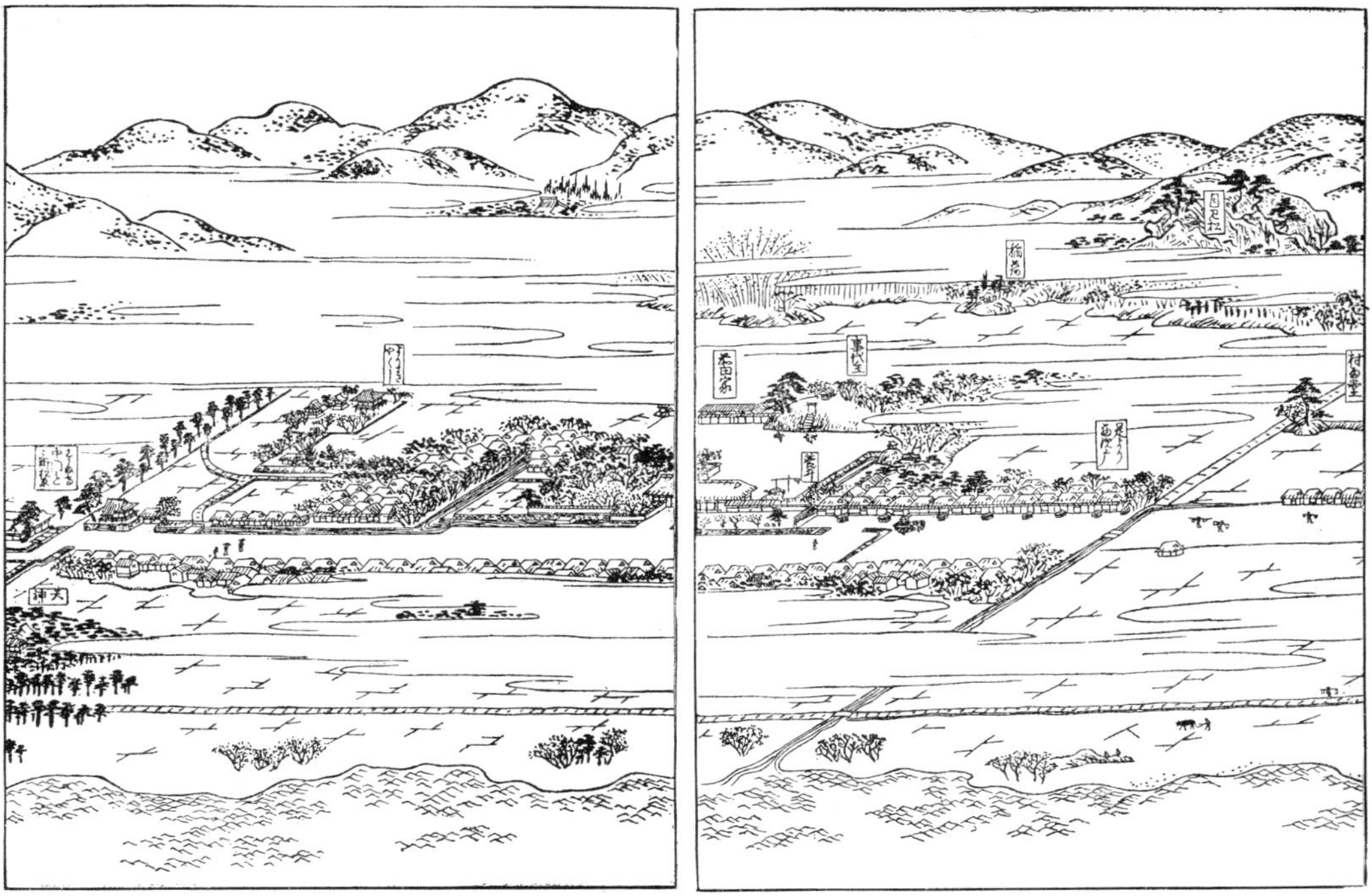

津名所図会」は「証詳ならず」としている。菅の井は菅原道真が大宰府に左遷されるときにこの地に立ち寄った際に水を献じた伝承を持ち、この水で作った酒を太宰府神社に献上していたという。井戸跡は現在も残っているが大正期にいったん埋められ、後に作り直されたものである。事代主神社は現在の元宮長田神社。長田神社の祭神、事代主命が元々祀られていたという。

九ページ目は頼政薬師、左端に綱敷天満宮、一〇ページ目に源（現）光寺、隠江《こもりえ》、関屋跡、しんてん（新田）の文字が見える。

頼政薬師は、須磨寺の末寺で、薬師如来を本尊とする浄福寺。久寿年間（一一五四～五六）に源頼政が再興したといわれ頼政薬師と俗称される。綱敷天満宮は菅原道真が大宰府に向かう途中に立ち寄ったという伝承を記載する。綱の円座に座ったというのが語源だが「播州名所巡覧図絵」は「綱敷天神所々に多し」と書いている。現光寺は「光源氏旧蹟」として「摂津名所図会」で紹介しているが「源氏物語は作り双紙なれば、古跡のあるべくとも思はれず」「永正年中（一五〇四～二一）の建立の道場とぞ」とする。

隠江は千守川の西が深い入り江だったことをいうが、「摂津名所図会」も「源光寺の西にあり、今は田圃となりて名のみのこれり」と書き、入り江は江戸時代にはすっかり埋まっている。須磨関屋は大宝令の関市令にみえる摂津の関の推定地で、明治初年現光寺の裏手から掘り出した標石に「長田宮」「川東左右関所跡」と彫られている。「摂津名所図会」は「古跡源光寺の西、街道の左右に一堆の台あり」と書くが、諸説あり「播州名所巡覧図絵」は「但し慥《たしか》ならず」と付け加えている。

一一ページは、村上天皇陵、蛇穴、塩屋の跡の文字が書き込まれている。挿画では村上天王陵とあるが、「摂津名所図会」では「村上帝霊蹟《れいせき》」になっていて「上に小祠あり、天皇の尊霊を祭るなりとぞ」となっている。伝説では琵琶の達人、太政大臣藤原師長（一一三八〜九二）が渡唐して妙手を得ようとし須磨まで来たが、村上天皇（九二六〜六七）と梨壺皇女の霊が現れ、天皇より妙手を授かったために入唐をとどまったという謡曲「絃上」にちなむ。すぐ横に前方後円墳があり琵琶の形をしていたので琵琶伝説と結びついたと思われる。琵琶の形の古墳を琵琶の名手と結びつける発想は兵庫津の琵琶塚とも共通する。

蛇穴は本文では「蛇窟《じゃのいわや》」とあり「此の類北摂津に所々にあり、奇とするに足らず」「上に稲荷祠あり、諺に云、源氏の君巳の日の祓し給ふ所なり」と「源氏物語」と結びつける。ここでいう稲荷神社は関守稲荷神社で、蛇穴は今は埋められている。

塩屋の跡は「播州名所巡覧図絵」に説明があり「今は焼事なし」「西、高砂辺りなどは五十年前迄もありし」と、製塩方法が変わったことを記載する。

一二ページは、一の谷、岩石落とし、内裏跡、背後には勢揃えの松、鐘掛け松、鉄枴峯の文字が書き込まれ、海岸は再び松林が続く。

一谷は「谷の広さ二十間計《ばかり》、高さ十二間」「霖雨には流水あり、夏月夕立の跡には流の中に鮎多く落ち来たって里の童《わらわ》みなこれを拾ふ」と、大雨の時には鮎が落ちてくるという。古戦場として有名で、四季の景色に恵まれ「こゝを過ぎ行く人はしばしは憩ひて懐旧を述べ、古戦場をとむらふもあらんかし」と書く。内裏跡は一の谷の合戦時に安徳天皇が仮宮としたと伝えるところで「古松二十本計《ばかり》ありて不毛の地なり」「今方二十四間計《ばかり》、官家より租税免除の地」とする。鉄枴峯は力持ちの樵がいつも鉄の枴《おうこ》

「播州名所巡覧図絵」が描く境川

（天秤棒）を持って山中に入ったのでこの名がついたとし「麓までを坂落とし、巌石おとしの名あり」と、一の谷の合戦と源義経が急な坂を下って奇襲したことを紹介する。鐘掛け松は元の松は枯れて古松の株を額板とし前田氏の軒に掲げていると記す。

一三、一四ページは二の谷、三の谷、敦盛塔と茶屋を経て摂津・播磨の境川、境の印木。背後には鉢伏山。二の谷は「谷の奥四町、横幅八間、高さ九間」、三の谷は「谷の奥二町余、横幅十九間、高さ九間」とあり、ともに一の谷よりかなり規模は小さい。

境川については「摂津名所図会」には小さくしか描かれていないが、「播州名所巡覧図絵」には雨の中、蓑と笠を来て境川を渡る旅人を描く。川中には木製の標柱が描かれ、境の印木の様子が知られる。解説は「摂津名所図会」とほぼ同文で、傍示の頭にのこぎり目を入れ三本の釘が打たれ、淡路国高山を目当てに海上漁猟の境界にも使ったという。

長田～須磨はこのように文学から派生したゆかりの場所が数多く点在する。「摂津名所図会」は史実ではないとの立場ながら、詳しく取り上げている。

第2章　史跡と旧跡

16

猪名寺と猪名笹原

境内に残る白鳳時代の古刹跡

尼崎市猪名寺1

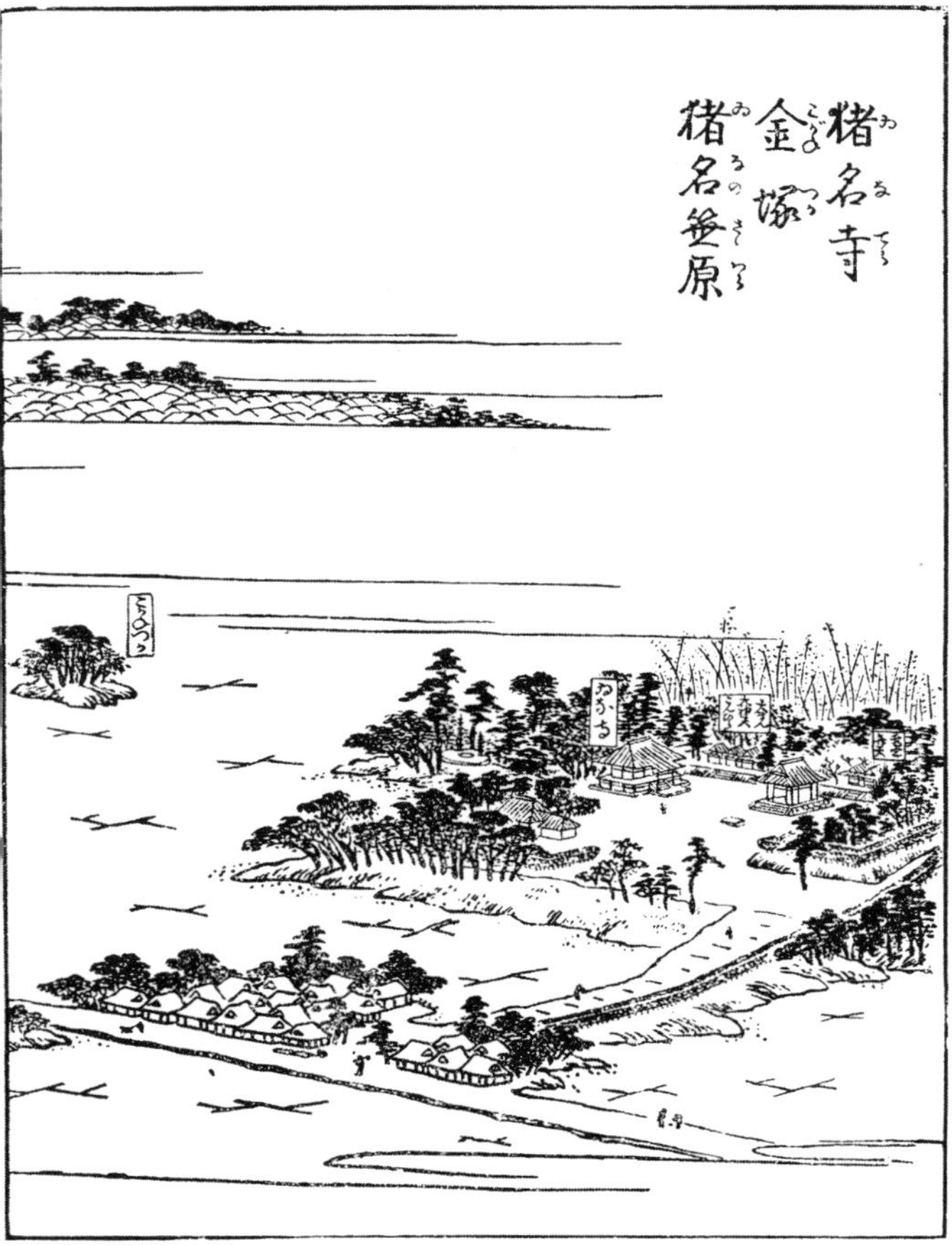

尼崎市猪名寺にある猪名寺廃寺跡は飛鳥時代から室町時代にかけての仏教寺院遺跡である。「摂津名所図会」ではインドの僧法道仙人が大化年間（六四五〜六五〇）に開創し、そののち行基菩薩がこの寺に滞在し「諸堂荘麗」だったが、元弘元（一三三一）年の元弘の変の兵火に遭い、さらに荒木村重の乱で天正七（一五七九）年灰燼に帰したという。

昭和二十七（一九五二）年から昭和三十三年にかけて発掘調査が行われ、東に金堂、西に五重塔を配置し、これらを回廊が囲む法隆寺と同形式の寺院だったことが分かった。川原寺式軒瓦・鬼瓦・鴟尾なども発掘され、創建時期は飛鳥時代後期の白鳳時代で、伝承の大化年間よりやや遅く、七世紀後半の創建とみられる。出土した埴輪類から、寺院建立以前に古墳や住居が存在していた可能性もある。

元禄十四（一七〇一）年発行の「摂陽群談」は、猪名寺の法園寺を「世に

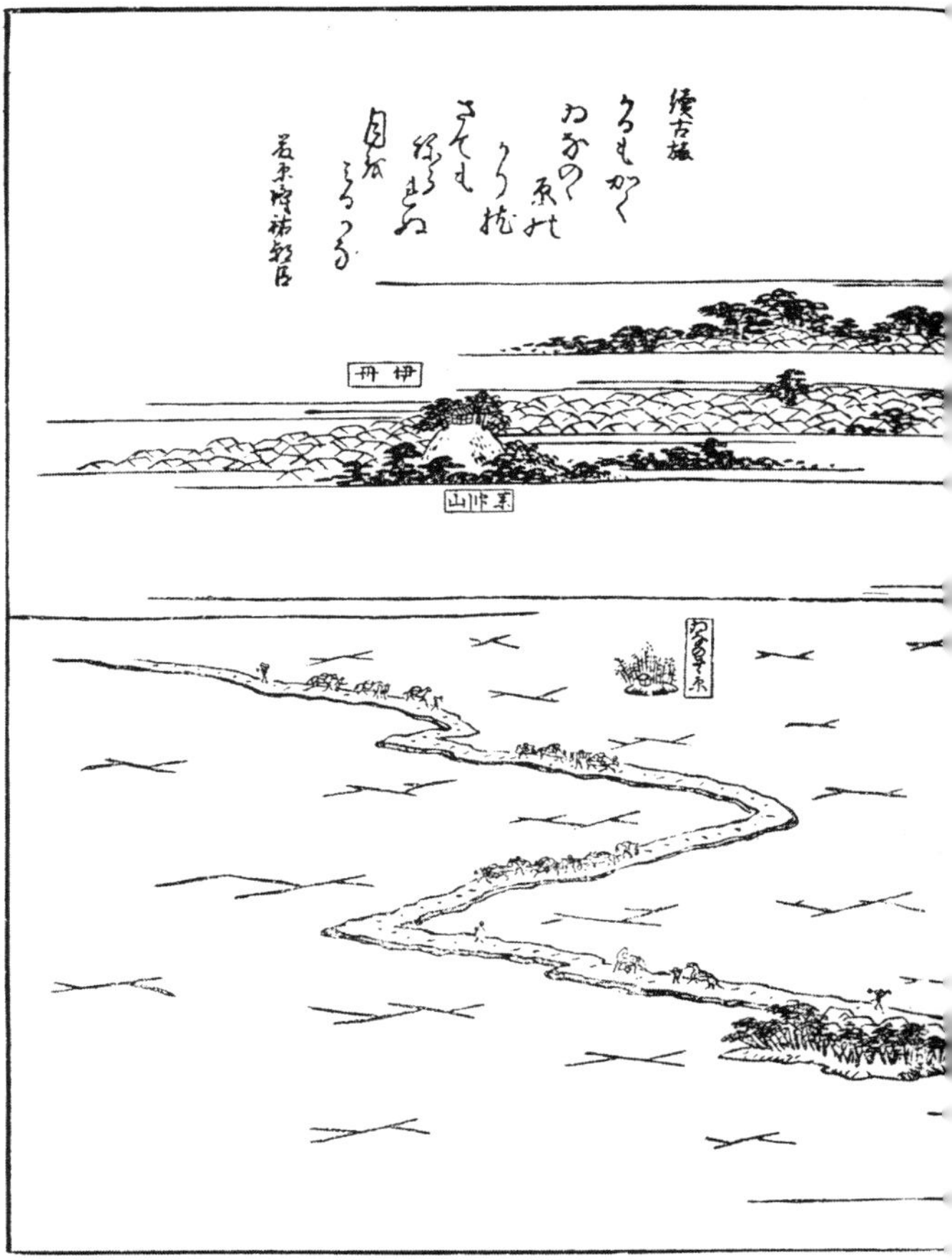

猪名寺と称す、是なり」と記載、法園寺として再興されたとしている。「摂津名所図会」の図と見出しも「猪名寺」としているが、本文には「法園寺という」と記載していて、江戸時代には法園寺という寺に代わっていたが、猪名寺といった方が通りがよかった。

「摂津名所図会」の図1をよくみると本堂の裏に中央に穴のあいた大きな石が描かれている。これこそ白鳳時代の猪名寺廃寺の塔の礎石である。「摂津名所図会」は「古は伽藍魏々《ぎぎ》たり、今古礎あり、其の中に方壱間余《あまり》の石あり、土人云、大塔の礎なりとぞ」とも書いていて、当時から古代寺院の礎石として知られていたことを示す。

図１

法園寺境内には今も長径二・三五メートル、短径一・九メートル、高さ一・一メートルの花崗岩製の塔心礎が残っていて、「方壱間余り」という秋里籬島が正確に観察していることがわかる。礎石の柱穴は径七四センチ、深さ一八センチが掘られている。この塔心礎はもとは塔跡にあったが、大正年間（一九一二〜二六）に現位置に移されたという。

「摂津名所図会」には「今小堂一宇に天王祠あり、これを生土神とす」と記載があり、これ

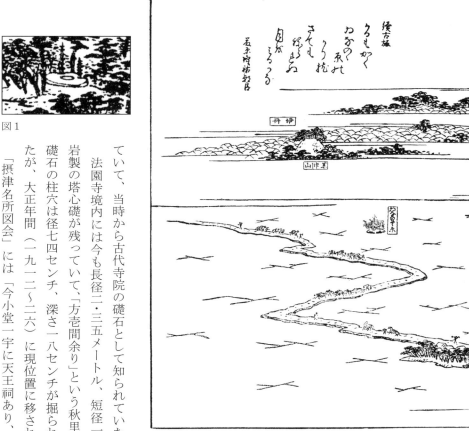

は現在の猪名野神社元宮のことだろう。伊丹の猪名野神社はここから分祀されたという伝承があり、猪名野神社元宮と名乗っている。江戸時代はこの元宮が猪名野神社の御旅所で、元禄十六（一七〇三）年から十月十四日の祭礼では、太鼓に先導された行列が伊丹の猪名野神社から有岡城跡や旧大坂街道を通り、この元宮まで練り歩いた。行列は、天狗の面をつけた先導役の猿田彦、神輿、火消し、駕籠に乗った伊丹の金剛院別当、神馬、神主、四神鉾、七福神、神輿、氏子総代などが続いたことが猪名野神社の神幸絵巻から読み取れる。

さて「摂津名所図会」に描かれた猪名寺はこんもりとした林に囲まれている。現在もその景観は残され、佐璞丘《さぼくがおか》と呼ばれ、住民が地域遺産として守り活用する運動を続けている。「佐璞丘」という地名は、猪名寺の創建に関与したという阿倍内麻呂が佐璞射（左大臣の漢名）だったことに由来しているといわれる。

猪名笹原（大正～昭和初期）

猪名寺のほかに、「天まん　大神宮　こんひら」と「愛宕　弁天」が描かれている。実に多くの神仏がまつられ、田んぼの真ん中の宗教センターの様相だ。寺名の由来となった村は寺域に比べて寒村として描かれ、家数は二二しか描かれていない。しかし猪名寺村の村高は四二〇石余りで平均的な村であり、宝永七（一七一〇）年の村明細帳によれば家数は八三もあるから、この村の寒村ぶりは事実ではない。猪名寺を大きく見せようという意図が働いたのだろうか。

猪名寺の北に小さく「いなのささ原」と「こかねつか」が描かれている。「猪名笹原」は古来多くの歌に詠みこまれてきた。「摂津名所図会」では「街道の東に方三間許《ばかり》の笹原あり、旧跡の印に遺《のこ》せしものやらん」と書いていて、一帯は笹原だったが田畑に開発され、ごく一部を意図的に残したものと解釈している。

「黄金塚」は尼崎市の塚口から伊丹南部に多くあった古墳の一つ。伊丹市東有岡五丁目の東洋リノリュームの敷地に黄金塚が保存され、庭先に「猪名笹原」を偲んだササが植えられている。「摂津名所図会」の空間がかろうじて守られている。

17

金津山古墳と阿保親王塚

黄金埋蔵伝説から砦へ変わる古墳の運命

芦屋市翠ヶ丘町、春日町

「摂津名所図会」に描かれた打出村（芦屋市）は、西国街道の本街道から南の浜街道までを含んだ大きな村として描かれている。本街道のすぐ北に金津山古墳、その少し北に天神、すなわち現在の打出天神社がある。「摂津名所図会」の挿絵をよく見ると、金津山古墳のすぐ西側の西国街道には鳥居が描かれている（図1）。当時はここから長い参道が続いていたことが知られる。こんな情報も絵図を読み解かなければ得られない景観情報だろう。天神から南に向かう道が村の南北道の中心で、打出浜に行き着く。「摂津名所図会」では打出浜にも民家が描かれている。

打出天神社の北に阿保親王塚が描かれている。阿保親王（七九二〜八四二）は、平城天皇の皇子で、この地にゆかりの深い在原行平・業平兄弟の父である。弘仁元（八一〇）年に発生した薬子の変に連座して大宰権帥に左遷され、弘仁十五（八二四）年に父の崩御後、叔父の嵯峨天皇によってようやく入京を許された。「摂津名所図会」は「この地に阿保親王の殿舎があった」と記し、元禄十四（一七〇一）年刊の「摂陽群談」には、在原行平が須磨に配流されたとき廟を遷したと記載する。

阿保親王塚自体は四世紀前半の円墳である。享保二十（一七三五）年の「摂津志」には「塚六有り」とあり「摂津名所図会」にも「側に小塚六つあり」と記載、江戸時代後期まで六つの古墳が残っていたことがわか

図1

阿保親王塚（大正〜昭和初期）

る。萩藩主毛利家は阿保親王の後嗣を自認していて江戸時代を通じて親王塚を保護した。毛利家の残した文政七（一八二四）年の「阿保親王御廟詮議」という史料には、阿保親王塚の東に「四ツ墓」と記載され小さな古墳が描かれている。現在は阿保親王塚だけが残り、宮内庁が管理している。

「摂津名所図会」が挿絵の中心に描く金津山古墳は諸書に「阿保親王がこの岡に金一〇〇〇枚、金瓦一万枚を埋めた。里人が飢えた時には掘り出して五穀に替えよ」との言い伝えを掲載する。

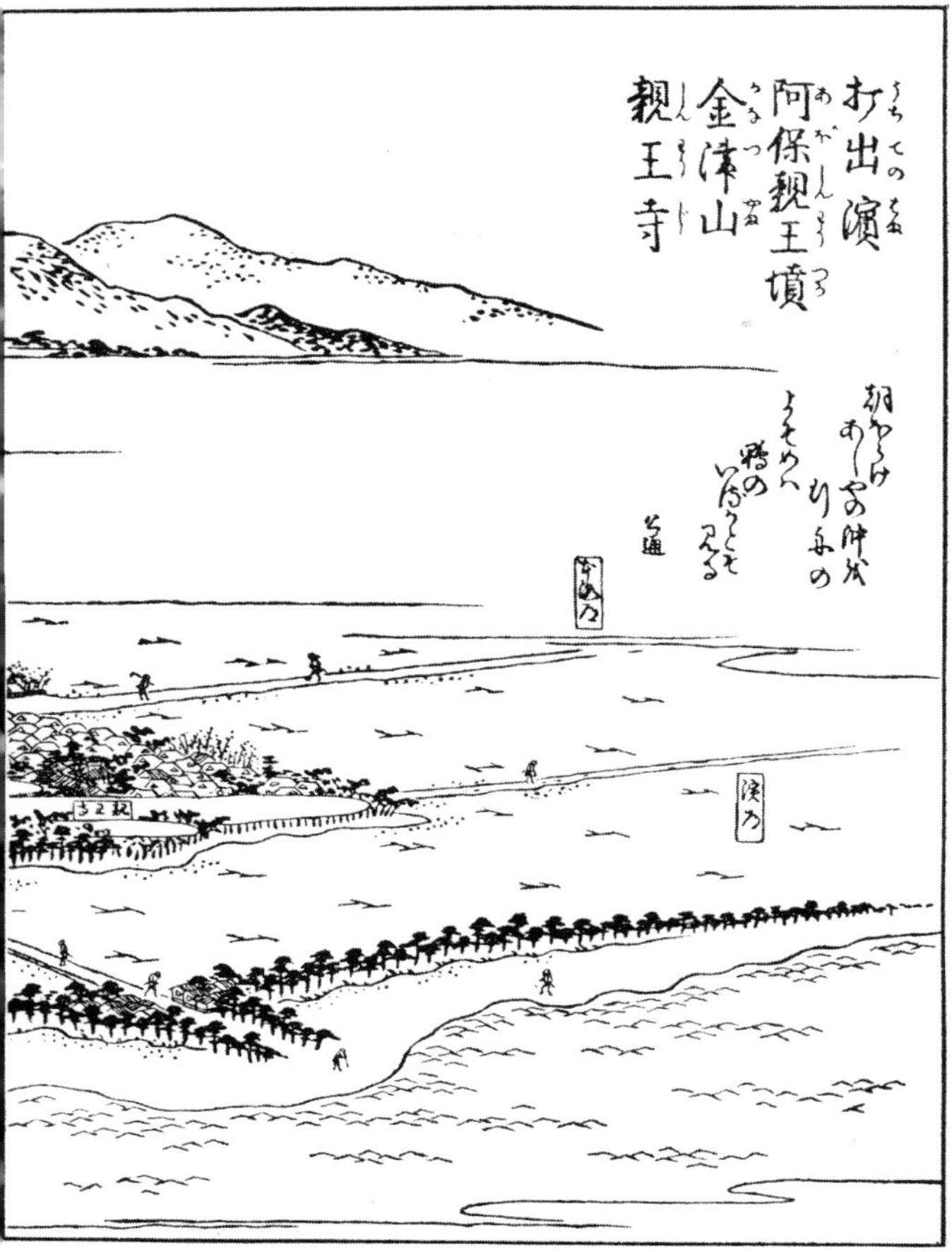

金津山古墳は、昭和六十年度発掘調査で円筒埴輪が出土し、五世紀後半の古墳であることが明らかになった。また長い間大型円墳と思われてきたが、昭和六十二年度の調査で周濠が見つかり、円墳ではなく前方後円墳（帆立貝形古墳）であることが判明した。さらに平成二十年度の調査で、二重目の周濠が確認された。二重の濠はきわめて希少で、被葬者は地方の一豪族ではなく畿内王権と密接な関係を持つ勢力と推察され、当時のこの地域の政治勢力を考える貴重な史跡である。円墳と思われたのは、前方部が掘削されて後円部のみが残っていたことが大きいが、同時に「摂津名所図会」に描かれた金津山古墳が、丸い道で囲われていることと無縁ではなかろう。

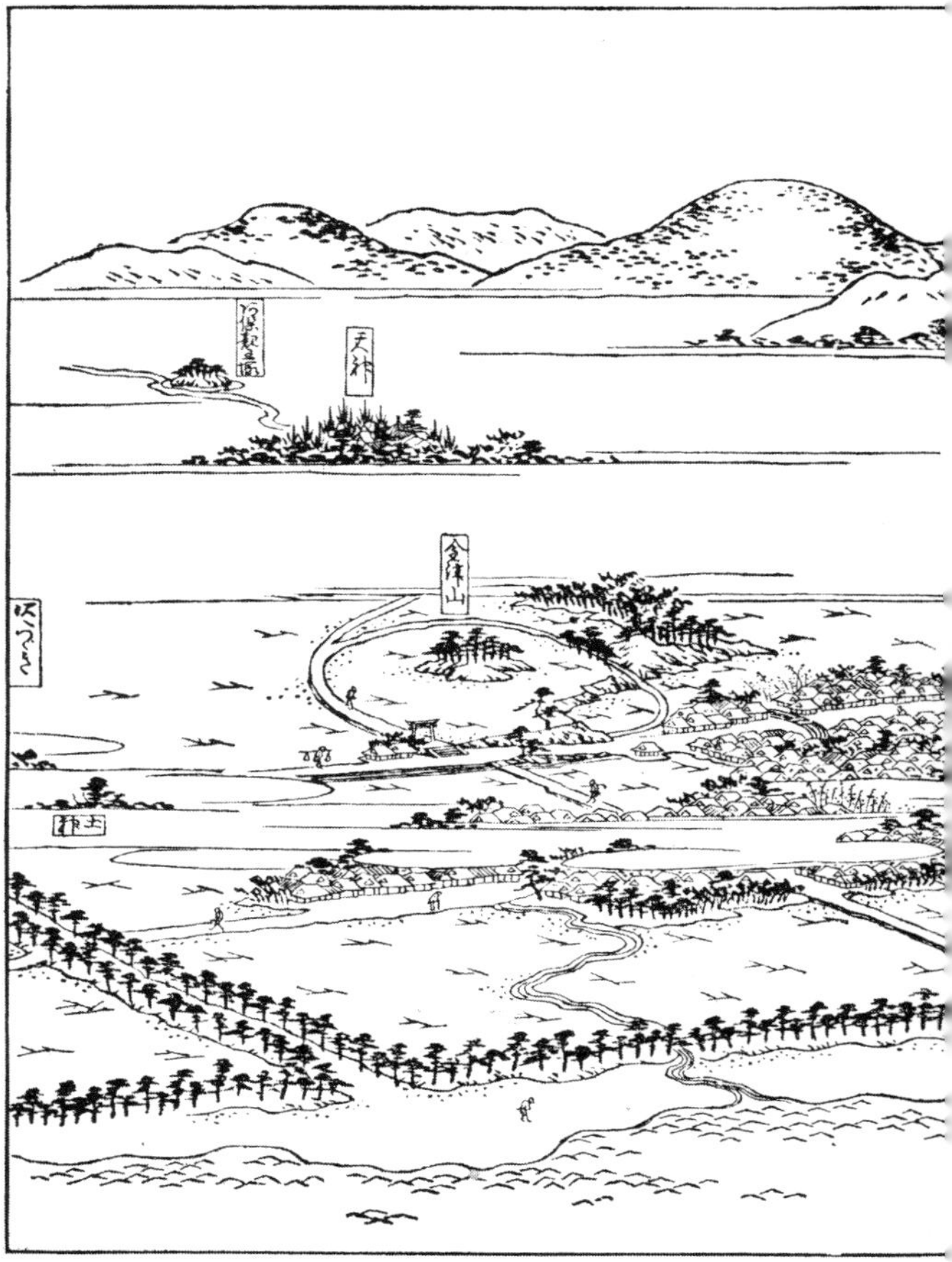

この前方部から平成十一年度の発掘調査で、中世の掘割が発見された。煮沸土器や供膳土器の構成比率が高く、集落や居館の遺物の構成と異なり、芦屋市教育委員会の報告書は、鎌倉時代から室町時代にかけての内乱期に改造され、砦として使われたのではないかと推測している。金津山古墳の上からは西・南・東に視野が広がり、「摂津名所図会」にも明らかなように西国街道の本街道、浜街道の通行を監視できる絶好の位置にある。

古墳が砦に転用されたという推測をさせる記述は、金津山古墳ではなく、北側の阿保親王塚に遺されている。延宝八（一六八〇）年の「福原鬢鏡」や宝永七（一七一〇）年刊の「兵庫名所記」には「建武年中ニ畠山阿波守国清、湯山より山越えニ出る陣所」としている。「建武年中」とあるが、畠山国清が有馬越えでこの地に陣を構えたのは足利尊氏と直義兄弟が対立しこの地が戦場になった観応の擾乱で、観応二（一三五一）年のことであった。「太平記」によれば、畠山国清は播磨国東条で尊氏軍を攻めようとしていたが、尊氏軍が湊川や御影に軍勢を動かしたため、東条から有馬を経由して打出に出たという。阿保親王塚にせよ金津山古墳にせよ、砦の条件は十分に満たしている。古墳は時代に応じた役割を果たし、今に遺されてきた。

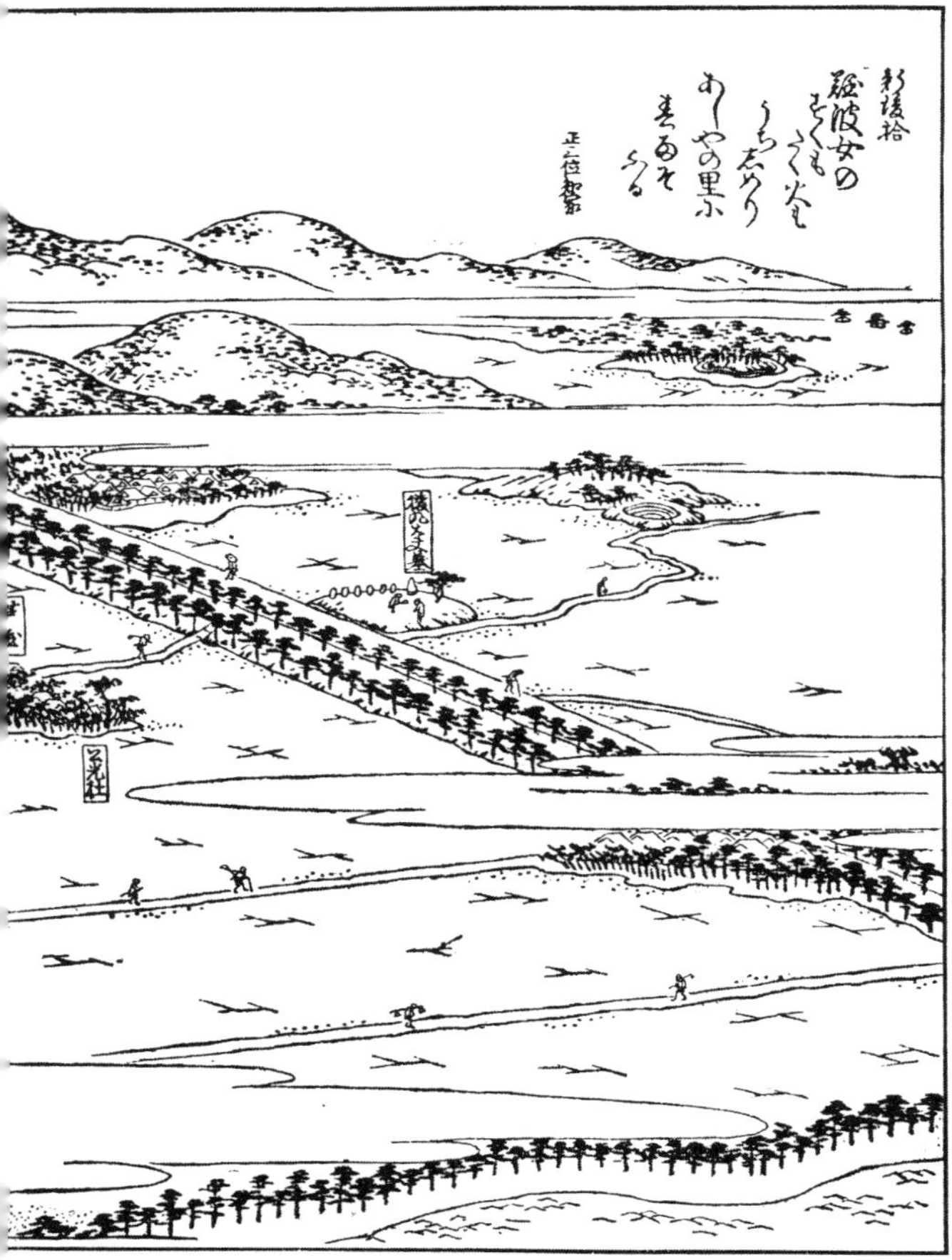

18

芦屋の里

歌人ゆかりの地
有馬と深いつながり

芦屋市東芦屋町、西山町など

「摂津名所図会」では打出から芦屋にかけて四ページ連続で景観を描いている。中央を斜めに描かれる松並木が芦屋川の堤で、河口は打出のページにつながっている。芦屋川の東には、街道と交差する所に猿丸太夫墓が描かれている。現在猿丸家の墓所は芦屋川東のバス道のさらに東にあり、当時の芦屋川の川幅の大きさをうかがわせる。明和六（一七六九）年の「芦屋村差出明細帳」によれば、川幅は往還筋で一二〇メートルを超えていた。それでも橋や渡し船などはなく、洪水の際は足止めになったと記載する。

　さて猿丸太夫は三十六歌仙の一人ながら、六国史など公的史料に登場せず、本名ではないといわれ、「摂津名所図会」も「何れの代の人といふ事を詳らかにせず」と書いている。墓碑については「高三尺許《ばかり》、幅二尺許、御影石にして中に六字名号、左に猿丸、右に太夫と鐫《えり》たり。近年此辺より堀出せしとぞ」と書くが、宝永七（一七一〇）年刊の「兵庫名所記」

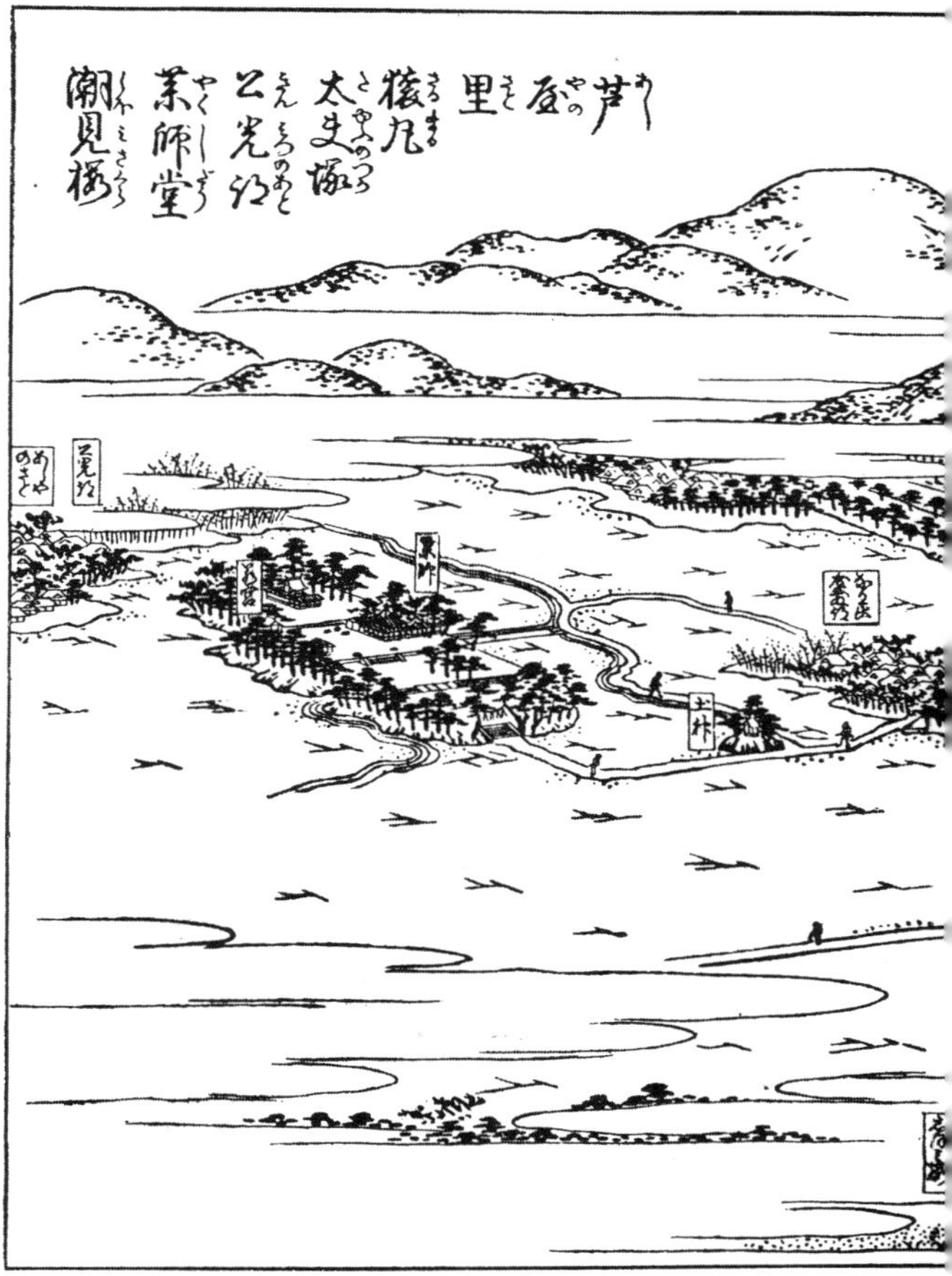

にすでに「猿丸太夫の石塔は川より東に有り」と書かれているから、江戸時代の半ばにはあったことは明白である。墓所の奥まったところに、自然石に「南無阿弥陀仏」と刻まれた墓石があり、これが「摂津名所図会」が取り上げた墓碑である。これとは別に、北北東七〇〇メートルほど離れた東芦屋町の芦屋神社境内に猿丸太夫の墓と伝えられる鎌倉時代後期の石塔がある。平成三年に市指定文化財になった。「摂津名所図会」に書かれたものとは別物である。

猿丸家の墓所を過ぎて芦屋川を渡ると、芦屋村の集落があり、在原業平屋敷跡の記載がある。在原業平は平安初期の歌人で六歌仙の一人に数えられた。平城天皇の孫で、父は阿保親王である。業平は臣下に下り、在原氏を名乗った。業平をモデルの一人として描いた「伊勢物語」では芦屋の里に別荘を所有していたと記述されている。「伊勢物語」によれば、宮廷の人々を招いて歌合わせをし、布引の滝の見物を楽しんだ。ただ「摂津名所図会」本文には在原業平屋敷跡について「今田圃の字となれり」とあって、当時すでに何も残っていなかった。「摂津名所図会」は集落の西に「薬師」をひときわ大きく描いている（図1）。これは、湯本薬師堂

図1

「芦屋廃寺址」の碑

と呼ばれ「芦屋浜の潮、此の薬師堂の下を潜り、有馬温泉山へ通じ涌出すといふ、故に此の浜を有馬浦、有馬潮といふ、又寺を塩通山報恩寺と号し、いにしへは、伽藍巍々《ぎぎ》たり。後世廃して一宇となる」と記す。また元禄十四年（一七〇一）刊の「摂陽群談」も「芦屋湯」という項目を立て「往昔ここに於て塩湯涌出す、今有馬の湯筋なりと云、いつの頃か退転して今は古跡と成て名のみあり」とある。

　当時大阪湾の海水が有馬に湧き出ていると信じられており、神戸大学教授の市澤哲さんは、この伝承を江戸時代以前からこの地と有馬が深く結びついていて、南北交通路の「山路」が重視されていた証だという。この地には平安末期に山路荘が設けられている。「摂陽群談」には「有馬湯山薬師堂奥院として僧坊月次の参籠ありといえども終に退転せり」とあるから、信仰の面でも有馬と芦屋は深いつながりがあった。

　この薬師堂付近では、発掘調査によって塔の礎石や大量の瓦片、建物の土台が見つかっており、七世紀後半の白鳳時代に建立された芦屋廃寺の跡だとわかった。廃寺の推定位置には「芦屋廃寺址」の石碑が建てられ、発掘された塔心礎は県指定文化財として、市立美術博物館敷地内に展示されている。ただ江戸時代の薬師堂は、元禄五（一六九二）年の「寺社御改委細帳」には塩通山法恩寺とあり、敷地は東西二一メートル、南北一八メートルほどしかなく、しかも村内の長福寺が支配する小堂にすぎなかった。二五〇年前に焼失し、小堂を建てたが住職もおらず、長福寺の弟子の道心者を火燈として住まわせる程度の寺であった。

　それなのに集落などと比べてこれほど大きく描いているのは、この寺が行基菩薩開基と信じられ、在原業平が伽藍を建てたと言い伝えられた古代寺院の系譜を引く寺院として、大きな存在感があったためだろうか。

19

処女塚と東明八幡神社

神功皇后ゆかりの松 枯れても守り伝え

神戸市東灘区御影塚町2・4

「摂津名所図会」の「東明村・求塚」の項で、中央に描かれているのが、東明村の氏神・東明八幡神社である。一五段余りの階段を登ったところに本殿が建っているように描かれているが、実際の社殿はこれほど高くない。今ではスロープもあるバリアフリーだ。

「摂津名所図会」の説明では「八幡宮　同村（東明村）にあり、此の所の生土神とす、例祭八月二十二日、武内松　八幡宮の社前にあり、大樹にて株の廻り、一丈六尺、枝葉森の如し」とある。

村の産土神をわざわざ名所に取り上げて説明を加えている例は多くなく、東明八幡神社が取り上げられたのは「武内松」（図1）があるからだろう。武内松は、この地に色濃く残る神功皇后の朝鮮出兵伝説を反映したもので、船出の時に、腹心の武内宿祢《すくね》が勝利を祈って、此の地に若松を植えた。後年、此の地を再訪した武内宿祢が枝葉の茂った大木に育った松を見て、祠を建て神霊を勧請したのが神社の始まりだと伝える。「摂津名所図会」には参道の中ほどにひと際大きな松が描かれ、「武内松」と書かれている。実物以上に東明八幡神社を荘厳に描いているのは、「武内松」があるからだろうか。ただ松は明治時代に枯れてしまい、その一部を祠に保存している。

図1

処女塚

「摂津名所図会」のもう一つの主題は「求塚」であり、一般に「処女塚」と呼ばれている古墳である。西求女塚古墳（灘区都通三丁目）、東求女塚古墳（東灘区住吉宮町一丁目）と合わせて三塚があり、「万葉集」や「大和物語」には、一人の女性をめぐる二人の男の争いがあり、女性が投身自殺し二人の男も後を追うという悲恋物語が掲載されている。ただ処女塚古墳が四世紀前半、東求女塚古墳は四世紀後半の築造とされ、今では後世の創作であることも広く知られる。

「摂津名所図会」には古墳の景観について「塚の巡《めぐり》百間許《ばかり》、塚上《ちょうじょう》に松樹二十株許《ばかり》あり」とある。古墳の全長は約七〇メートル、前方部は幅三二メートルだから、おおむね正確に記載している。ただ松樹二〇株とあるが、挿絵では三〇株ほどが描かれている。また悲恋物語について「按ずるにこれみな上古の荒塚にて文人騒客俚談を採て風藻となす」とあり、史実ではなく古代の古墳を見て後世の文人が言い伝えをもとに作った文学作品だと、的確に解釈している。

処女塚古墳は、大正十一（一九二二）年に史跡に指定され、昭和五十四（一九七九）年から昭和六十年にかけ国の補助金を得て整備が行われた。

調査の結果、墳丘の流失が著しかった

が、前方後円墳ではなく前方後方墳であることがわかった。前方部の東側斜面の上段と西側斜面の下段で葺石も確認。また東側斜面で小段があり、前方部は二段築成で、幅三二メートル、高さ四メートルだったことがわかった。くびれ部に近い前方部の東側斜面上段で箱式石棺一基も検出した。古墳築造後に埋葬されたものである。後方部の発掘では西側を下段まで調査、葺石を確認し墳丘の裾が直線的に検出されたため、前方後方墳と判断した。後方部は西側斜面の傾斜が変わるところや墳丘の盛り上げ方法が変わっているところがあり、三段築成であったとわかった。

「摂津名所図会」には処女塚の東側に「うすや」と書かれた小屋と上流からの「みつとゆ」（水樋）が描かれている。本住吉神社の参道沿いの「車屋」には劣るものの、大規模な水車小屋である。当時水車小屋は「車屋」「臼屋」と多様な呼び名がされていたことが分かる。寛政五（一七九三）年当時、御影郷に属した東明村には一〇軒の酒造家があり造酒高は一万一〇八〇石あったから、この水車は酒造米の精米に使われたのだろう。東明村の酒造業は幕末にかけてさらに発展、嘉永七（一八五四）年には酒造高一万九五八八九石に達している。

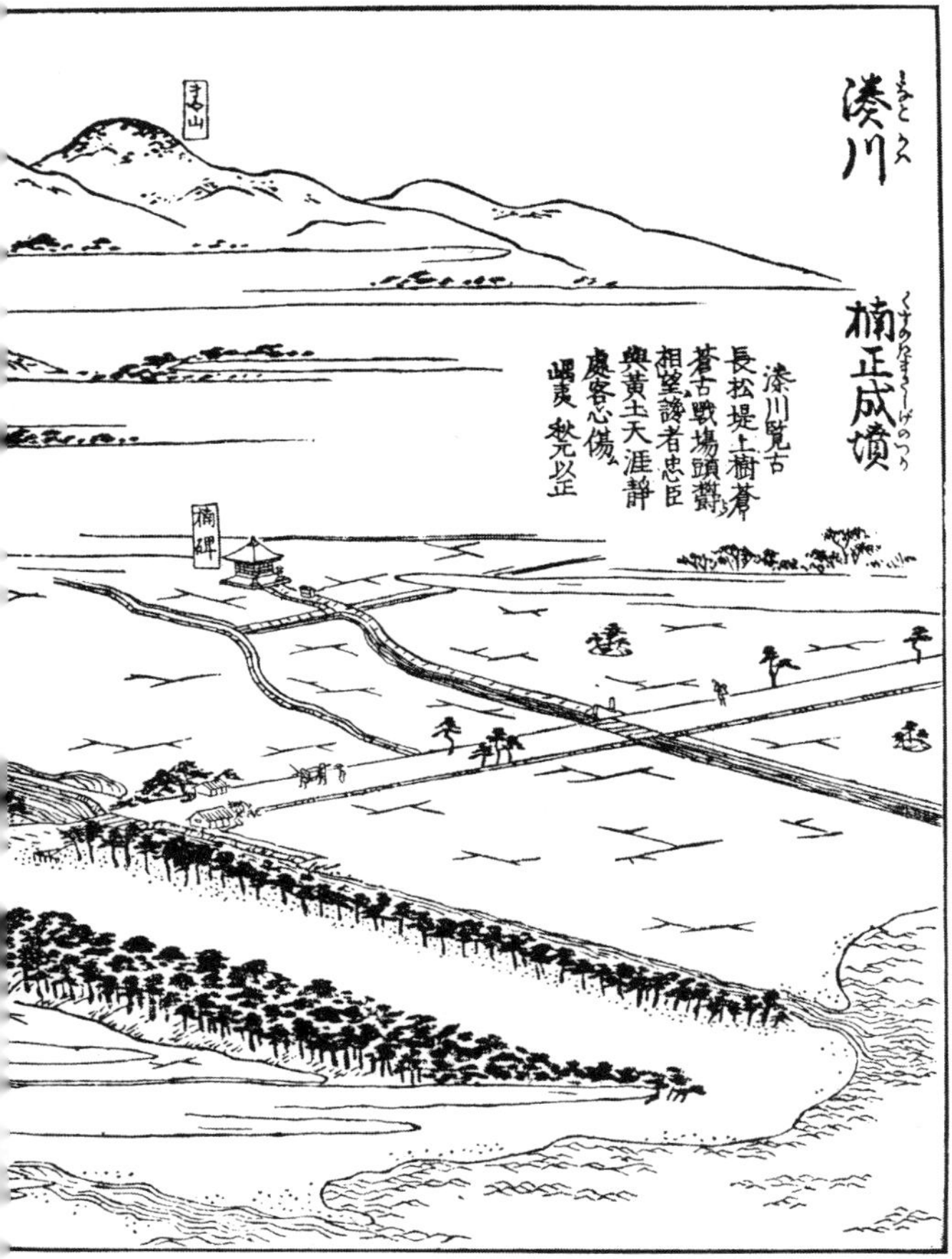

20

湊川と楠木正成の墓碑

楠公ブーム以前の正成〝最期の地〟

神戸市中央区多聞通、楠町、大倉山ほか

「摂津名所図会」は湊川を中央に、川の手前に兵庫津の入口に当たる「さび江（佐比江）遊女町」、東側に「楠碑」、北に「差方塚」「坂本村」「安養寺」「広厳寺」、さらに遠景に「まや山」「再度山」を描く。湊川は明治三十四（一九〇一）年に苅藻川水系に付け替えられて新湊川となり、旧湊川跡は現在の新開地となった。

旧湊川について「摂津名所図会」は「石井村に至り千鳥滝といい、下流兵庫津に至って海に入る、常は水少なく水碓《みずぐるま》に取る事多し」と書く。

石井村で天王川と石井川が合流して千鳥滝となるが、日ごろは水嵩は少なく、唐臼を動かす水車に取水していたという。「摂津名所図会」の挿絵も、松並木に挟まれた湊川の河道はほとんど水がなく旅人は徒歩で河川敷を歩いている（図1）。兵庫津の佐比江町からは石段を上って川を渡っており、天井川になっていて、対岸の松並木の外側に細い流れがあってそこにかろうじて水

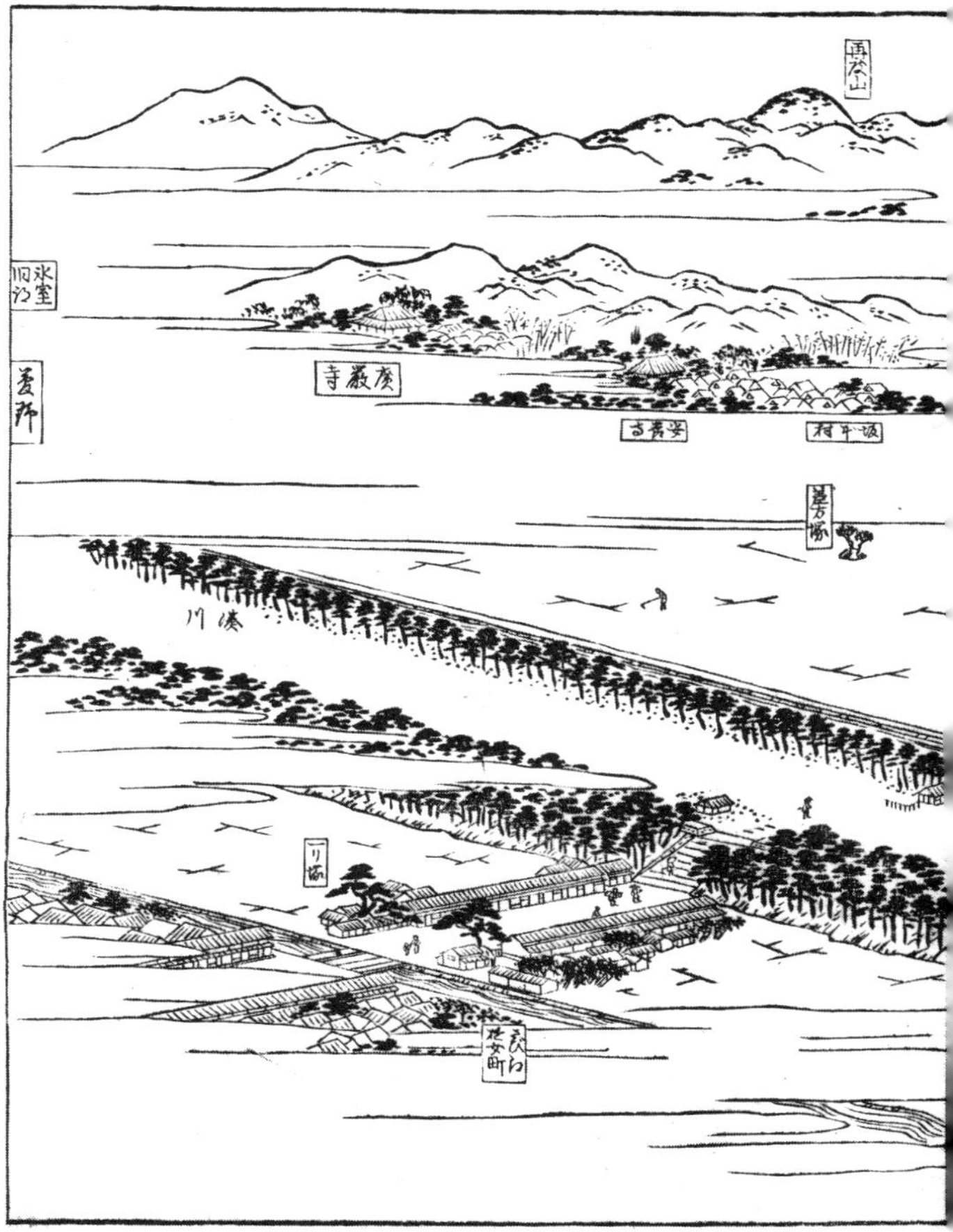

図1

が流れている。この景観は「播州名所巡覧図絵」も同様で、次ページに掲げた「播州名所巡覧図絵」をみると、右下に見える宇治川には橋が架かり水が流れているが、画面中央の旧湊川は橋がなく、よく見ると河川敷を徒歩で旅人が兵庫津に向かっている。宇治川のたもとにあるのは茶屋だろう。屋根は茅葺ながら一部が瓦葺になっている。

また「摂津名所図会」には「古は石井より壊（会）下山の麓を西へ流れ兵庫の町の西より大和田浜にて海に入る、平相国兵庫築島せらるゝの時、洪水の難を避けん為に今の如く川違ひありしなり」とあって、旧湊川は元々兵庫津の西側を流れていたが、平清盛によって付け替えられたと断言する。中島豊さんの地盤データを使った研究でも旧湊川より西に古湊川と呼ぶべき川があったことが明らかにされている。それが清盛の時代かどうかは別にして「摂津名所図会」の古湊川（兵庫津の西）から旧湊川（兵庫津の東）への付け替えは正鵠を得ているだろう。

湊川が有名なのは南北朝時代に楠木正成が足利尊氏と戦い、最期を遂げた戦場になったからである。

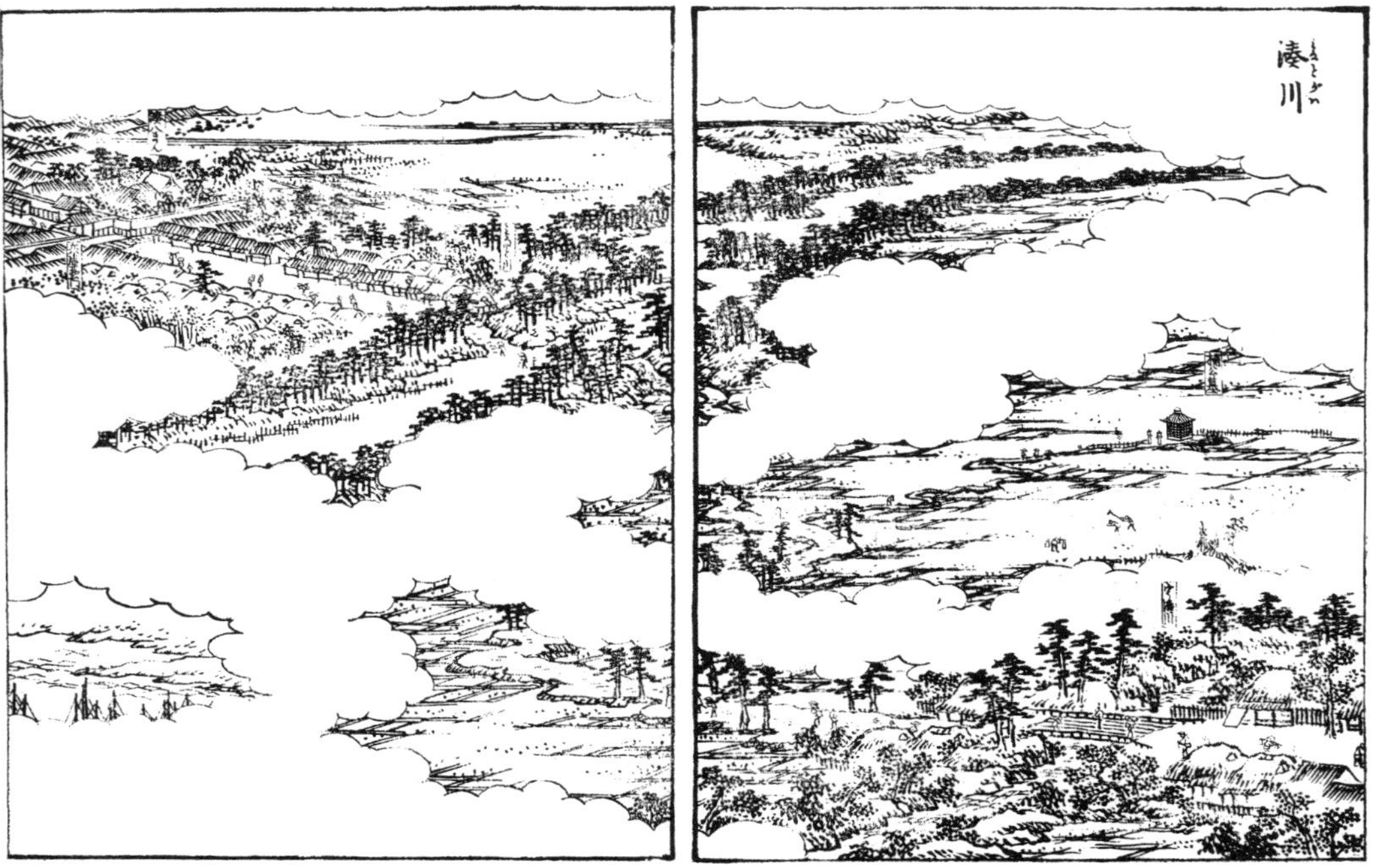

坂本村にある広厳寺は別名楠寺。建武三（一三三六）年楠木正成がこの寺で住持明極《みんき》楚俊禅師と禅問答をして合戦に臨んだと「明極和尚行状録」にある。「摂津名所図会」は「寺説曰く、楠公の一族十三人、士卒六十余人、此寺に入て建武三年五月二十五日戦死す、禅師即遺骸を路傍に葬る、今の墓碑の地なり」と書く。しかし「明極和尚行状録」は偽書という説もあり、「摂津名所図会」がわざわざ「寺説曰く」と寺伝と断っているのは、疑問を感じたのかもしれない。江戸時代にこの寺を再興した千巖宗般が、楠木正成顕彰の隠れた立役者で、江戸の水戸藩邸や岡山藩主の池田家を再三訪問し、楠木正成の碑を建てることを働きかけた。この運動の結果、元禄四（一六九一）年に水戸光圀が楠木正成の墓を建立したのである。

「摂津名所図会」によれば、水戸光圀の側近、佐々木（正しくは佐々）助三郎を奉行に一夜のうちに建立したという。秋里籬島はこの石碑を詳細に観察し、銘文全文を掲載。材質は最上部が和泉石、石碑を載せた亀の像が京都の白川石、土台が御影石だと記載している。墓碑銘文の「嗚呼忠臣楠子之墓」は拓本にとられ幕末の勤王の志士たちの精神的な支柱となり、吉田松陰の松下村塾にも飾られていた。

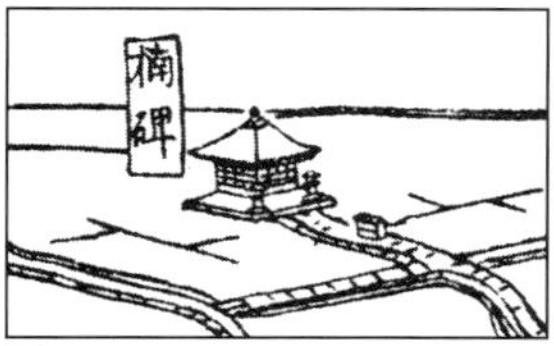

図２

図３

図４

意外に知られていないのは、広厳寺のすぐ東にある安養寺に眠る尼崎藩主青山幸利が、この地に楠木正成の墓所があると知り、墓地に五輪塔を建立し、安養寺をこの地に移し、自らの菩提寺にしたことである。また「摂津名所図会」によれば楠木正成の墓地を覆う三間四方の瓦葺きの堂はその次の藩主青山幸督が建立したという。尼崎藩主は松平氏に変わるが、歴代藩主の信奉は厚く、藩主寄進の灯籠が墓前を飾っている。

改めて「摂津名所図会」を見る。「楠碑」（図２）はこじんまりとした堂が描かれ、両側に灯籠が立つ。参道の脇には小川が流れ街道には石碑らしきものが一本立っている。「播州名所巡覧図絵」の描写も同様で、画面右の中央に「楠公墓」とあり、田んぼの中にお堂があり、両脇には石燈籠、参道には参拝客が列を作っている（図３）。街道からの参道は「播州名所巡覧図絵」の方がより蛇行しながら田圃の中を通っている。今は墓碑の周囲には多くの灯籠が立つが、そうした楠木正成ブームが訪れる少し前ののどかな景観である。

七七ページの挿画の右側中央に「差方塚」として小さな塚が描かれている。「差方塚」はかつて二つあり「摂津名所図会」は荒田村東北の田んぼの中にあった差方塚について説明を加えているが、もう一つ、神戸区仲町二丁目一九番地（現在の中央区中町通付近）の民家の敷地にも「差方塚」と掘った石碑があった。しかし石碑は戦災で行方不明になった。この石碑はもとはさらに西にあったものを明治二十（一八八七）年ごろ移したという。享保二十（一七三五）年の地誌「摂津志」では、平清盛の福原遷都の際、新都の造成を担当した藤原邦綱がここから測量を始めたと記載する。「摂津名所図会」も踏襲し、『西摂大観』は「さほ」で測量を意味するとしているが、根拠に乏しい。坂本村には「姫塚」「化粧塚」など古墳が点在していた。差方塚もそのうちの一つである。

21

八棟寺・琵琶塚・清盛塚・薬仙寺

多くの謎を秘めた二つの塚

神戸市兵庫区切戸町、今出在家町4ほか

「摂津名所図会」の八棟寺跡から始まるこの図は、実は真光寺から千僧寺跡までを四ページ連続で描かれたものである。ただ最初の二ページは真光寺だけを描いたもので、第4章の真光寺の項目（一六六ページ）で取り上げた。続くこの二ページに描かれているのは、八棟寺・琵琶塚・清盛塚・薬仙寺・萱御所跡・須佐入江・千僧旧跡で、兵庫津の町はずれの場所に当たるが、「平家物語」の痕跡を多く残す地域である。

「摂津名所図会」の挿絵を見れば、一六六ページの真光寺門前の街道には、瓦葺き二階建ての町屋がびっしりと建っているが、八棟寺跡辺りから町並みは途切れている。明治二（一八六九）年の「兵庫津細見全図」でもこの付近はほとんど変化がなく、江戸時代の兵庫津の繁栄からも距離を置いた地域である。

八棟寺（図1）は「摂津名所図会」によれば「平相国の建立にして諸堂魏々たり、太平山といふ、天正年中兵火に衰《ほろ》ぶ、元亨釈書に云、承安一（二）年道場

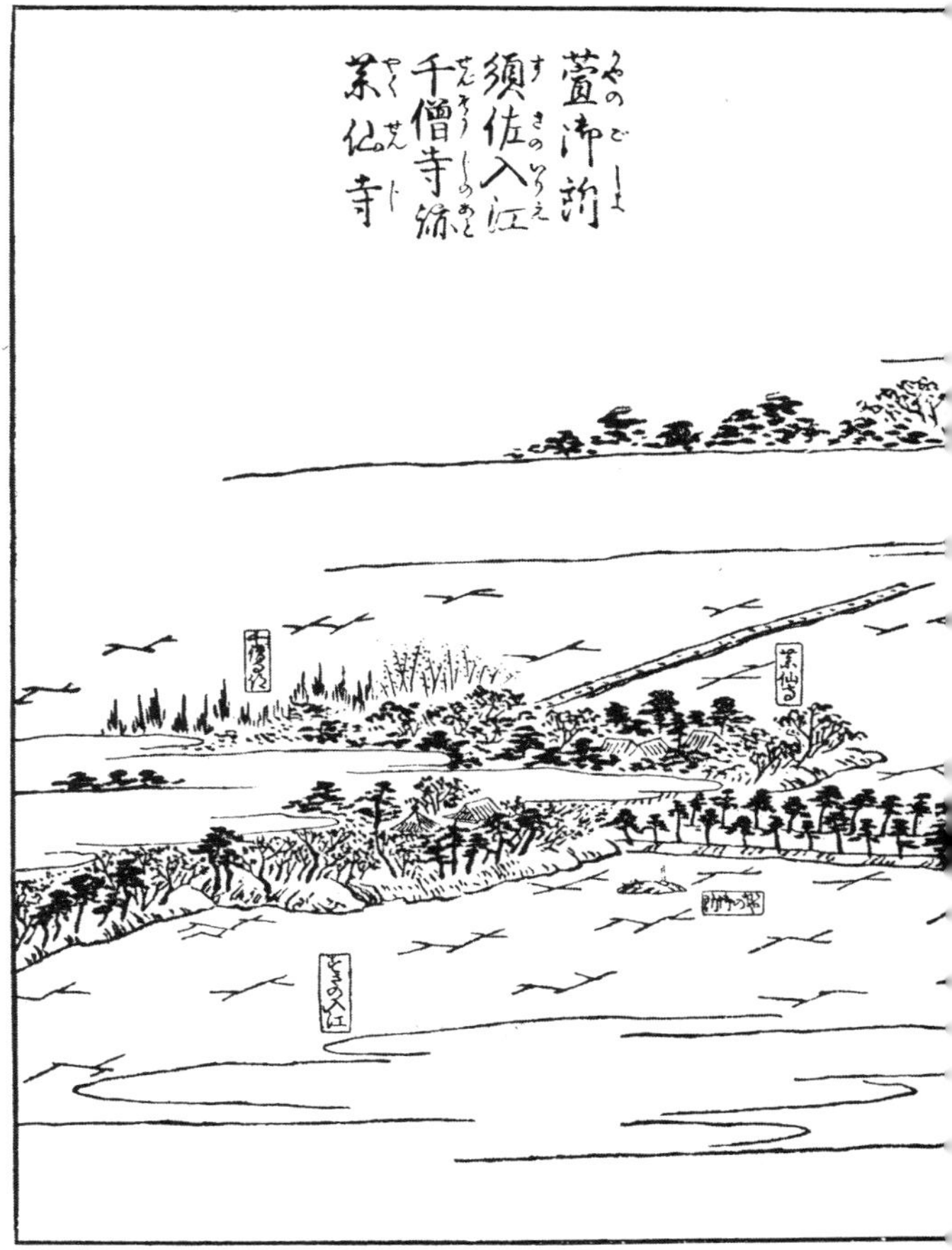

を福原に於いて営みて法華之法を修す」とあって、清盛が建立し賑々しい伽藍があったが、荒木村重の乱で焼失したという。元亨二（一三二二）年までの仏教史を綴った「元亨釈書」に福原で法華宗を修めた記録があり、それがこの寺であると記載している。江戸時代以前は町はずれどころか、真光寺などとともに信仰の一大拠点だった。「摂津名所図会」には小堂が一つ描かれているが、宝永七（一七一〇）年の「兵庫名所記」には「今石ずへの跡のみ残る」とある。今はその礎すらないが、「八棟寺跡」と刻まれた石燈籠が付近の清盛塚に残る。

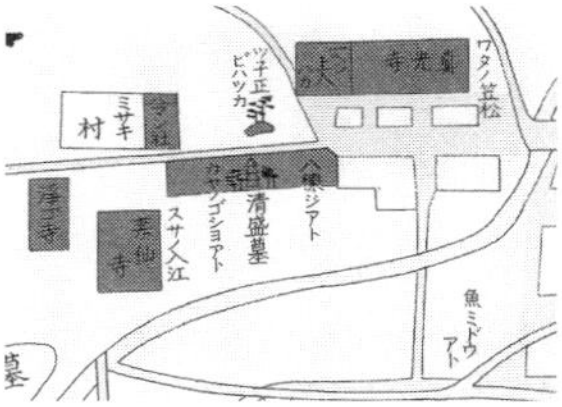

明治二年の「兵庫津細見全図」（部分、旧版『神戸市史』付図より）

図1

八棟寺跡の隣にある琵琶塚は、琵琶の名手で一の谷の合戦で戦死した平経正の塚といわれる。宝永七（一七一〇）年の「兵庫名所記」には「真光寺の前、びわ形のつかなり」「又一説に此所に一たび青山の琵琶を埋めし所と云」とあり、琵琶の形をした塚である。平経正が持っていた「青山」という琵琶がここに一時埋められたという「兵庫名所記」の記載に対し「摂津名所図会」は「非なり、なお説々多し、皆取に足らず」と明確に否定する。この「青山」という琵琶は、平安時代に唐から朝廷に献上された名器の一つで、朝廷から仁和寺に与えられ仁和寺の覚性法親王（一一二九～一一六九）から平経正に下されたという。平家の都落ちの時に仁和寺を訪れ、青山を返却する話が「平家物語」や謡曲「経正」に描かれていて、「摂津名所図会」の明快な否定もこれに基づくものである。伝承をうのみにしない「摂津名所図会」の姿勢がここにも見える。

実は平経正の塚であること自体、明確な根拠があるわけではなく、延宝八（一六八〇）年の「福原鬢鏡」には「又一説、但馬守経正の塚とも云」とあって、江戸時代前期には平経正の塚というのは伝承の一つでしかなかった。琵琶の形をしていたために「琵琶塚」と呼ばれ、それが琵琶の名手平経正と結びつけられた。経済発展が著しい一七世紀末に参拝者が増える中で伝承が膨らんだ事例だろう。

この琵琶塚の対面に清盛塚があった。大正十二（一九二三）年に神戸市の路面電車の軌道敷設に伴う道路拡張で北西一〇メートルほど移転し、琵琶塚と並ぶ位置に置かれた。「兵庫名所記」も「摂津名所図会」も「（平清盛の）遺骨を円実法眼この福原に持ち来りここに蔵《おさ》む」と断定的に書いており、長く平清盛の遺骨が埋められていると信じられてきた。しかし移転の際に発掘したが遺骨はなかった。清盛塚には「弘安九（一二八六）年二月」の年号が刻まれ「福原鬢鏡」には鎌倉幕府第九代執権の北条貞時（在職一二八四～一三〇一）が建立したと記載されている。

これに対し、天理大学教授の藤田明良さんは、弘安八（一二八五）年の亀山上皇の兵庫津訪問とその直前に兵庫津を訪れた奈良・西大寺の僧叡尊を軸に清盛塚建立を考えている。歴史上兵庫津を訪れた天皇・上皇は、後白河法皇と高倉・安徳天皇という平清盛時代の三人を除けば、亀山上皇だけで、上皇の訪問自体極めて異例なことである。当時亀山上皇は「治天の君」という朝廷の頂点にいたこと、亀山上皇は兄・後深草天皇と皇位を争い、大覚寺統・持明院統という皇統分裂の原因を作った政治的意欲の強い人物だったことから、藤田さんは亀山上皇の兵庫津訪問に政治的な意図を読む。讃岐国（香川県）の善通寺修復のため、兵庫津に入湊する船一艘から三〇文を徴収する認可が翌弘安九年に出されており、その反発を抑える事前のデモンストレーションではなかったか、というのだ。寺社造営の費用を、海上を航行する船から徴収する最初の事例であり、一年前から周到に準備されたと推測する。

さらにその「地ならし」のため亀山上皇とつながりの深い真言律宗の僧叡尊が亀山上皇より二カ月早く兵庫津に入り、九七二人に菩薩戒を授け、遊女一七〇〇人に毎月の持斎戒を授けた。そしてその翌日の弘安八年八月一日、叡尊は兵庫津で未完成のまま石塔供養を行ったことが記録に見える。これが「清盛塚」ではないか、ともいう。かつて仏教は国家や貴族のためにあった。鎌倉時代に新仏教が勃興する。旧仏教である真言宗はそれまで縁の薄かった下層の人々に教線を広げる必要があり、朝廷は経済力をつけつつある港湾から新たな収入を得ようとする思惑があった。新説は実に魅力的だ。

図２

さて清盛塚を過ぎると左手の田圃の中に現われるのが萱御所跡（図２）である。「摂津名所図会」には石柱が描かれ「清盛塔の南、田の中に石標あり」とある。この地に五・五メートル四方の茅葺きの建物を作り、クーデターによって後白河法皇を押し込めた場所だという。また治承四（一一八〇）年七月十四日、僧文覚が忍び込み、平家追討の院宣を後白河法皇から授けられたともいう。ただ後白河法皇が押し込められたのは夢野にあった平教盛の邸宅とされている。

石碑があった場所は明治七（一八七四）年の新川開削によって水没、南に三〇メートル移され、昭和二十八（一九五三）年に貯木場として運河拡張で川中に没したため、薬仙寺境内に再建された。伝説の痕跡も作り直され伝えられていく。その薬仙寺そして千僧跡。「摂津名所図会」には道の山側にあるように見えるが、実際には道の浜側にあった。

22

敦盛塚

街道沿いの「大五輪塔」と名物蕎麦で賑わう茶店

神戸市須磨区一の谷町5

敦盛塚は、寿永三（一一八四）年の一の谷の戦いで、熊谷次郎直実によって討たれた一六歳の平敦盛を供養する塚という伝承で有名である。高さ約四メートルもある五輪塔で、京都・石清水八幡宮五輪塔に次ぐ大きさだ。街道沿いにあって、通る人々の信仰を集めた。天和三（一六八三）年にここを通った記録が、作者不詳の「千種日記」に残されていて「敦盛爰《ここ》にて討たれ玉うとなん、今年の二月七日は此人の五百回忌なりとて、卒土婆をたてゝ石など多くつみあげてけり」と、当時敦盛塚と信じられていたことが分かる。宝永七（一七一〇）年「兵庫名所記」も「此石塔あつ盛の霊再来して是を立て給ふと云い習《ならわ》せり」と疑問を挟んでいない。

これに対し、「摂津名所図会」は「此塔実は鎌倉北条西園寺入道平貞時、平家一門戦死冥福の為こゝに建つる所なり、何の代より敦盛塔と称しけるやらしらず、今は世俗みな敦盛と称して、往来の旅人追善として石を積み塔を建て、菩提を弔

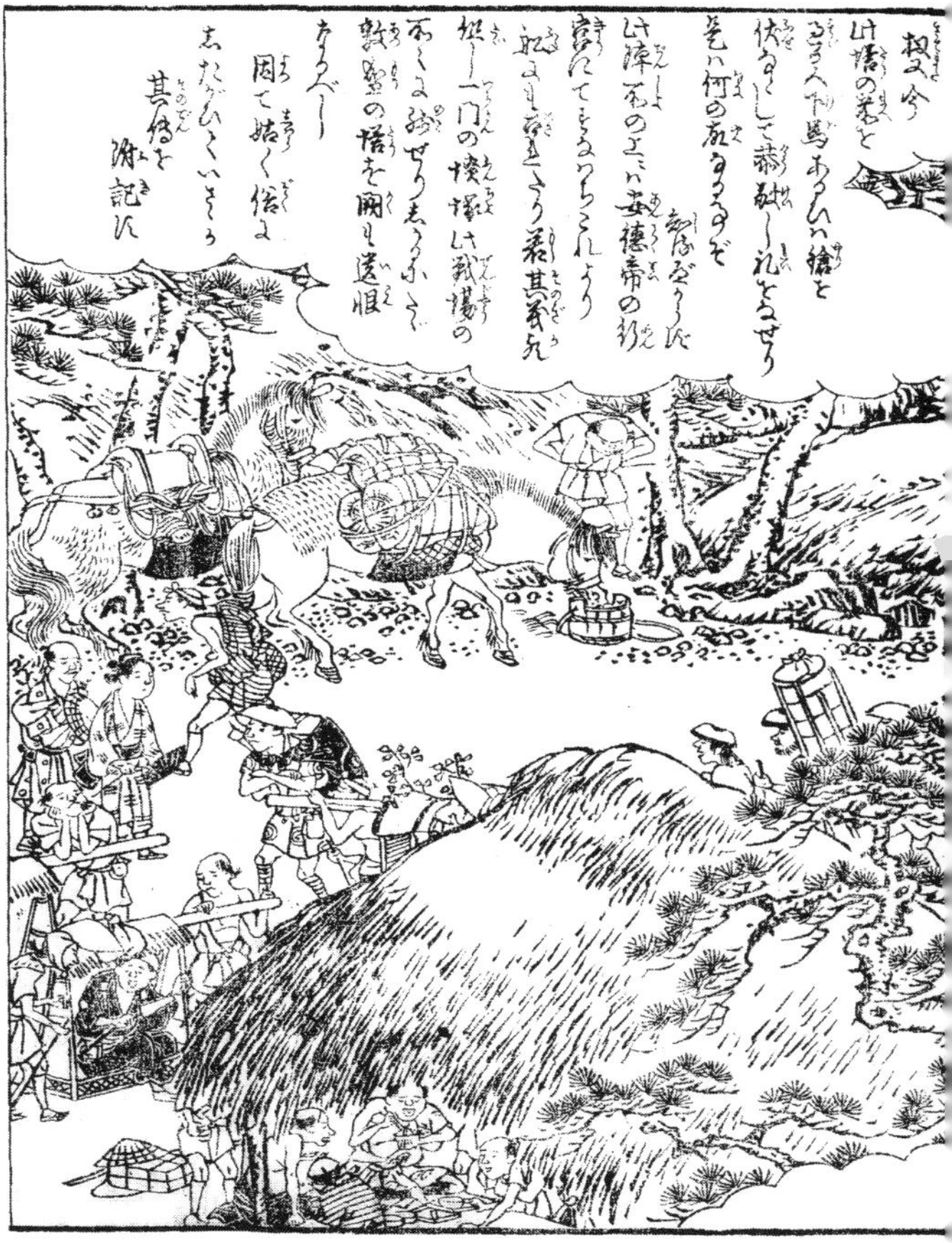

らひけるも多く見へたり」と、敦盛説を否定し平家一門の死者を弔う塚で、建立者は鎌倉幕府北条貞時と断定している。明治四十四（一九一一）年発行の『西摂大観』もこの説を支持し、「平軍の戦死者を集めた集め塚がなまった」という説を展開している。また兵庫津の清盛石塔を北条貞時が建立したとして二つの石塔を結び付けている。しかし、敦盛塚は室町時代後期から桃山時代にかけての様式と推測され、建立者は、北条貞時ではない。

傍らには名物敦盛蕎麦の茶店があって、『西摂大観』は「昔はいと大きなる店ありて数多の女ども左の謡を声高らかに唱えつゝ行人を呼び止めしとぞ」と「須磨一の谷蕎麦口上」を紹介している。その口上の中に、「お茶はせったい薩摩守たゞのみ、座敷は千畳敷」とあることから大きなる店と書いたようである。

この近辺の街道を描いた絵図にはたいてい敦盛塚が書かれているが、千畳敷もの大店の描写はない。また遠景が多い中で「播州名所巡覧図絵」は詳細な図を掲載し、敦盛塚とはせずに「大五輪塔」としている。石塔の前には石を積む人、拝む人、賽銭を取り出す人が描かれる。左画面下には茅葺きの茶屋がある。蕎麦を食べる客で混雑しているが、千畳敷は大げさだろう。茶屋の外には客を待つ駕籠かきや、休憩中の馬と馬子の姿もある。

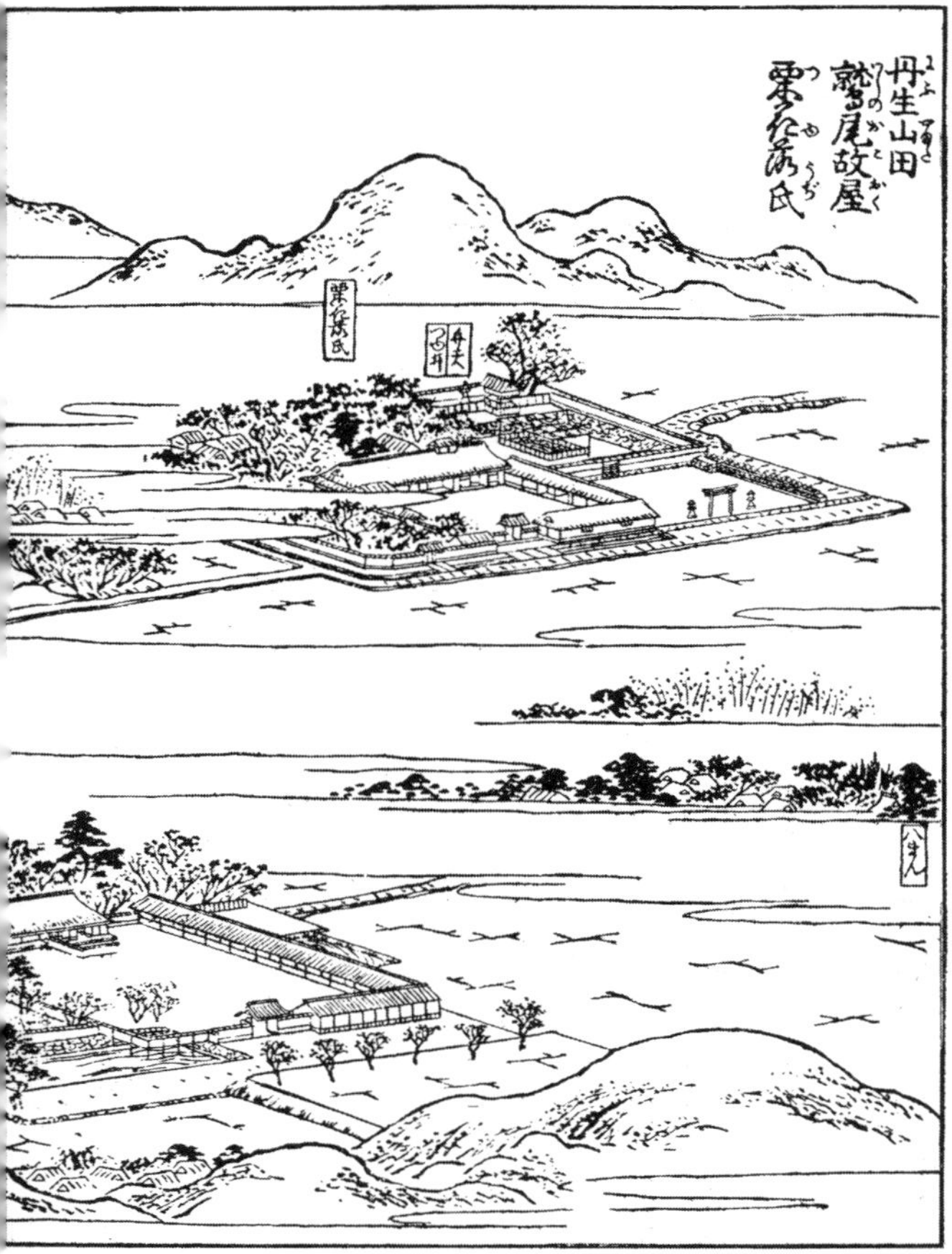

23

箱木千年家、丹生の鷲尾邸・栗花落家

丹生山田の里に〝名所〟の民家あり

神戸市北区山田町衝原、東下、原野

見開き二ページに三軒の民家が描かれている。左に千年旧屋（箱木千年家、神戸市北区山田町衝原）、中央に丹生山田の鷲尾故屋（神戸市北区山田町東下）、右に栗花落《つゆ》氏邸宅（神戸市北区山田町原野）である。おおむねの位置関係はあっているものの離れた三軒の民家を並べた挿絵で、他の挿絵とはやや趣を異にしている。

このうち建物が現存するのは箱木千年家のみである。箱木家の住宅で「摂津名所図会」には「近年まで梁文《うつばりのもん》に大同二年の文字ありしが今なし、此家の柱を見るに古代の物にして凡《およそ》千年以前の体なり、又同谷東小部にも千年屋とてあり、これも古代の家なり」とある。大同二（八〇七）年という元号については明治四十四（一九一一）年発行の『西摂大観』にも「千年家上棟文」として「大同元年丙戌年三月十一日之未刻なり、丹生山大工日原」と記述し写真も掲載するが近世に書かれたものである。箱木千年家は呑吐ダム建設に際して水没するこ

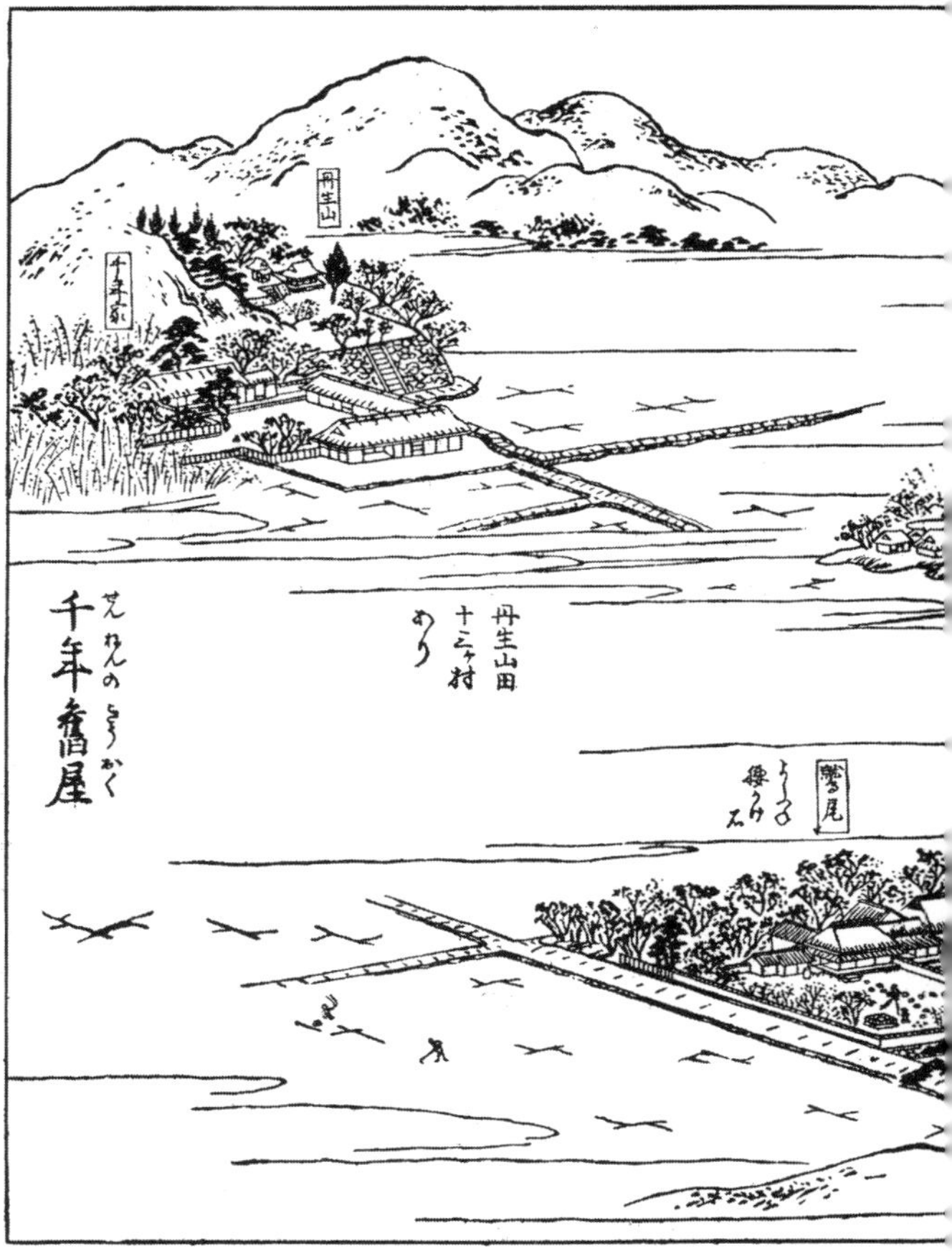

とになり、数十メートル離れた高台に移された。移築の際の解体調査の結果、母屋は一四世紀の建立で、後に建てられた離れを江戸時代末期に一つの屋根の下に収めて使ってきたことも判明、移築に際してそれぞれ建設当初の姿に戻した。

「摂津名所図会」に描かれた千年家は、長屋門があって納屋が続き、奥に母屋が描かれている。移築前の写真には門などはないが、発掘調査の結果、長屋門の推定位置に長屋の遺構を発見した。ただ前庭は耕地化されて遺構は一部破壊されたらしい。また「摂津名所図会」ではすぐ横に寺社を描き「丹生山」と書かれているが、丹生神社だとすれば山上にあるので、距離的に無理がある。

鷲尾故屋の鷲尾氏は、源平の合戦で播州三草から一の谷に向かう源義経を案内した鷲尾経春（義久）の子孫と言い伝えられている。『西摂大観』には「僅かに四、五十年前までは立派な屋敷があって、山田十三ヶ村は栗花落と鷲尾の二豪族の自由にしたもの」「明治二十年頃家道衰えて田圃となり、只一基の灯籠と石垣を残し」と記している。従って「摂津名所図会」に掲載する鷲尾家の景観は唯一の鷲尾家の外観である。門の外には堀があり、塀の中の庭は広大で、母屋に向かって左には離れのような座敷があり「よしつね腰かけ石」の記載

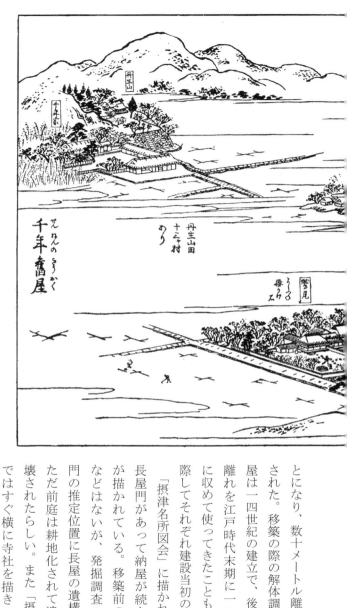

がある。鷲尾義久は源義経に従い奥州衣川の合戦で討ち死にしたと伝える。「摂津名所図会」によれば義経腰掛石は「高さ壱尺壱寸、巾三尺六寸五分、初めは門前の山際にあり、後世鷲尾庭前に移す」「家に伝来す弁慶の太刀・亀井六郎の太刀あり」「武士の輩ここに至り誉を賞じ古戦場の蹟を尋《たずぬ》るも多かりき」とあって、上に掲げるように、庭先の義経腰掛石と、家宝の宝を披露する鷲尾家の主人と見入る客、縁側の外から眺める従者が描かれている。

『西摂大観』の筆者仲彦三郎は、鷲尾家で育ち明石の江井ヶ島の卜部《うらべ》順二郎家に嫁いだ女性の聞き取りを掲載している。それによると、鷲尾家には「遠方より態々《わざわざ》来訪の人も常に断へざりき、殊に家宝とする弁慶の太刀、亀井六郎の太刀、義経公に供へし椀杯は大切に致し、これを人に示すときは、必ず身を清めざれば手を触れず、殆ど神に事ふるが如く取り扱ひ居れり、其状態は摂津名所図会に載する所と違はず、家の構造も書の通りにて、義経公腰懸石なるもの庭にありて七五三縄を張れり、屋敷も広く壕も廻り」と、「摂津名所図会」の描写の正確さを強調している。興味深いのは「摂津名所図会」にない義経の使った椀や、義経腰掛石にはない七五三縄が登場し、一層神格化されていることである。義経伝説が幕末にかけて、増幅したのであろう。

「摂津名所図会」が描くもう一軒の民家は栗花落氏邸宅。栗花落

氏は原野村の里長で、山田荘一三カ村で鷲尾家と並ぶ豪族だったが、明治四十四年刊行の『西摂大観』は廃屋になっていると書く。

邸宅の敷地に続いて栗花落の井戸、その背後に「弁天」とあるのが白滝弁財天祠で、立派な鳥居、灯籠が描かれている。栗花落の井戸は、日ごろは水がないが五月の入梅の節に、清泉が湧き出た。ただし空梅雨の時には湧き出ることがないといい、「摂津名所図会」には井戸から水があふれ出る様子を描いている。また白滝弁財天祠の由来について、「摂津名所図会」は栗花落氏の先祖を山田郡司真勝といい、朝廷に仕えていたころ、右大臣、横萩豊成の息女白滝姫と結ばれ、一子をもうけたが三年ほどで亡くなり、葬って祠を建てたのが始まりと書く。横萩豊成は実在の人物で、奈良時代に反乱を起こした恵美押勝の兄であり、反乱に連座し大宰府に左遷された。

酷似した白滝姫の伝承が群馬県桐生市の白滝神社に残っている。それによれば横萩豊成の息女白滝姫と桐生から郡役で宮中に奉仕していた山田の舎人とが恋仲になり、白滝姫がこの地に来て機織りを伝えるという内容で、登場人物と山田という地名が共通している。

丹生の里は、神戸を中心に考えると山深い地だが、古代から中世の伝承の多い地域で、都とも深い関係にあった。鷲尾氏宅のように民家なのに来訪する人も少なくなかった。これを「名所」の範疇に加えた発想は面白い。

24

垂水神社

明石藩主も寄進 海の神を祀る「海神社」

神戸市垂水区宮本町5、仲田町1、五色山4

「播州名所巡覧図絵」に、右端に神社が描かれ「垂水神社・日向明神」との表題があるが、神社名からピンとくる神戸っ子はどのくらいいるだろうか。垂水神社とは実は海神社のことで、江戸時代は、日向大明神と称されていた。「播州名所巡覧図絵」は「名所　垂水の神社」として「西たるみにあり、式内、日向大明神と称す」、「神明帳　海神《たるみ》の神社三社、例祭八月十五日」と紹介している。「式内」とは、延喜五（九〇五）年の律令の施行細則「延喜式」に掲載された由緒ある神社のことで「海神《たるみ》社」とある。明治四（一八七一）年「海神社」が本来の名称だとして改めた。

海神社は、神功皇后が朝鮮出兵から凱旋する際、この地で船が進まなくなり、底津綿津見神《そこつわたつみのかみ》・中津《なかつ》綿津見神・上津《かみつ》綿津見神の三神を祀ったところ無事都に帰りついたとの伝承を伝える。

「播州名所巡覧図絵」には「源忠国公より二石余の祭料、秀吉公祈祷料として御寄付の山あり、其山、摂播にありて樵

者銭を以て換う」とあって、明石藩主松平忠国が二石余りの祭料を寄付したこと、また豊臣秀吉が祈祷料として山を寄付し、これが摂津・播磨にまたがっていて、木こりが銭を払って山を利用したとある。

しかし海神社へ寄進をした明石藩主は松平忠国が最初なのではなく、元和四（一六一八）年九月二十六日、明石藩初代藩主小笠原忠真（忠政）が家臣を通じて二石を寄進した史料が神社に残っている。同じ日に小笠原忠真は明石の岩屋神社に五石、稲爪神社に五石を寄進している。前年に明石藩に入部しこの年から城下町建設に着手、寺社の移転などを行っておりそれに伴って領内の主要神社に一斉に寄進をしたのである。翌年の三月に寄進を受ける寺社もあるが、海神社は城下町建設とは無縁にもかかわらずこの年の九月に社領を寄進されているのは、明石藩が海神社を重視した証である。

また秀吉が祈祷料として山を寄進したとあるがこれも正確ではない。海神社はそれ以前から垂水郷の山を所有し、摂津国の多井畑村など五カ村から山手銭を得て柴草刈をする入会慣行を認めてきた。天正十一（一五八三）年十二月、紛争が起き秀吉が海神社の権利を追認したのである。摂津国の村々と海神社の氏子の村々とは、寛

図１

五色塚古墳

永十七（一六四〇）年、寛文十（一六七〇）年にも訴訟が起きたという。

江戸時代は「播州名所巡覧図絵」にあるように、八月十五日に例祭が行われ、神輿を御座船に移し海上渡御した。明治八（一八七五）年から例祭と海上渡御をわけ、ともに十月に変更したという。

街道を西に向かうとひと際高い小山の上に遊女塚宝篋印塔がある（図1）。基壇を含めると四・三メートルもある巨大なもので、銘文から建武四（一三三七）年士忠禅師が勧進となり、石大工の願一が建立したことがわかっている。「播州名所巡覧図絵」には「建武の頃、筑前博多の商人竹村といふ者、江口（神崎）の遊女が為に建てしとぞ、其実を知らず、又一説に大坂の遊女下ノ関へ行に、此海に溺死す、故に此塔を築く云々」とあって、遊女を祀ったものと書くが、明治四十四年発行の『西摂大観』は「此二説孰《いず》れも信じがたし、此塚は元来古墳なるべし」と明快に否定、さらに西にある五色塚古墳の倍塚だと推定する。現在は共同墓地にあるが明治二十一年山陽鉄道の敷設のため丘陵を取り除き、石塔を遷した。「播州名所巡覧図絵」は移転前の堂々とした景観を描いている。

遊女塚の西にあるのが「千壺」で、五色塚古墳である。四世紀末から五世紀初めにかけて造られた県内最大の前方後円墳である。「周囲壱尺五寸許の陶壺、数百ばかり、車輪のごとく埋て、幾重もしかり」「此土物《どぶつ》を号《なづけ》て埴輪といふ」と記載があって、埴輪が数百個も植えられていることから「千壺」と呼ばれたとある。

享保年間（一七一六～三六）に明石藩士太田小左衛門によって編まれたとされる地誌「采邑私記」には、「俗に仲哀天皇陵という」とし、この壺に花を植えて天皇に見せたために五色塚と名付けた、との説を紹介している。しかし「播州名所巡覧図絵」は、仲哀天皇陵説も五色塚の名称の由来も明快に否定している。伝説を検証する姿勢を貫いている。

第3章　阪神間の社寺

25

多田院神廟と多田院釈迦堂

源氏ゆかりの古社
徳川幕府の支援で復興

川西市多田院多田所町1

「摂津名所図会」では六ページにわたって多田院神廟と釈迦堂を描いている。天禄元（九七〇）年多田源氏の祖、源満仲（九一二～九九七）がこの地に館を構えて多田院を創建、満仲とその子源頼光の廟所が設けられた。しかし鎌倉時代中期には建物は荒廃し、建治元（一二七五）年鎌倉・極楽寺の長老、忍性が鎌倉幕府の執権北条氏の支援を得て本格的な復興に取り掛かった。室町時代になると三代将軍足利義満は、応永元（一三九四）年に将軍家の祈祷所として寺領や寄進田畑を保護する御教書を出した。しかし天正五（一五七七）年本願寺側に加勢したとして、織田信長の戦火によって六所宮と厳島神社を除く諸堂が焼かれた。それから約九〇年後、寛文三（一六六三）年になって江戸幕府の支援でようやく復興が始まった。現在目にする多田神社の基本的な骨格はこのとき整えられたと言ってよい。

「摂津名所図会」は清和源氏の起こりから詳しく解きほぐし、文明四（一四七二）年八月に大地が鳴動したことで室町幕府八代将軍足利義政から正二位万代守護権現の神号が贈られ、元禄九（一六九六）年には正一位が贈られたことを記載している。

多田神社拝殿（大正～昭和初期）

挿画は多田川下流の移ケ瀬《うつるがせ》から始まり、多田院神廟、多田院釈迦堂と続いている。移瀬は現在多田神社の上流の対岸に小字移瀬《うつせ》として残っているが、「摂津名所図会」が描くように多田神社の川下、新田村の塩川と合流する付近、桜ノ馬場の辺りも「移ケ瀬」と呼ばれていた。「摂津名所図会」は八幡宮が現れ水面に神像がうつって光輝き殺生禁制の聖域になったというが、二カ所も移瀬があるのは不自然だ。地名語源では「うつ」は「うち（内）」から転じることがしばしばあり、「内瀬」から転じたのだろう。移瀬から移瀬までは神域だったのである。遠方には新田村の集落と旗指山。源満仲が城を築き戦国末の塩川伯耆守が居住したと「摂津名所図会」は書くが、今は新田城山公園として名前を残すのみである。

多田院の中心となる神廟は、「摂津名所図会」に「中央満仲公、東の方頼光公、其の外左右に連枝、西の方足利将軍十三代迄の遺骨を蔵《おさ》む」とあって、源満仲・頼光父子に加え足利将軍家の遺骨を納めたとある。挿画では中央、右手に石塔のようなものが見え、左手にも墓碑のようなものが描かれている。垣根で囲われていることやその前に灯籠が対に立っているのは現在も変わらない。

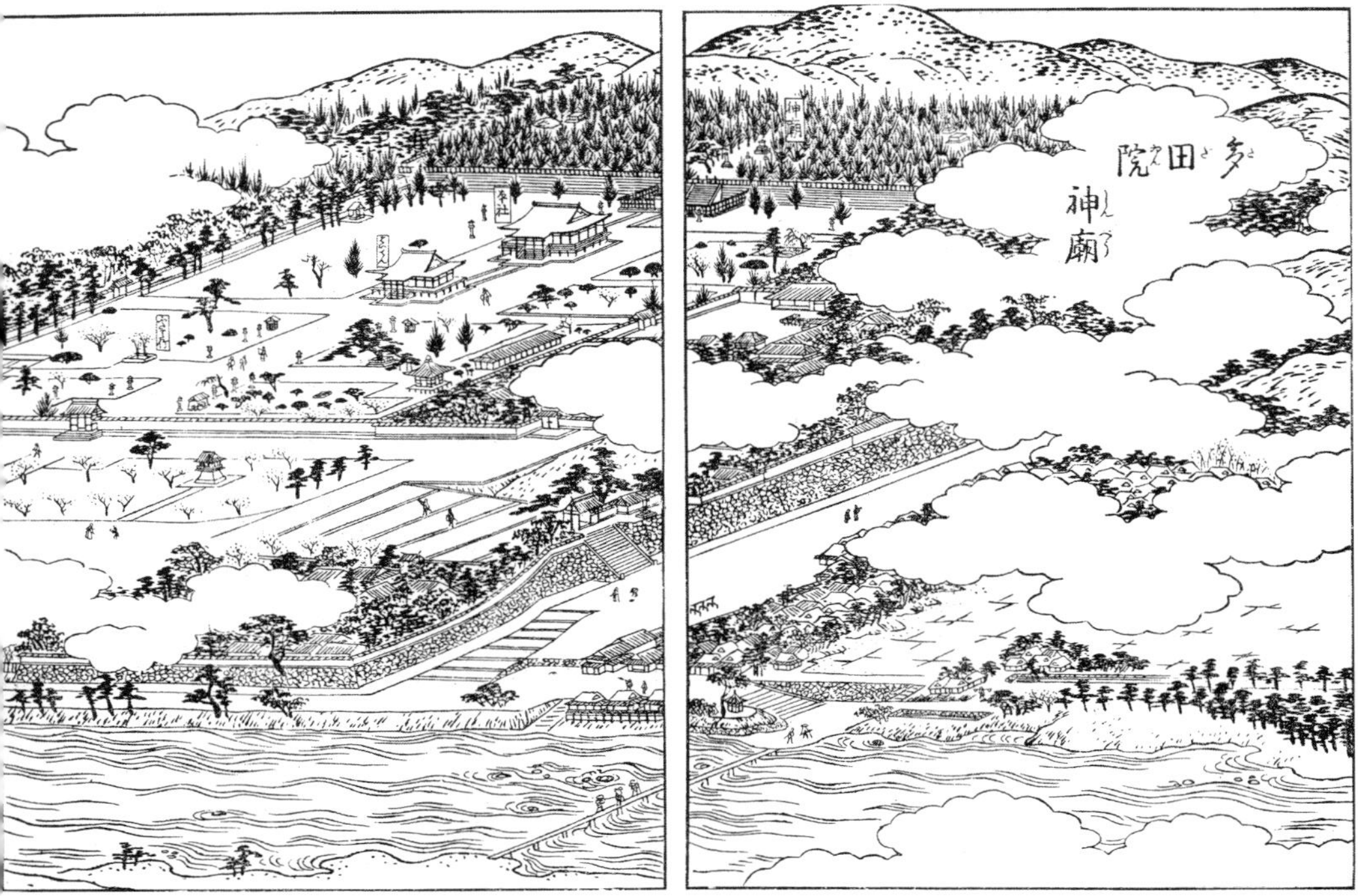

ただ実際より神廟の囲いが大きく描かれている。

神廟の右手に四角い鬼首洗池がある。源頼光が大江山で鬼退治をした際、鬼の首領、酒呑童子の首を洗ったという伝説の池である。

神廟の前に本社があり、御祭神として中央に満仲、ほかに頼光、頼信、頼義、義家の四人が左右に分かれて祀られている。本社・拝殿ともに江戸時代の復興による入母屋造り、桧皮葺きの建造物である。いずれも国指定重要文化財。「摂津名所図会」の建物描写は忠実である。

拝殿の前にある門が随神門で、「摂津名所図会」は中門と書いている。やはり将軍徳川家綱により再興されたもので、両脇に築地塀があり、三棟造と呼ばれる伝統的な手法が用いられている。豊岩間戸尊《とよいわまどのみこと》、櫛岩間戸尊《くしいわまどのみこと》の二体の随神像を安置され、国指定重要文化財である。

中門より中にある建造物として、「摂津名所図会」は東の方に本地堂と御供所を挙げる。本地堂は不動尊を安置、護摩堂とも呼んだ。御供所は蛭子・大黒を祀ると書いている。

中門の外には、東に鐘楼、天満宮、天満宮の南に青面金剛祠、そして正面に惣門があった。現在は南大門と呼

び、もとの仁王門であり、両脇に仁王像があった。惣門のすぐ右手に「かうしん」とあるのが庚申、すなわち青面金剛祠である。南大門から多田川を渡る橋が架かっていないのが現在と違っている。当時は東門の東に行ったところに橋がかかっている。

多田院の東に隣接する建物は別当所で、江戸時代の復興で整備された。別当坊、客殿、雑部屋、蔵などがあった。

中門の西には、本文では「正堂」、挿画では「釈迦堂」と記載する建物がある。本文の説明では「中門の外、西の方にあり、釈迦仏を安ず」とあり同一のものである。

ここまでは正確に描かれていることが、明治維新のころの境内図（山田裕久『川西の歴史散歩』所収、川西書店共同組合、一九八五年）からも明らかである。しかしここから西側の「摂津名所図会」の描写には誤りがある。「摂津名所図会」では釈迦堂の西に六所権現・弁天・末社が描かれ、西門への通路を挟んで南側に鎮守が描かれている。しかしこの南側の鎮守こそが、室町後期に再建された三間社造りの六所宮で、現存の六所宮は唐破風の屋根があるが、これも正確である。また六所宮は多田荘七二カ村の鎮守社として鎌倉期に創建されたので、「摂

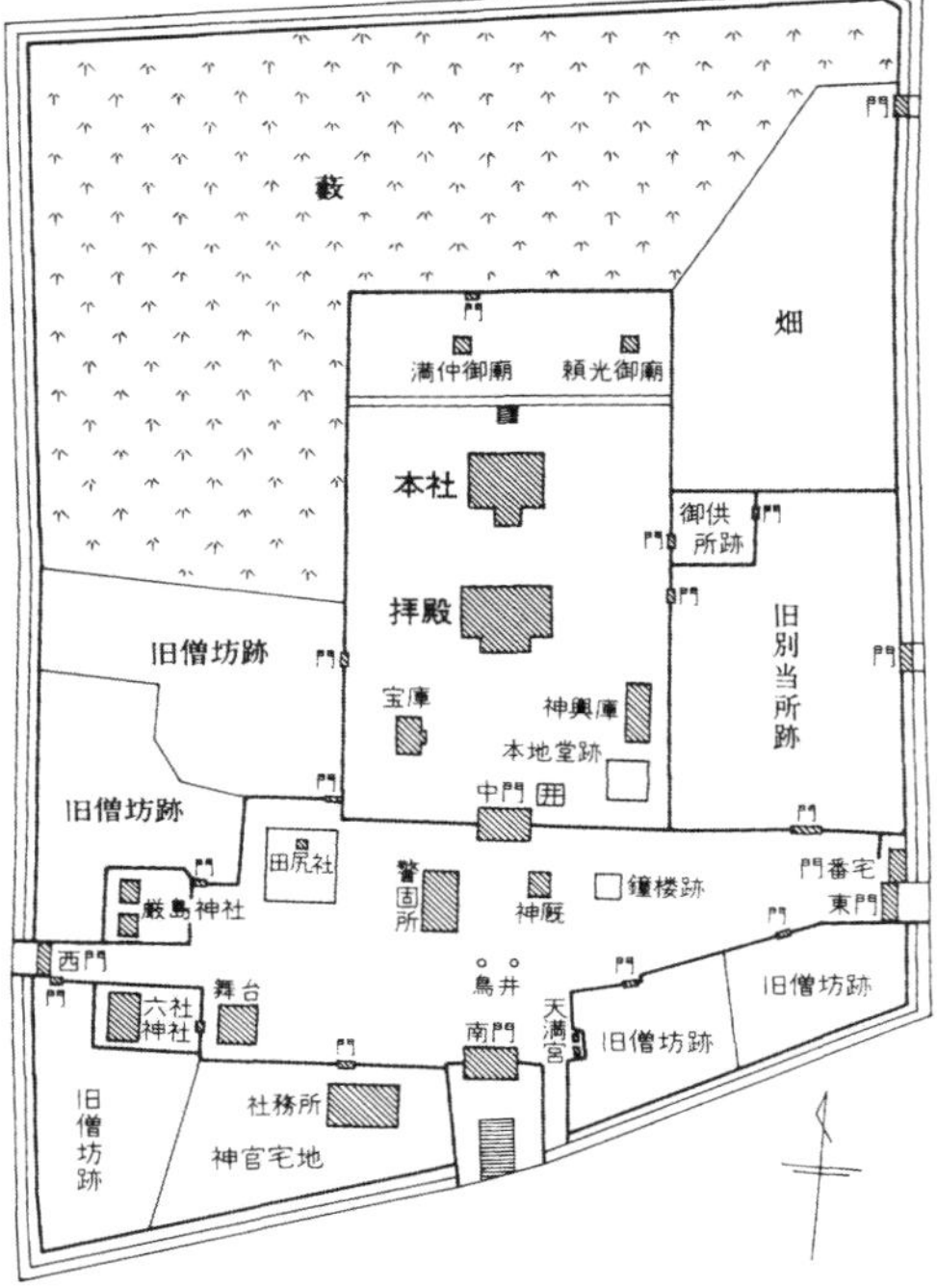

明治維新のころの多田神社境内図

津名所図会」のいう「ちん守」とも一致している。本文も「釈迦堂の西南にあり、天照大神、住吉、熊野、春日、稲荷、賀茂等を祭る」と紹介し正確である。取材も描写も正しいのに、挿画の名付けだけを間違えてしまったのである。

「摂津名所図会」の本文には、弁天は青龍権現・善女龍王・輪蓋龍王を祀り、末社には愛宕・多賀・三宝荒神・大将軍を祀ると記載する。明治維新のころの境内図を見ると、末社の位置に田尻稲荷神社が設けられている。この神社は大阪府能勢町田尻にあった神社を移築したもので、中世に田尻を支配した能勢氏は多田源氏の流れを汲む。西門・東門はともに高麗門で、やはり徳川家綱の再興による。

慶応四（一八六八）年神仏混淆が禁止され、多田院は朝廷から多田大明神の神号を与えられ、多田神社になった。拝殿にあった宝塔や密教道具は中門の外にあった本堂（釈迦堂）に運び、本地堂（護摩堂）にあった本尊の不動明王などの仏像も取り除いた。神人の詰め所だった御供所にあった仏事用具もすべて運びだされた。明治四（一八七一）年には仁王像を多田神社とゆかりの深い満願寺山門に移し、仁王門は南大門と改称した。

26

満願寺と最明寺滝

「金太郎」「美女丸」北条氏にまつわる伝承も

川西市満願寺町7

満願寺について、『摂津名所図会』は聖武天皇のころ比叡山の麓の窟屋で見つかった観音が坂根村（川西市栄根）に安置され、勝道上人（七三五〜八一七）がこの地に移して開いたと記載する。勝道上人は下野国（栃木県）の人で、日光山を開山した修行者とされ、同時代史料として弘仁五（八一四）年空海が日光山について作成した「二荒山碑（日光山碑）」（『遍照発揮性霊集』収録）がある。ただ勝道上人伝承の真ぴょう性を巡っては論争がある（小林崇仁「日光開山・沙門勝道の人物像」『蓮花寺佛教研究所紀要』二号）。いずれにしても活動の拠点は下野・上野など東国であり、年譜などを見る範囲では、全国で寺院建立を行ったとは考えにくい。

ではなぜ摂津の満願寺と結びついたのだろうか。勝道上人が開山したという栃木県栃木市にある出流山満願寺に、鍾乳洞で観音像が見つかり、天平神護元（七六五）年勝道上人によって開山されたという、摂津の満願寺とそっくりな開基伝承が伝わっている。また勝道上人が開基したという日光の輪王寺は、平安時代には満願寺という寺号を与えられ、明暦元（一六五五）年に後水尾上皇の院宣で「輪王寺」となるまでは満願寺と名乗ったといい、勝道上人と満願寺は関東で深くつながっている。日光の伝承が広がるなかで、当地の

満願寺観音堂（大正〜昭和初期）

同名の満願寺と勝道上人が結びつけられたと考えられないだろうか。

「摂津名所図会」が引用する満願寺の「伽藍開基記」には、清和源氏の祖、源満仲が帰依したこと、満仲の末子、美丈（女）丸がこの寺に住んで再興したこと、鎌倉幕府の執権、北条泰時が三層の宝塔を建立したこと、建久二（一一九一）年に北条貞時が楼門を建立したこと、正中二（一三二五）年には天台座主の奏上で官寺になり繁栄したと記している。この記述のうち、建久二年は北条貞時の時代とは合わない。「伽藍開基記」によれば、その後火災で奥の院のみを残して全焼し、復興が始まったのは慶安年間（一六四八～五二）で、本堂の阿弥陀堂は承応二（一六五三）年建立、観音堂は寛文八（一六六八）年建立と石碑の刻銘などに記載されている。

「摂津名所図会」に描かれている境内には仁王門はなく「惣門の跡」とだけ書かれている。明治政府の神仏分離によって、多田神社にあった仁王像がこの寺に運び込まれ、仁王門が再建されたのは明治十四（一八八一）年である。惣門跡を過ぎて左手は再建されない空き地がある。右手の建物は、現在本坊と呼んでいる円覚院だろうか。石段を上ると広場があり、右手に手水舎。そ

の後ろには現在観音堂があるが、これは明治十七年に奥の院にあったものを移したといい、「摂津名所図会」が出版されたころはなかった。描かれているのは、建物の規模からして蔵のようだ。

ここからさらに階段を上ったところにあるのが金堂。その右には鎮守と天王社が描かれている。「摂津名所図会」によれば、鎮守は牛頭天王、護法善神、三宝荒神が祀られていた。現在はここに毘沙門堂が建てられている。

境内の描写はここで切れているが、右手の森の中に奥の院があり、現在坂田金時の墓と伝えられる墓碑がある。

坂田金時は源頼光の四天王の一人として、大江山で酒呑童子を退治したとされる武士で、足柄山の金太郎と呼ばれた人物である。実在したかどうかも分からない。金太郎伝説が完成するのは江戸時代で、「摂津名所図会」に坂田金時の墓のことが全く触れられていないのは、金太郎伝説の広がりを考えるうえで興味深い。

本堂の左手には、現在、九重塔の法華塔があるが、「摂津名所図会」には描かれておらず、本文では「観音堂の傍らにあり」と説明している。この法華塔には由緒を刻んだ石碑が寛文八（一六六八）年に建てられている。その石碑によれば、この法華塔は源氏一族の流れをくむ尼妙阿が乾元二（一三〇三）年に両親の供

養のため造立したもので、観音堂を寛文八年に再建した際に観音堂のそばから移したとある。しかし乾元建立説は誤りで、法華塔自身に正応六（一二九三）年の年号が刻まれている。「摂津名所図会」が法華塔を描かなかったのは、まだ奥の院の傍らにあると誤解したためだろうか。

「摂津名所図会」はその左手に源氏七塔と、美丈丸・幸寿丸・仲光の塔を描く。源氏七塔は、源満仲の子孫の七人で、江戸時代の「満願寺旧記写」には遺骨が納められたと書かれている。しかし石塔は、江戸時代に境内の整備に伴って集められたと推定されている。

美丈丸・幸寿丸・仲光の三塔は、美女丸伝説にちなむものである。源満仲の子、美女丸は出家修行を怠ったため、満仲は家臣の藤原仲光に首を刎ねるよう命じるが、仲光は我が子の幸寿丸を身代わりにするという悲話で、室町時代に謡曲「仲光」や御伽草子「満仲」などで有名になった。幸寿丸塔は作風からみて明らかに江戸時代のもので、満願寺の復興に伴って整備されたものと思われる。「摂津名所図会」ではその左に「やくし」と書き、堂が描かれている。薬師如来をまつった常行堂があったことが本文に記載されている。

「摂津名所図会」は続けて「寺の南に瀑布《たき》あり、最明寺と号《なづ》く、古《いにしえ》此のほとりに古寺あり、故に名に呼ぶとぞ聞へし」とし、最明寺という古寺があり、そこにある滝の名前を最明寺滝と付けたとする。そして、満願寺の領地で、「往昔鎌倉最明寺時頼入道、国々巡按の時、偶《たまたま》此の地に来て美景を賞し游歴す、故に名によぶとぞ」「風景斜ならず、池田・伊丹より来たっ

て春色を愛す」とある。鎌倉幕府の執権、北条時頼が廻国してきて偶然通りかかって称賛したため、時頼が出家して名乗った号にちなんで、最明寺滝と呼んだとする。

北条氏の執権政治の最盛期を作った時頼が諸国を廻って、あるべき政治を目指したという話は「太平記」や「増鏡」に盛り込まれ、室町時代に謡曲「鉢の木」に取り上げられ有名になった。しかし、江戸時代から、菅茶山らが時頼の廻国には疑問を呈し、大正時代には真偽論争が起きた。否定するのは「吾妻鏡」など正史に登場しないばかりか、時頼は若くして亡くなっているためだ。

豊田武氏は、廻国伝説の分布は得宗領や北条氏と関係の深い地域と重なり、最明寺・西明寺といった寺院が北条氏の嫡流・得宗家の所領に建立されたとする（『中世の政治と社会』）。得宗領は承久の乱後に全国に設けられ、北条氏専制の基盤となったという。

幕府を倒そうとした後鳥羽上皇による承久三（一二二一）年の承久の乱に多田院の御家人も参加、失敗して多田基綱がさらし首になった。これを機に多田荘は北条氏の支配下に置かれ、泰時以降、得宗領になったとされ、政所には北条氏の家臣が派遣された。

満願寺に北条泰時や貞時の伽藍整備伝説、最明寺滝に時頼廻国伝説が残り、ほかにもこの地に北条氏の伝説があるのは、得宗領になったことが背景にあり、時頼の訪問を史実とみるのは早計だろう。

27

中山寺

西国巡礼の聖地 参拝道中また楽し

宝塚市中山寺2

「摂津名所図会」が「郡内第一の名勝」と謳うだけあって、参拝の道中を見開き二ページで、仁王門から本堂までの境内を四ページ連続で、さらに奥の院を二ページ見開き、計八ページ連続で中山寺を描き切る。異例の扱いである。寺伝では聖徳太子が建立したとされる日本最初の観音霊場とあり、「摂津名所図会」ではその前史として仲哀天皇の后大中姫をまつったことから説き起こし、聖徳太子が四天王寺を創る際にこの地を巡って建立したという開基伝承を記載する。しかし確かな記録があるわけではなく、歴史上登場するのは平安時代になってからである。ただそのころには西国巡礼の聖地として広く知られていた。「摂津名

所図会」は、中山寺はかつては現在の奥の院にあって「僧坊八十院に及ぶ、天正の兵火に罹りてみな灰燼となる、其の後今の地下院に遷《うつ》して豊臣秀頼公暫く仮に御建営し給ふなり」と書く。

中山寺に向から参拝道中の一行が描かれている。挿画に付けられた詞書には「弥生の頃、中山寺無縁経に参らんとて十三のわたしをこへて、うららなる道芝にげんげすみれ茅花を摘にはかとらざる」とあって、無縁経会式に大坂から十三の渡しを過ぎて中山寺に向かう一行である。石川道子氏の研究によると、無縁経会式は、毎年三月十五日から一週間、本尊の開帳と法華経一〇〇〇部の読誦が行われたが、天正の兵火で焼けてからは行事も廃れ寺内向けの行事になった。延宝四（一六七六）年に旧例に復し、さらに一八世紀初頭から再び盛んになるという。挿画によれば、女性だけの参拝も珍しくなかった。旅人に話しかける子供は裸足で、花を売りつけているのだろう。道端には親方が座り込んでいる。十三の渡しは、大坂から神崎（尼崎市）へ向から中国街道の渡しであり右岸の成小路村《なるしょうじむら》字十三と左岸の堀村を結んでいた。

「摂州紫雲山中山寺伽藍之図」（宝塚市史資料室提供）

江戸時代の中山寺の境内を描いたものに「摂州紫雲山中山寺伽藍之図」という刷り物がある。浪花画工の探月斎が描き、松井忠蔵という彫工が彫ったものである。発行年代はないが、享和～文政年間（一八〇一～一八三〇）に大坂で活躍した歌川系の浮世絵師に探月斎という人物がいたことが知られる（飯島半十郎『浮世絵師便覧』一八九三年刊、井上和雄『浮世絵師伝』一九三一年刊）。読本や草双紙の挿絵などのほか、「是心山寿法寺滝桜之真図」などが知られる。

「摂州紫雲山中山寺伽藍之図」の所蔵者だった林田良平氏も文化文政期の発行と推定しており（「若戎屋の芭蕉句碑」『筧』一二号、一九六〇年）、「摂津名所図会」が一八世紀末期の中山寺、探月斎の「摂州紫雲山中山寺伽藍之図」が一九世紀前半の景観を示していると考えられる。ただ「摂州紫雲山中山寺伽藍之図」の方が、個々の建物への説明が行き届いている。

　両者を見比べながら境内を見たい。門前の仁王門の前は大芝池である。池に面して宿屋が和泉屋、仁王門の西側にサルヤ、東側に戎屋、亀屋、加茂屋と並び、通りを挟んで大黒屋、津国屋がある。和泉屋は池にせり出し、またほかの宿はいずれも二階建てである。

　仁王門は正保三（一六四六）年の再建で享保八（一七二三）年に大修理が加えられた。塔頭《たっちゅう》は左側が手前から惣持院、宝蔵院、観音院、右手が花蔵院、成就院とあって現在と同じである。階段を登って右手に札納堂。その向かいは「摂津名所図会」では十王堂と食堂《じきどう》と説明があり、食堂には五百羅漢

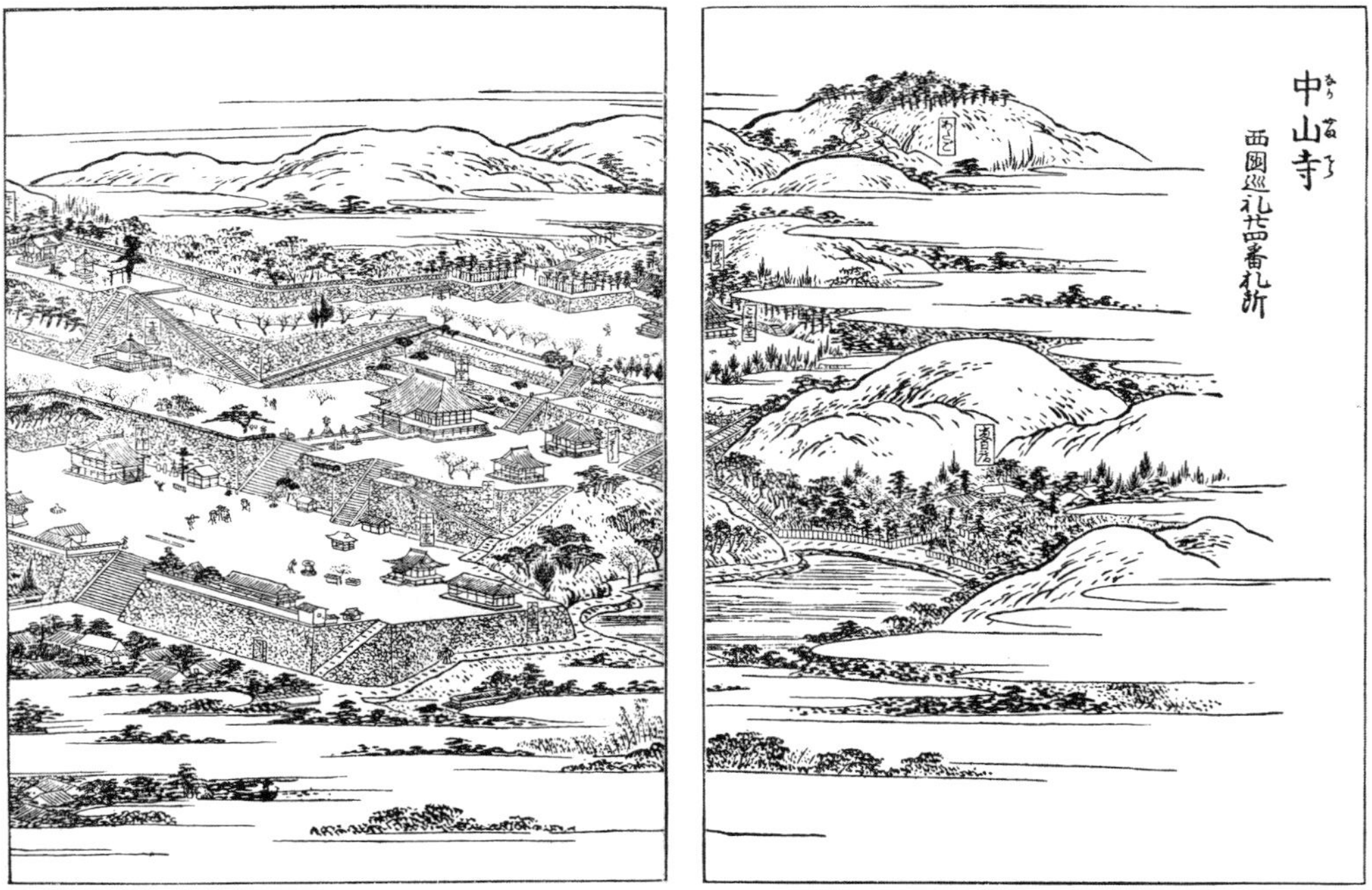

像を祀るとあるが、「摂州紫雲山中山寺伽藍之図」は食堂を五百羅漢堂とし、札納堂との間の建物は、参拝者や僧に湯茶を出す摂待に代わっている。「摂州紫雲山中山寺伽藍之図」では、食堂は階段の左側、番所・鐘楼・浴室に続く場所に移されている。鐘楼の対面には「摂津名所図会」によると、薬師堂、その左に石の唐櫃。「摂津名所図会」は白鳥窟《しらとりのいわや》とし、神功皇后に反旗を翻し滅ぼされた忍熊王《おしくまおう》と母の大中姫を祀ったとし、忍熊王廟と記載する。石窟内には、石棺があり、古墳だったことがわかる。古墳室内の大きさは、横幅二・五メートル、奥行き三・六メートル、高さ二・二メートルある。

階段を登れば本堂である。慶長八（一六〇三）年に豊臣秀頼によって再建された。正面五間側面五間の大きな堂で、ともに正確に描いている。その右手前の堂は「摂州紫雲山中山寺伽藍之図」によれば聖徳太子堂。その後ろは「摂津名所図会」には「ちさう（地蔵）」とあり本文でも「金堂（本堂）の東にあり」と説明するが、「摂州紫雲山中山寺伽藍之図」は護摩堂としており、現在もそう

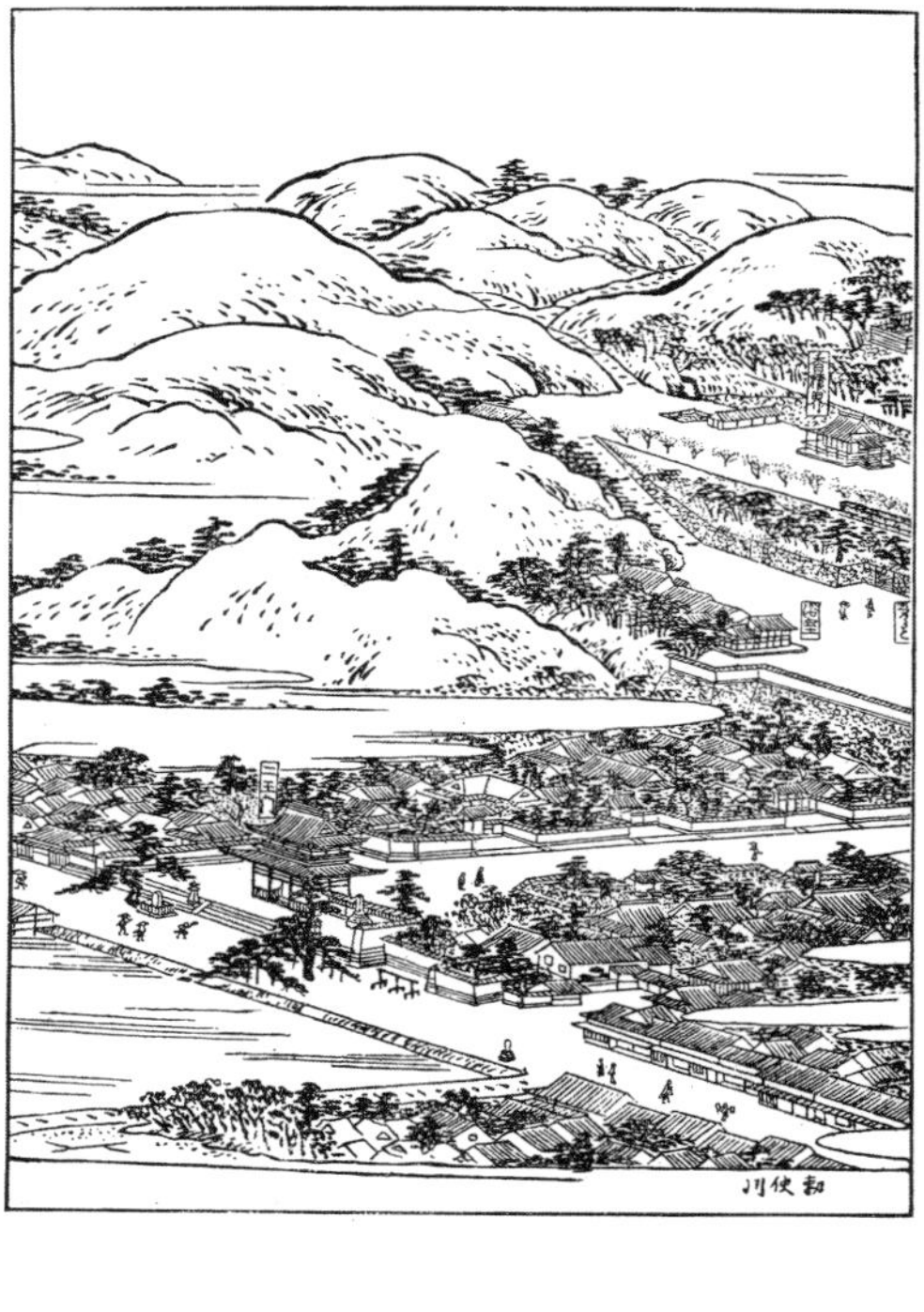

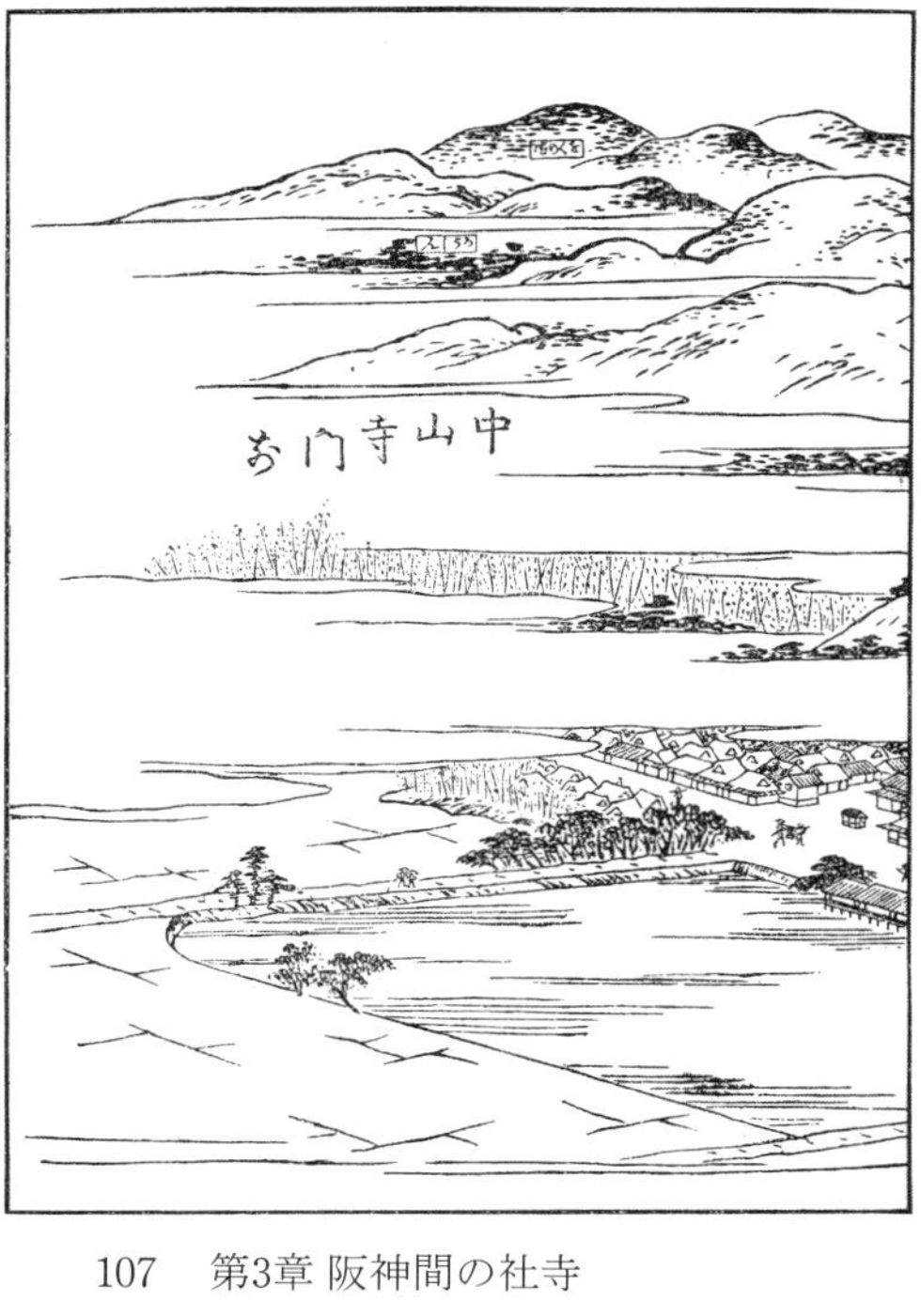

なので「摂津名所図会」は誤りだろう。護摩堂も慶長八年建立と伝える。

　本堂からさらに階段を登ると右後ろに堂がある。現在の大師堂であり、これも本堂と同じころに建てられたとされる。「摂津名所図会」は「地蔵」と書いたうえで護摩堂としているが、下段の地蔵堂と入れ違っているのだろう。「摂州紫雲山中山寺伽藍之図」も地蔵堂としているので、当時は大師堂ではなく地蔵堂と呼んでいたのかもしれない。「摂州紫雲山中山寺伽藍之図」にはその山奥に稲荷社、さらに奥には愛宕社も描かれ、「摂津名所図会」では「山上四町計《ばかり》にあり」と記載する。「摂州紫雲山中山寺伽藍之図」ではさらにその遠方の欄外に天宮塚を描く。「摂津名所図会」にはないが、小堕峯《しょうだほう》と題して、聖徳太子の仏舎利を収め十方の結界を設けた場所だといい「天宮卒都婆嶽という」とある。現在も「聖徳太子御修行遺跡　天宮塚」の石碑が立っている。

　本堂の前に戻り、向かって左には立派な松があり、相生松と説明がある。そこからさらに左手に進むと蔵を過ぎて香積界とある。芳香のただよう浄土を指し、そこに住む香積如来を祀っているのか、衆僧の食べる飯を香積というので、寺の台所だったのか。現在の阿弥陀堂から信生会館にかけてのあたりである。

ここから左手に進むと奥の院への道。一〇九メートルごとに丁石が置かれている。中山寺からと清荒神からの道が合流、この手前、一一丁目には夫婦石がある。「摂津名所図会」では「巨巌雌雄双《なら》ぶ、上に松樹あり」と書いているが、夫婦石は描かれていない。ここからさらに進むと中山寺から一三丁目に鳥居、一七丁目あたりに爪形《つめかた》天神があった。「摂津名所図会」をみるとその対面に民家が見える。さらに進むと中山寺奥の院である。

奥の院の右には疱瘡神、中央には厄神明王がまつられた中山社が描かれ、その左手後ろに鳥居と岩が描かれている。水の湧き出ている大悲水である。「摂津名所図会」には「掬《きく》すれば疫を除くという」とある。この由来について、忍熊王の死後、霊魂が祟りをなしたので応神天皇が勅使を派遣し、棺を空けたところ、白鳥になって飛び立ち、岩間から霊泉が湧き出たので、ここに大中姫と忍熊王を祀り、この泉を大悲水と称したと伝説を記載する。

大悲水の左手には僧舎があり、さらに左手には太子馬足跡石が書かれている。本文では「奥院より一町計山上にあり」と記載、聖徳太子が馬に乗って岩上に立って霊区を見た場所とし「今に蹄の跡多くあり」と書いているが、現在では忘れられている。

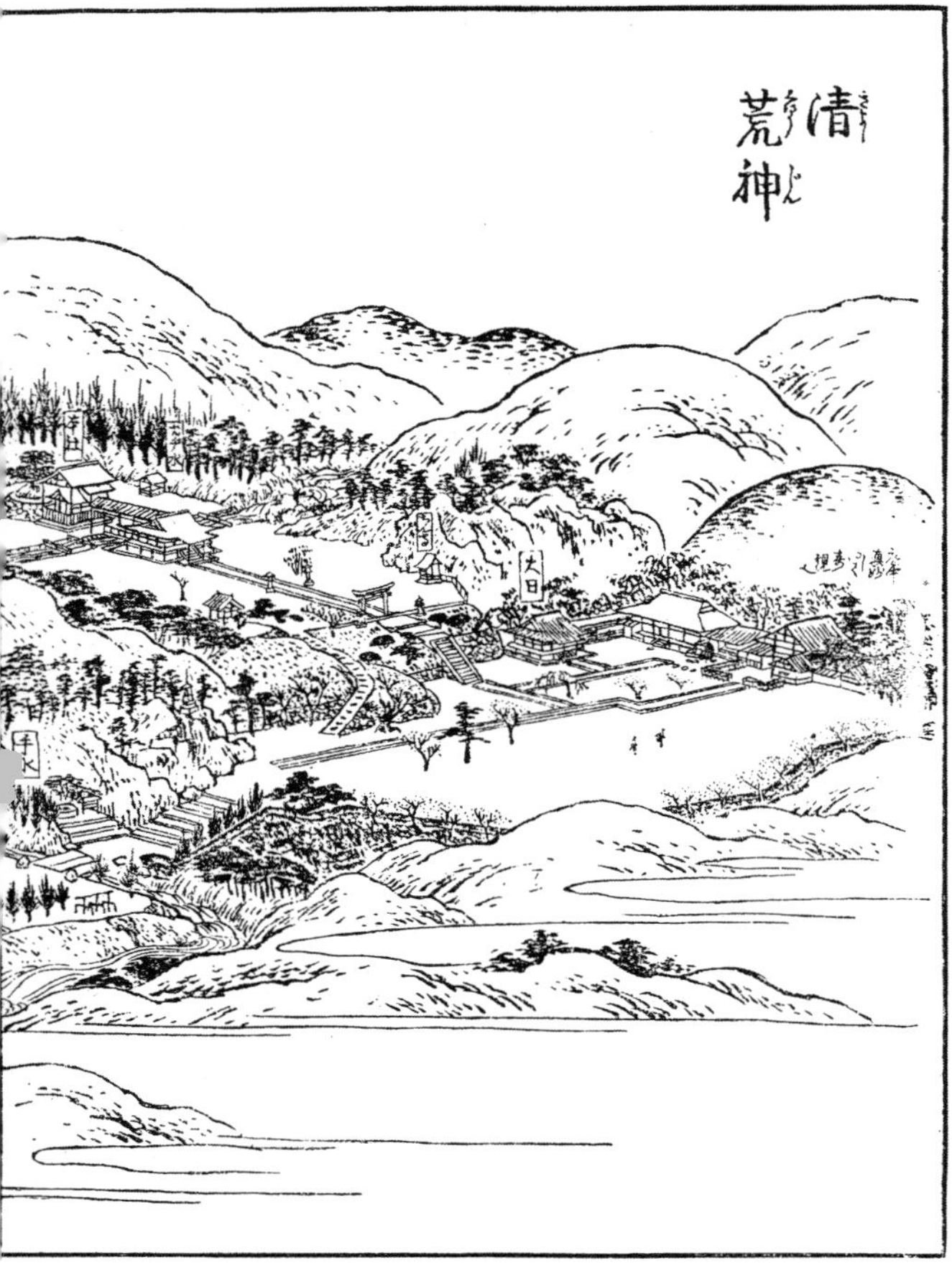

28

清荒神

火難を逃れた荒神社 火除けの神様に

宝塚市米谷字清シ

『摂津名所図会』は清荒神について、寛平五(八九三)年春、宇多天皇と皇后の夢に釈迦・弥陀・弥勒の三仏が現れ「摂州の蓬莱山に祀れば天下は泰平で人民は豊饒になる」と告げられたため、宇多天皇勅願の寺として創建されたと書く。寛平八(八九六)年に、比叡山の高僧、静観僧正と益信僧都を迎え、開山の祖とした。静観は第一〇代天台座主、増命(八四三~九二七)で、益信(八二七~九〇六)は、園城寺を開山し真言宗広沢流の祖となった。

平安末期の清澄寺の住僧、慈心坊尊恵が読経の導師に選ばれて閻魔王宮に行った後、蘇生するという「冥途蘇生記」は、鎌倉前期には原形ができた。「平家物語」に清澄寺の写本とほぼ同文が引用されており、当時から広く信仰を集めていたことがわかる。『摂津名所図会』では閻魔は「大日本国三十七所の浄刹あり、清澄寺其の一院なりと告ぐる、此の経今に当山の什宝とす」とある。こうして長尾山系の七嶺七渓に多くの伽藍が造営された

が、源平合戦や天正年間（一五七三〜九二）の荒木村重の乱などにより焼失した。荒神社のみは難を免れたため、火除けの神様として信仰を集めるようになったという。

参道の始まりは有馬道から分岐するところで、荒神鳥居がある（左下）。そこから参道はかなりの道のりだが、雲で省略してある。参道を進むと表門の手前にあるのが祓禊橋《はらい》で、聖なる地と、俗世との境界である。現在の橋は石橋で欄干もあるが、これは明治四十四（一九一一）年に架けられたもので、「摂津名所図会」では板橋のようである。祓禊橋を渡るとすぐに表門があるが現在はない（図1）。

図1 祓禊橋と表門

ここからさらに参道を進みもう一度川を渡り山門にたどり着く。この山門は明治四十（一九〇七）年ころの建立で、「摂津名所図会」には描かれていない。山門をくぐり石段を登ると正面左手に本尊を安置する大日堂がある。本文の「本尊大日如来」（国指定重要文化財）には「上古ハ東の山上にありて伽藍壮麗、僧舎七十二坊、今旧地に古礎多く遺《のこ》れり」と説明を加えている。この記述通り、東方の宝塚市切畑字長尾山、通称旧清《もときよし》にかつて伽藍があり、発掘調査で遺構が確認されている。「摂津

図2　清荒神拝殿と本社。
本社の後ろに荒神影向の榊。右手に加持水

名所図会」には「米谷村の山中にあり、中山寺奥院より十町許《ばかり》西南なり、阪路嶮し」とあって、中山寺奥の院からも険しい山道だった。

正面の建物に記載はないが、僧侶の居住する方丈である。広い庭があり、本文では「糸桜　庭前にあり、垂糸長くして花の盛には幽艶たり」「当寺方丈の庭中真妙にして、滝の糸巌を濯《あら》ひ花木は四時たえずして盧（廬）山の景地を畳て風色斜ならず」と称賛している。廬山とは中国江西省にある名山で、雄大で秀麗な景色が古来有名。庭園は池泉回遊式庭園で、江戸時代初期〜中期に築造されたとされ、山号の蓬莱山を石組みで表し、滝、亀島、船着き石などを組み合せた観賞式庭園となっているが、「摂津名所図会」には池らしきものは描かれていない。

階段を登ると鳥居で、ここからは神社になっている。天堂とよばれる拝殿と、護法堂と呼ばれる本殿の間には川がある（図2）。これも現在と同じである。「摂津名所図会」の本文では「荒神社《こうじんのやしろ》」と記載し、「上段の地にあり、益信僧正の作、長弐尺、阿須波明神とも、又清荒神とも称す」と書かれている。本社は正面に大勝金剛転輪王（如来荒神）、右に歓喜童子、左に弁才天を祀る。

本社の後ろには荒神影向《こうじんようごう》の榊《さかき》がある（図2）。「摂津名所図会」にも立派な榊が描かれていて、「本堂の前にあり、三宝荒神この木に影向し給ふ」とある。寺院開創の際、荒神が現れ「仏道守護の鎮守とならん」と示現したという伝説を生んだ榊である。いつの頃からかこの榊に供えられたお賽銭を持ち帰り、次の参詣の時に倍にして返すという不思議な風習が始まった。賽銭を紙に包んで財布に入れておくと小遣いに不自由しないといわれ、次に参拝するまで御守りとして持つ風習もある。

本社の右奥には「カヂ水」（図2）。「本堂の後にあり、益信上人感得の霊泉なり」とある。現在は眼神祠と龍王堂がある付近で、かつて眼神祠では清水が湧き出し、参詣者が柄杓で眼を洗ったりしたという。龍王堂は水神様で密教では雨を祈る神である。

「摂津名所図会」の時代でもまだ復興の途中で、現在の清荒神の繁栄ぶりと比べるとほど遠い。

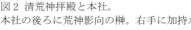

29 伊丹野宮牛頭天王

酒造業と繁栄を共にした猪名野神社

伊丹市宮ノ前3

伊丹郷の惣産土神である。祭神は牛頭天王で、そこから町名は天王町と言った。今は猪名野神社となったが、かつては「豊桜崎宮」と呼ばれ、猪名野の中にあったので「野宮」と俗称された。

参道は現在の宮ノ前商店街で、南から行きついたところに、両側に灯籠を持つ鳥居が立つ。扁額は、伊丹郷の領主、近衛家熙（一六六七〜一七三六年）の筆になると書かれている。伊丹は寛文元（一六六一）年に近衛家領になったが、正徳元（一七一一）年に加増されて伊丹郷町の大半を領有したときの領主が家熙である。

家熙は貞享三（一六八六）年二〇歳で内大臣となり、右大臣、左大臣、関白を経て、宝永六（一七〇九）年に中御門天皇の摂政、翌宝永七年に太政大臣に任ぜられ、君臣の最高位を極めた。書道に独自の境地を切り開き、水墨画を好み茶道に通じ礼典儀礼を研究した当時一級の文化人でもあった。昭和十二（一九三七）年発行の『兵庫県神社誌』には、扁額の裏面に「貞享三年六月癸亥　内大臣家熙書之」と記載されてあるという。扁額の裏面まで秋里籬島は取材をしている。現在の本殿は、家熙の父基熙の代の貞享二年から三年にかけて建立された。この本殿の完成と家熙の内大臣就任がくしくも同じ貞享三年であり、扁額奉納も二重の喜びを表したものだったようだ。元禄十五（一七〇二）年に酒造家の上島青人が神輿を奉納し、その翌年から猪名野寺村（尼崎市）までの神輿渡御が始まった。猪名野神社の繁栄は、このころ一つのピークを迎えた伊

猪名野神社

丹酒造業の繁栄と軌を一にしたものだった。

鳥居をくぐると松並木が並ぶ参道が続く。現在は鳥居の脇まで石灯籠が立ち並ぶが、「摂津名所図会」では参道のちょうど中央付近から神社側にしか灯籠がない。猪名野神社の灯籠について、大手前大学考古学サークルが昭和六十一年に行った調査によると、境内には九七基の灯籠があり、うち参道には四四基あった。九七基のうち「摂津名所図会」の刊行後の年号のものが三一基、年号の記載のないものが六基あり、「摂津名所図会」刊行後、灯籠は一・五倍に増えたことが分かる。すなわち「摂津名所図会」に参道の途中までしか灯籠がない景観は、その当時の現状を正しく反映していると思われる。ただ大手前大学の調査では、参道に並ぶ灯籠のうち「摂津名所図会」刊行後の灯籠は天保七（一八三六）年の泉屋利兵衛の灯籠だけである。また、「摂津名所図会」には鳥居脇の社頭に灯籠が描かれているが、現在立っているのは天保四（一八三三）年に地元の三本松料理屋中が奉納した灯籠で、刊行後の灯籠である。参道の灯籠は移設されたり、代替わりしたりしているのだろう。

境内に入ると、拝殿や本殿、背後に末社、西側に末社がある。背後の末社は、

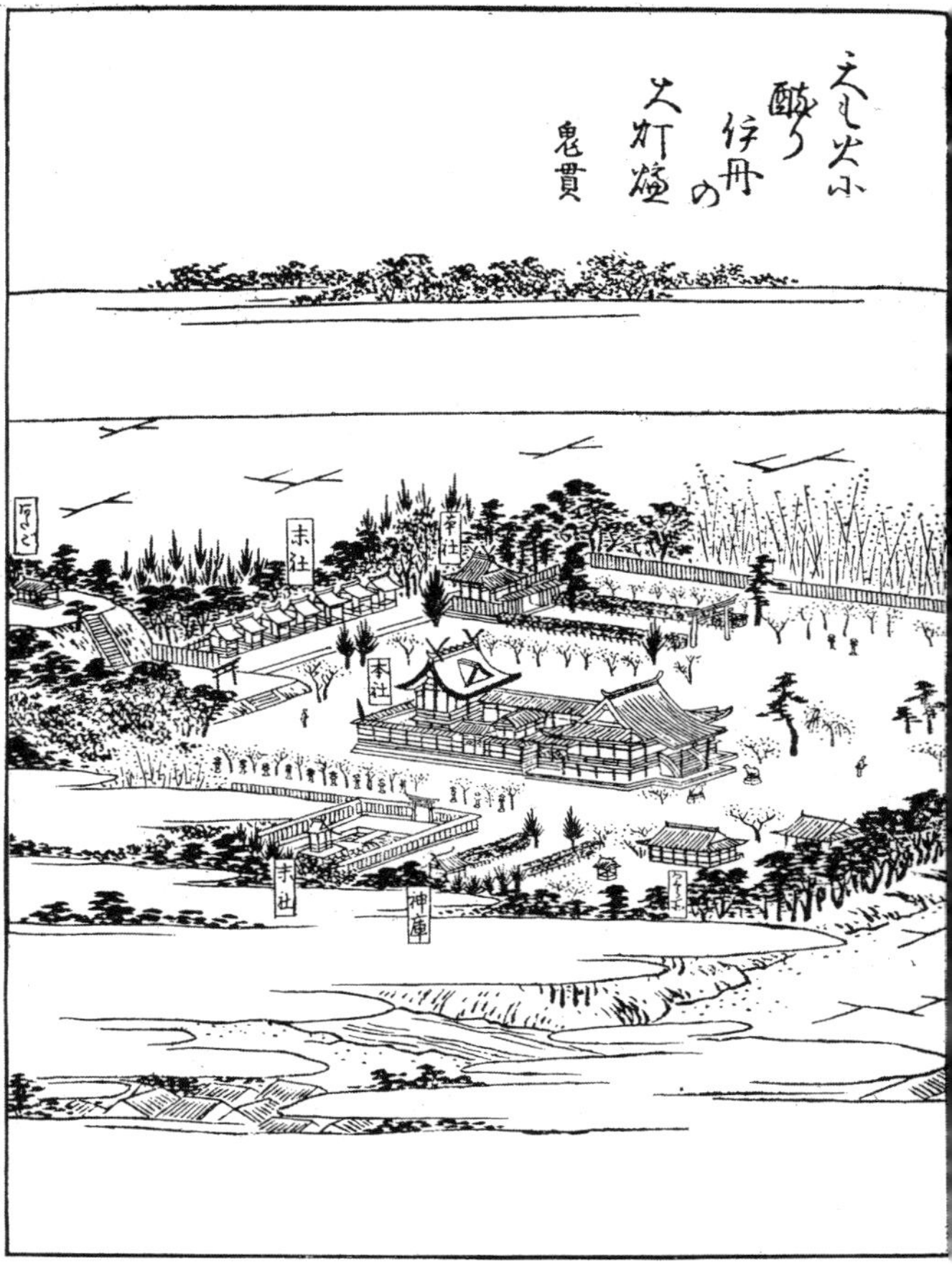

今は貴布禰・塞《さる》・祓戸《はらへど》・熊野・五柱皇子・立田の各神社が相殿社に収められているが、「摂津名所図会」では七つの宮が別々に描かれている。また西の末社は一つしか描かれていないが、今は奥から佐田彦・厳島・天満・新宮の各神社が並ぶ。代わりに神庫はなくなり、神楽所が絵馬堂に変わっている。東側には観音堂と地蔵堂、奥にもう一つの本社がある。現在は、東から護国神社、稲荷神社、大地主《おおとこぬし》神社の順に並び、奥の本社は神明神社となっている。

　北西にある愛宕さんについて、伊丹郷町の上層町人で郷土史家の梶曲皐（一七九八～一八七四）は「有岡古続語」の中で、愛宕火の祭礼が行われ「七、八十年以前はけしからず賑やかにて、往来の人まことにおし分けかたく軒下に余れる」と、賑やかで人波が押し寄せ、「野宮（猪名野神社）の神事は愛宕火繁昌の頃は却てさひしく、まことに在々のまつりのことく成りしに、凡百年以上前、上島氏より神輿寄附ありて以来、年を経て渡御の行列なとゝのひ、神事繁昌せるほと愛宕火追々ひそやかに成りし」と、元禄十五年に神輿が寄進されるまでは、愛宕火の祭りの方が盛んだったと記載する。

30

昆陽寺

荒木村重の乱で焼失復興した伽藍の数々

伊丹市寺本2

昆陽寺は奈良時代の僧、行基が設置した昆陽布施屋の後身といわれ、孤児や身寄りのない老人への施しが行われ、また猪名野開発の拠点だった。しかし天正七（一五七九）年に荒木村重の乱の際に焼失、江戸時代を通じて復興を遂げた。

近年新たな史料の掘り起こしで、諸堂の復興の経緯が詳細に判明した（拙稿「近世・昆陽寺の伽藍と縁起の整備」『地域研究いたみ』三九号、二〇一〇年）。ここでは最新の成果に依りながら、「摂津名所図会」が描く伽藍の成り立ちを見ていきたい。

荒木村重の乱で焼失した後、天正十五（一五八七）年には山科言継が、疹痘になった子息阿茶丸の回復祈願に賽銭を昆陽寺に送った記録があり、京都の公家の昆陽寺信仰は続いていた。元和三（一六一七）年には三代目の梵鐘を代官片桐貞隆の後押しを得て改鋳した。昆陽寺の鐘は「今昔物語」に盗まれる話が登場する有名な鐘であった。

続いて寛永三（一六二六）年には観音堂を再建したことが「境内作事等願書之留」（甲川邦俊氏文書）の発見により、裏付けられた。さらに寛永十年には薬師堂と呼ばれる本堂を再建、承応三（一六五四）年には塔頭

戦前の昆陽寺山門

の一乗院の護摩堂が建立された。一乗院の護摩堂は大坂の豪商、淀屋个庵《こあん》の妻が発願者だった。淀屋は元祖常安が大坂の陣で徳川方について特権を得て中之島を開発、その長男の个庵は糸割符商人となり大坂市中惣年寄などを務めた人物である。江戸時代前期に昆陽寺は、支配者や特権商人の後押しで伽藍復興を始めたのである。仁王門が再建されたのも明暦年間(一六五五〜五八)とされている。一七世紀前半が復興の第一のピークである。

再びピークを迎えるのは一八世紀初頭から前期にかけてである。元禄十四(一七〇一)年に当時観音堂と呼ばれた行基堂(開山堂)を復興した。大坂町奉行所への届によれば、三間四方、惣半間の庇付き、柿葺きであった。翌元禄十五年には弁才天社を再建、二尺五寸四方の社だが、連年の普請を寺と村人で行った。さらに宝永二(一七〇五)年に瓦葺きの鐘撞堂建立、宝永七年には観音堂の北東の瓦屋根葺き替え、正徳三(一七一三)年には西側の裏門として瓦葺きの薬医門の新建を願い出た。さらに享保二(一七一七)年には往古からある聖天社が大破したとして再建し、同十七年には聖天社に石の鳥居を建立した。そして元文三(一七三八)年、大日堂が大破したため、梁行き三間、桁行き四間の瓦葺きの堂を再建した。

このように一八世紀前半に境内の整備が急ピッチで進んだ。このころの昆陽寺本堂は無住で、塔頭の遍照院・一乗院・正覚院・成就院・宝持院・勧請院の六カ寺が年預かりの当番制で寺院経営を行っていた。当時は伊丹酒造の発展期で、地域経済も大きく成長したころである。昆陽寺の江戸時代前期の復興が領主層や特権商人の後押しだったのに比べ、一八世紀の第二のピークは地域経済の成長を背景にしたものであった。伽藍が整ったことで祭礼は活況を呼び、正徳五(一七一五)年に大坂町奉行所に昆陽寺塔頭が出した言上書には、伽藍が整ったことで参詣客が急増し、伊丹や大坂から商人が出店を出すほどにぎわった。

しかし普段の寺院経営は厳しく、安永三(一七七四)年に結ばれた寺中定書によれば、六カ寺のうち宝持院と勧請院が無住になっている。さらに文化元(一八〇四)年と文政十二(一八二九)年には遍照院が無住になるなど、断続的に無住になる塔頭があり、明治時代には遍照院・一乗院・正覚院・成就院の四院体制になった。

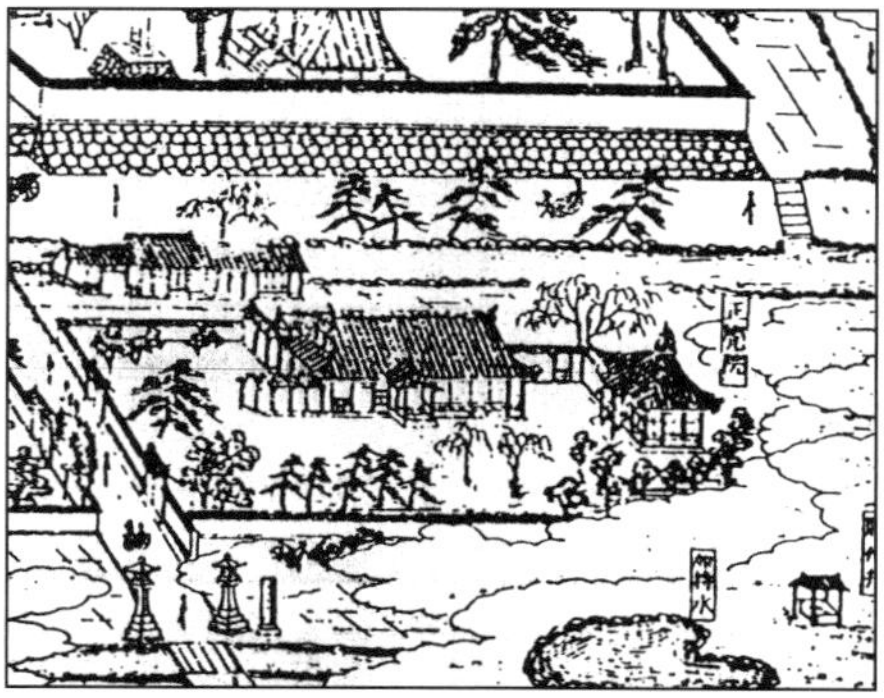

図１

「摂津名所図会」に描かれた昆陽寺は、復興ブームが過ぎ、寺院経営に腐心しているころの景観を表現している。仁王門の南、参道の東側に池があり、その右手に堂を持つ行基井が描かれている。「摂津名所図会」では参道に面して池が描かれているが、「崑崙山昆陽寺伽藍之図」（図１）によると、この池は仏前に供える水を汲む「加持水」と書かれ、参道よりやや東にある。また行基井を「閼伽井」としている。水は疱瘡に効くと信じられ、山科言継が賽銭を送ったのは、その信仰が安土桃山時代にも生きていたことを物語る。現在小さな井戸が復元されている。

　参道を進むと、塔頭があり、説明はないが参道の右が正覚院、左が成就院、北に見えるのが一乗院、昆陽寺のすぐ左手が遍照院である。正覚院を

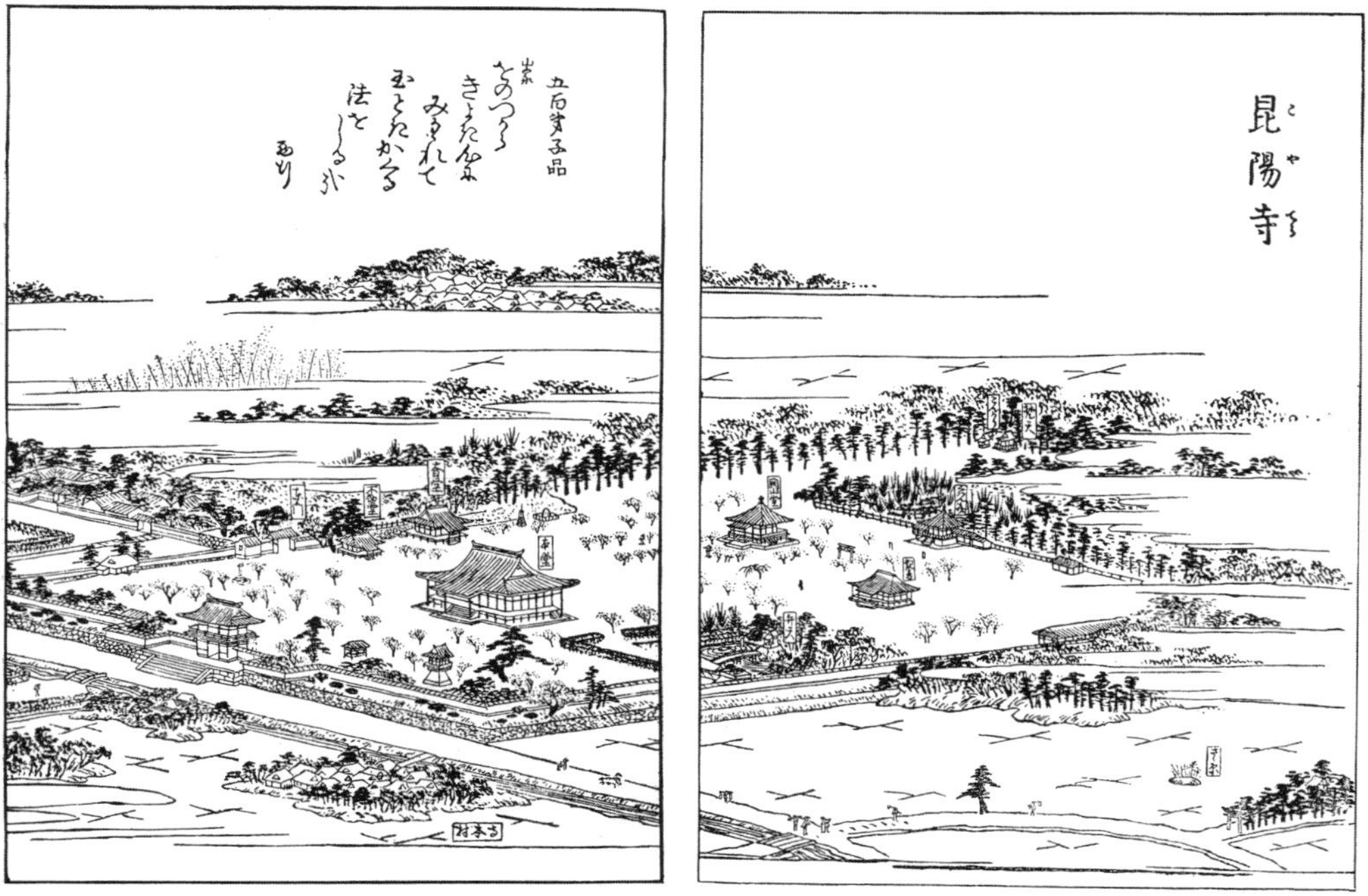

「崑崙山昆陽寺伽藍之図」と比べると、「摂津名所図会」の方がはるかに多くの建物が描かれている。しかしやや強調しすぎだろう。遠くに昆陽池が描かれているが、方角としては昆陽寺の北東になるので、位置はややおかしい。

仁王門は、三間一戸の楼門で、屋根は入母屋造り、「摂津名所図会」は本瓦葺き、上層の周囲に縁がある様式をそのまま描写している。これはかつての中門で、大門旧跡が残っていて「二王門の南壱町許にあり、今古松三十株許栽《うる》る」と説明している。「額は崑崙山と書す、伏見宮邦永親王の真筆なり」とある。伏見宮邦永親王（一六七六～一七二六）は、江戸時代中期の皇族で伏見宮第一四代当主。歌人・能書家として知られた。

門を入って正面が本堂。本尊薬師如来を祀るので薬師堂とも言った。「摂津名所図会」には「近年出現黄金仏、薬師堂内脇段御厨子の内に安ず」とある。本文で「黄金薬師出現所」という項目を立て「本堂の西にあり。享保二年四月五日、此の所より出現」と説明しており、これを指すのだろう。

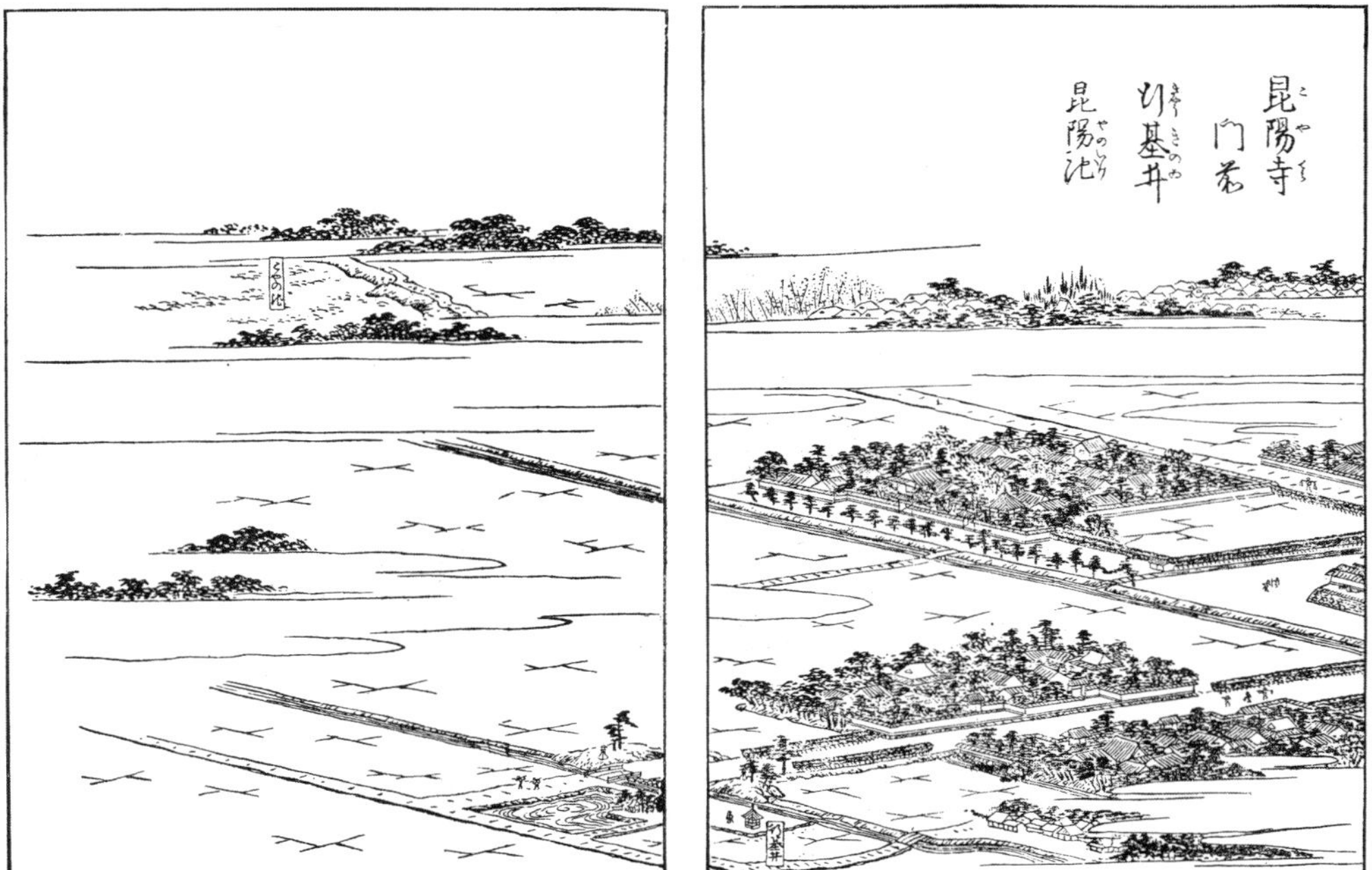

本堂後ろに開山堂。開山した行基を祀るので行基堂とも言った。「摂津名所図会」によれば猪名野神社同様、近衛家煕の扁額が贈られたという。その右が観音堂。十一面観音のほか「西国三十三所の観音を模しこゝに安ず」と説明する。観音堂の前に池があり、弁天が描かれ本文には「弁財天社　堂前池の中島にあり」とある。本堂の右手前には鐘楼がある（図2）。三代目の鐘が元和三年に改鋳され、さらに四代目が宝暦十（一七六〇）年に改鋳された。このときは塔頭六院すべて住職が名を連ね、鋳造施主は大坂堂島の今津屋甚吉、久宝寺屋伊兵衛が行事役を務め、三〇人余りの寄進者が名を連ねる。

本堂の西を見ると「摂津名所図会」の本文には「護摩堂　不動尊を安ず、額は六条中納言藤原有藤卿筆」とあるが、挿絵には「護摩堂」の説明はなく代わりに境内西端に不動尊があるので、これを指すのだろう。また大日堂が描かれている。大日如来と弘法大師像が安置され、さらに「大師の旧蹟、四国八十八箇所の本尊をことく〱こゝに模して堂内に安ず」とある。なお「東門」は「西門」の誤りである。

境内の最も奥には「梵天」「こんかう」が描かれていて、本文で「梵天王社　開山堂の西にあり、金剛童子社　梵天王の傍にあり」とある。その右手には行基塚があるはずで、本文では「開山塔　本堂の乾、林中にあり。行基菩薩の墳なり」と説明を加えているが、挿絵には雲がたなびいて塚を描いていない。塚は近世のものである。

図2

行基塚の南には聖天社が今もあるが、これも描いていない。本文と挿絵がやや食い違っているのはなぜだろう。

開山堂と観音堂の後ろに鳥居と「くハん義」とあるのが歓喜天社で「享保二年四月七日出現の尊像を安ず」とある。さらに本堂の黄金仏の出現所に続き「歓喜天出現所同所にあり」とあって、享保二（一七一七）年四月に僅か二日違いで、相次いで同じ場所から神仏が出現している。偶然とは思えず、伽藍整備の第二のピークで新たな伝説が生まれているのだろう。

31

久々知妙見祠と広済寺

当時流行の妙見信仰 満仲の矢文石伝承も

尼崎市久々知1

今では近松門左衛門の菩提寺・広済寺の方がはるかに有名になったが、「摂津名所図会」では「久々知妙見堂」として取り上げられている。妙見社と広済寺を一体に描いているが、近松門左衛門については全く言及していない。その一方で「近年妙見尊を信ずる事多く、特に久々知の妙見、能勢の妙見とて、詣人多し、霊験日々に新なり、これを時行神《はやりかみ》といふ」とも書いて、妙見信仰が流行していることを強調している。妙見はインド発祥の菩薩信仰と中国の道教の北極星信仰とが習合し、日本に伝わったもので、こうした妙見信仰の興隆ぶりが、名所に取り上げた理由だろうか。著者の秋里籬島が「名所」をどう考えていたのかうかがえて、興味深い。

「摂津名所図会」では久々知妙見祠について、「天徳元（九五七）年多田満仲公の勧請なり、当村の生土神にて、例祭九月十日」とし、多田源氏の祖、源満仲が勧請したと書く。しかし「多田神社文書」によれば、弘安元（一二七八）年多田院（川西市）金堂上棟に際し、御家人ではなかった久々智兵衛尉が、多田院御家人同様に馬一疋を引進め、正和五（一三一六）年の塔婆落慶供養には他の御家人とともに警固に出仕したことが記載されている。「天徳元年、多田満仲公の勧請」という由緒は、久々智氏が多田院の御家人になった後に生まれた伝説ではなかろうか。また境内には今も矢文石があり、多田満仲が矢文を放ち矢文石に当たり妙見宮をこの地にまつったという伝承があるが「摂津名所図会」では「源満仲公の矢文石という、由縁不詳」と伝説を掲載していない。

近松門左衛門の墓（広済寺）

「摂津名所図会」によれば、神殿の扉を開けた者が狂死したとか社頭の神籬の竹木を伐り取った者が眩乱して樹上から落ちたとか、産婦の穢れは六十日と記している。「延喜式」に定められた産後の穢れは七日間で、謹慎して神社への参拝や神事への参加、宮中への参内を控える事が求められた。六十日というのは極端に長い。「摂津名所図会」の挿画を見ると、有馬街道に面し街道にも灯籠が立つ。鳥居をくぐると参道に絵馬所。ここには画家、吉村周圭充貞（一七三七～九五）が宝暦年間（一七五一～六四）に奉納した「神馬図」や、浮世絵師、月岡雪鼎（一七二六～八七）が明和年間（一七六四～七二）に奉納した「鯉図」など、有名な絵師の絵馬が奉納された。さらに進むと矢文石があって拝殿に向かって右に鬼子母神と荒神、左手には稲荷社と愛宕社がある。灯籠の多さが注目される。大坂の商人の寄進も多かった。

境内の一角を占める広済寺はもと禅寺で「摂津名所図会」は「日蓮宗の沙門日昌、此の妙見尊の示現を蒙り、こゝに来り、正徳四（一七一四）年二月十五日、此の寺を授かり、同年九月、官に訴へ、法華道場とす、此の時初めて開扉するに、中央は妙見尊、左は諏訪明神、右は牛頭天王なり」と書いている。日昌上人は、大坂の寺島（大阪市西区千代崎）にあった船問屋、尼崎屋吉右衛門の二男に生ま

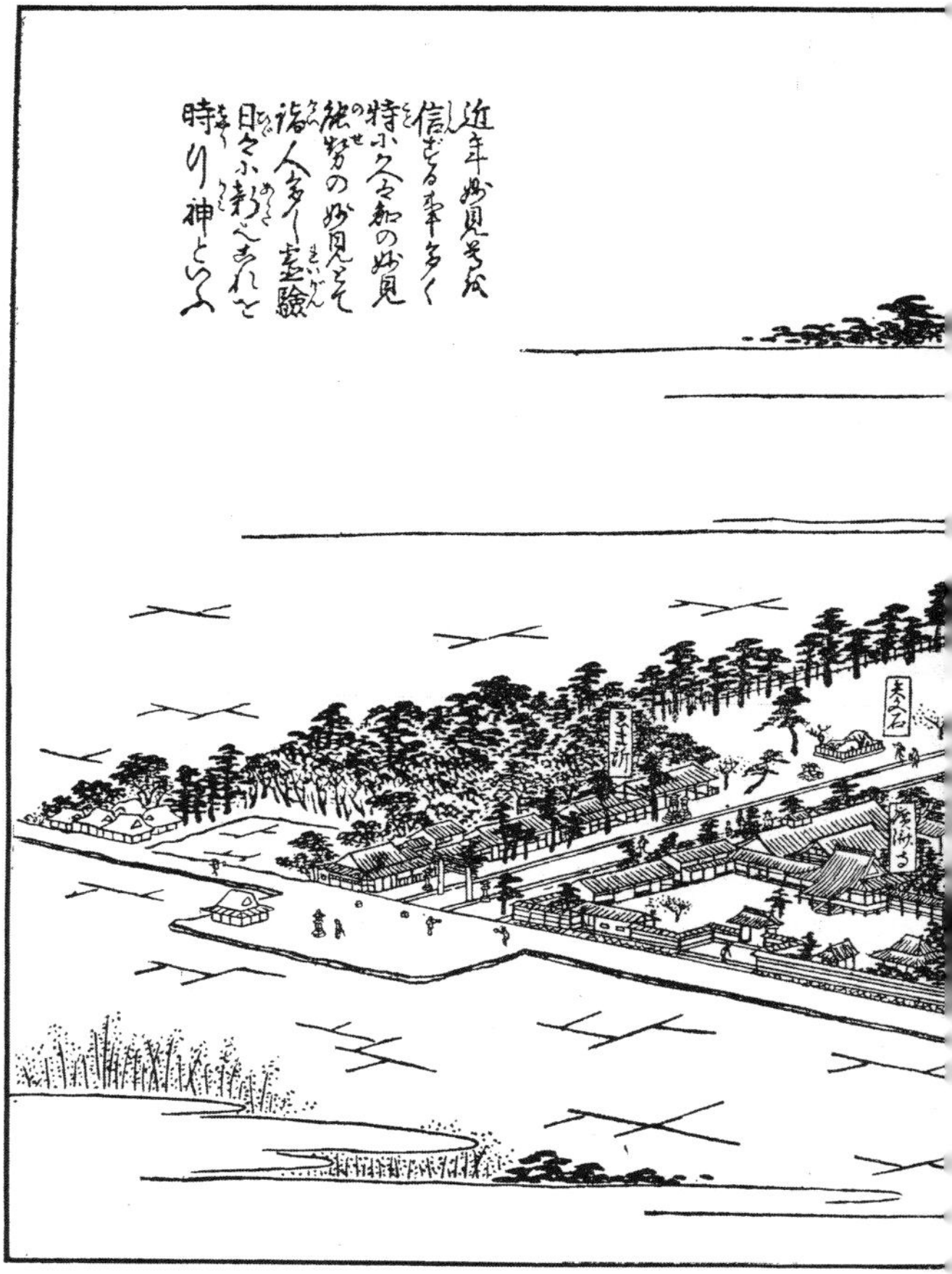

れたとされる。近松門左衛門は尼崎屋吉右衛門宅にたびたび逗留した縁で、日昌上人と親しく、広済寺再興で建立の本願人となったという。享保元（一七一六）年の「開山講中列名縁起」（広済寺文書）などに門左衛門が名を連ねている。近松の母親の法要も広済寺で行い、門左衛門の墓もここに設けられた。本堂東側墓地に建ち国の史跡に指定されている。本堂裏に門左衛門の仕事部屋があり、晩年の約一〇年間しばしば訪れ近松屋敷と呼ばれ、「大経師昔暦」「女殺油地獄」などの名作を生み出したという。近松亡き後も、この部屋で大坂の役者たちが浄瑠璃を上演、参詣に訪れる役者が絶えなかったという。

「摂津名所図会」が描く広済寺は、街道に面して門があり、正面が本堂。右手に見えるのは開山堂だろう。その右手に「卅バン神」と記入がある。日蓮宗で重んじられた三〇柱の神々である。しかし明治元（一八六八）年神仏分離のため、明治政府によって三十番神を祀ることを禁じられた。外来の妙見菩薩も同様で、神道に改められ妙見祠にあった北辰妙見大菩薩、牛頭天王、諏訪大明神の御神体は、広済寺の日昌上人をまつる開山堂に移され、妙見堂とも呼ばれるようになった。旧妙見祠は須佐男神社となって現在に至っている。

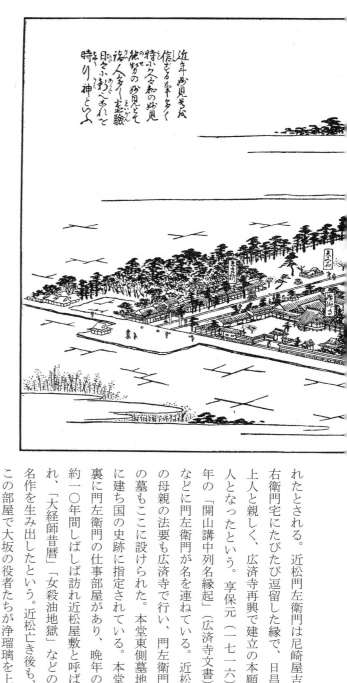

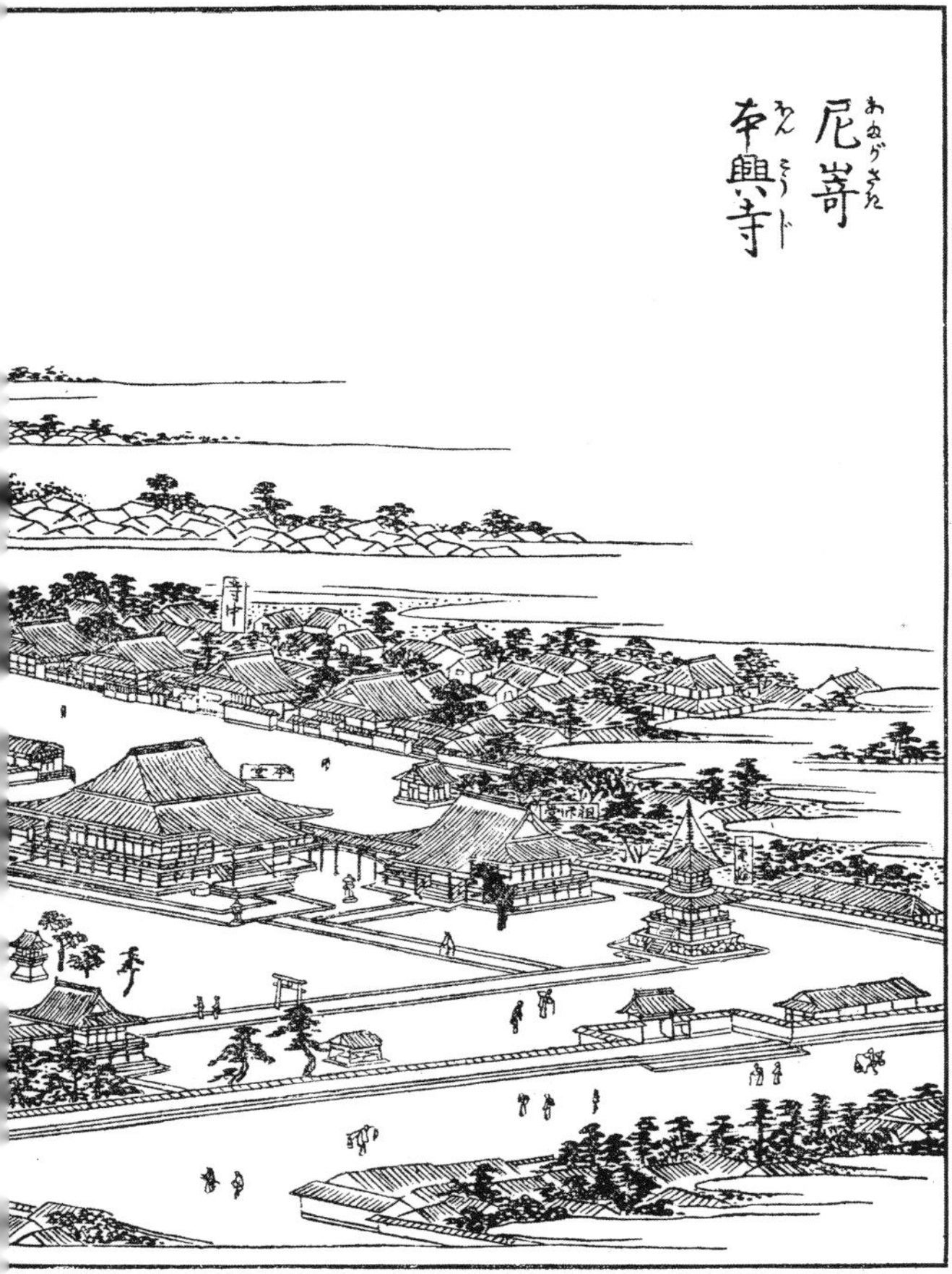

32

本興寺

法華宗の大本山
境内は文化財の宝庫

尼崎市開明町3

本興寺は、法華宗本門流の大本山で、応永二十七（一四二〇）年に日隆上人によって建立された。京都府の本能寺、千葉県の鷲山寺、静岡県の光長寺と並ぶ四大本山の一つである。室町幕府の管領で摂津守護であった細川満元の帰依をうけ、大物（尼崎市大物〜東本町）の若宮八幡宮の社地に建立したと伝えられている。本能寺が布教の中心だったのに対し、本興寺は教学の中心地となり、享徳三（一四五四）年勧学院が設置された。元和三（一六一七）年尼崎城築城に伴い、寺の所在地が本丸になり、現在地に移転した。

本興寺は文化財の宝庫で、開山堂（一五五八年建立）、三光堂（室町時代後期の建築）、方丈（一六一七年建立）、日蓮上人所持の太刀銘恒次、日隆上人自ら開眼した木造日隆上人坐像は国指定重要文化財になっている。

「摂津名所図会」の本文の記述は極めて簡単だが、挿絵では二ページを割いて詳しく描いている。

門を入って右手に多宝塔がある。説明では「二重塔」。この塔は本堂、祖師堂などとともに文政五（一八二二）年焼失したとされる。本堂や祖師堂はその後再建されたが、多宝塔は再建されず、その後石造十三重塔があったが、現在は宝物館が建っている（中西亨『日本塔総鑑』一九七八年）。その奥が祖師堂。文政五年に焼失したが、幕末に再建された。「摂津名所図会」が描く祖師堂は焼失前の貴重な景観である。再建された祖師堂は東西五間半、南北六間の入母屋造り本瓦葺き。極めてよく似ている。その左手が本堂。やはり文政五（一八二二）年焼失、文政十年に再建された。こちらは再建で屋根の一部や本堂への階段が少し変更されたようである。

その左手が大方丈。天文十三（一五四四）年の棟札が残されていることから移築されたのではないかといわれてきたが、昭和五十六年の解体修理で元和三（一六一七）年に建立されたと判明した。曾我紹興や大岡春卜作の障壁画が残る。

大方丈の左手には開山堂がある。大物から移築した建物で、一四六九年製の木造日隆聖人坐像を祀り、文庫堂とも称される。建築年代は文正元（一四六六）年とも永正十（一五一三）年ともいわれるが、昭和三十八年の修理工事で見つかった棟札には永禄元（一五五八）年とあり、この時現在の開山堂に改築したと考えられている。建立当時は、三間四方（内陣）の入母屋造り、本瓦葺きの建物だったが、明暦二（一六五六）年前面に二間の外陣を追加、さらに天和三（一六八三）年には後方に四間の内々陣と後陣を増築し、複雑な構造になった。「摂津名所図会」に描く開山堂には唐破風が描かれている。その左手は空地が広がっている。現在は日隆上人荼毘塚や安政元（一八五四）年建立の御聖教殿のあるあたりである。日隆上人荼毘塚は尼崎市宮町の妙光寺に祀られていたが、昭和三十八年妙光寺が移転する際に譲られたものといい、「摂津名所図会」が描かれたころは小さなお堂があり「こつ（骨）堂」と書かれている。

図1

本興寺

　本堂の南西には「三十番神」と説明がある神社がある（図1）。三光堂である。三光堂は三十番神や三光天子（日天・月天・明星天）など、法華経信徒の守り神を祀る。三間社流造銅板葺きで、天正十七（一五八九）年から慶長十四（一六〇九）年までの日遥の時代の建物で、棟札の裏に元和三（一六一七）年の追記があるので大物から移築した建物である（重要文化財）。拝殿は慶長二（一五九七）年豊臣秀吉や加藤清正により再建された。拝殿と本堂との間には鐘楼がある。「両山暦譜」によれば、寛永十（一六三三）年竣工。開山堂・三光堂・大方丈に次ぐ建物である。

　「摂津名所図会」では「寺中」としか書かれていないが、本堂の東西に塔頭がある。現在は西側に、養寿院（重泉坊）・恵運院（常住院）・一乗院（耕雲院）・本教院（本隆坊）、東側に尭運院（善応院）・本成院（啓運院）の六院がある（括弧内は元和三年に移転してきた当時の名称）。東側には尭運院より手前に実成院（真行院）があったが文政五（一八二二）年の火災で焼失、復興できず明治六年廃院、現在は墓地になっている。また本成院の奥に本寿院（好善院）があったが、神戸・福原に移転し、現在は興隆学林専門学校が建てられている。

33
貴布禰神社

漁民の信仰を集め藩主の崇敬も受ける

尼崎市西本町6

旧尼崎町の惣氏神とあって「摂津名所図会」では二ページを使って詳細に境内を描いているが、本文での説明は至って簡単である。「尼崎西町にあり、此の地の生土神とす、例祭六月三十日、祭神罔象女神《みつはめのかみ》・御祖神《みおやのかみ》・別雷神《わけいかづちのかみ》の三座を祀る、旧地は長洲にして元正帝の御宇勧請あり、京師貴船に相同じ、末社十二、前を祭る」とあるだけである。貴布禰神社の前身は長洲にあり、そこに勧請されたのを元正天皇の時代とする。しかし享保二十（一七三五）年刊行の江戸幕府官撰地誌「摂津志」は、嘉暦元（一三二六）年に造立されたと「大覚寺記」に見えると指摘する。

長洲は古代から漁業が盛んで、応徳元（一〇八四）年に京都・鴨神社（賀茂神社）が神饌に供する魚介類確保のため長洲の網人や在家の支配を始め、賀茂神社領長洲御厨《みくりや》が成立した。建治元（一二七五）年には、東大寺円照上人の弟子、琳海上人が長洲御厨内に大覚寺を創建し、賀茂神社領の地元の管理者となった。このように賀茂神社と長洲御厨のつながりの結果、守護神として賀茂別雷大神と賀茂御祖大神が祀られ長洲貴布禰神社（尼崎市長洲中通三丁目）が誕生した、というのが真相だろう。

貴布禰神社拝殿（大正〜昭和初期）

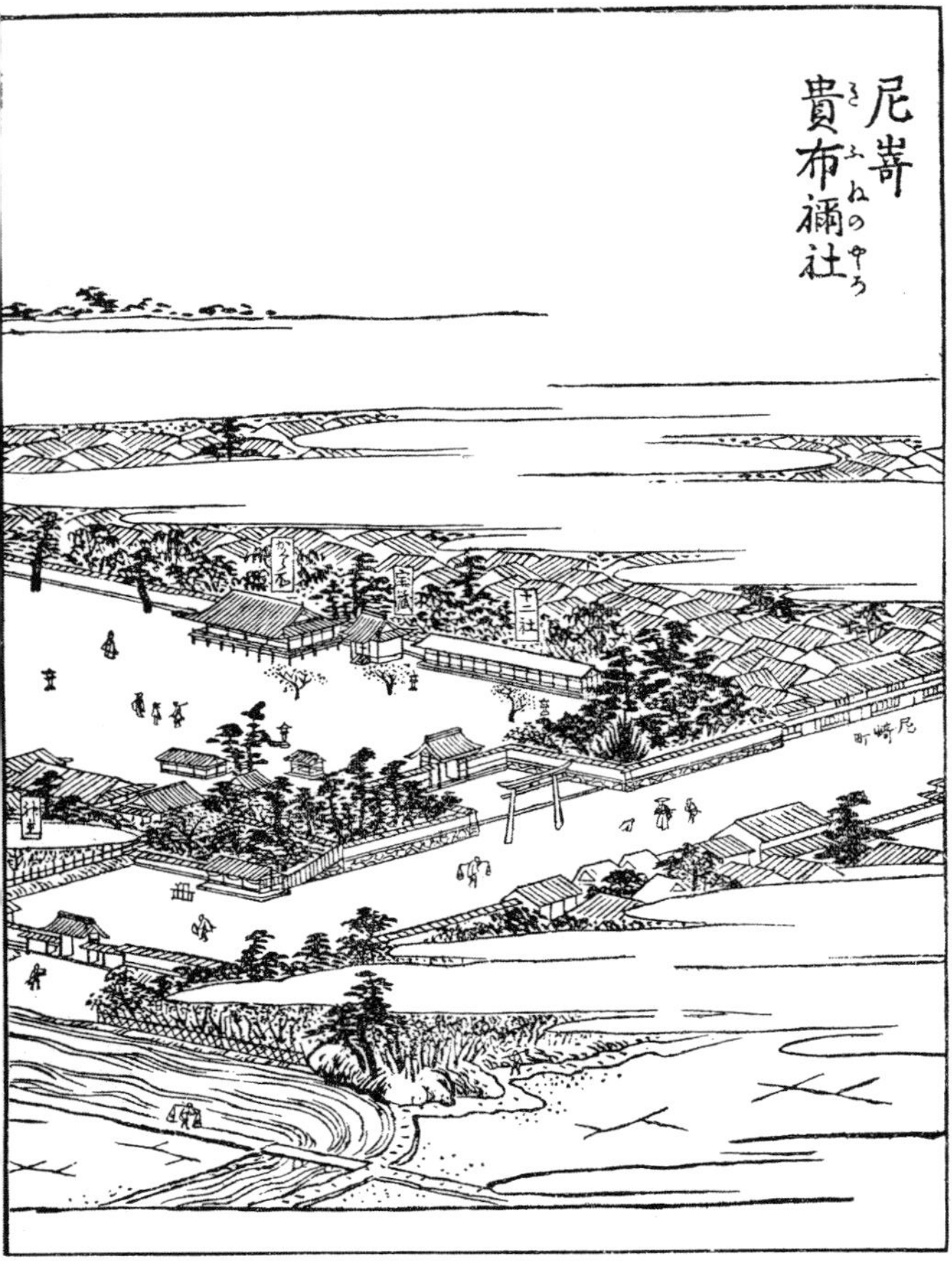

さらに中世尼崎町の発展に伴い、長洲貴布禰神社から尼崎惣社として貴布禰神社が分祀された。最初に分祀されたのは尼崎城の西三の丸（尼崎市北城内）だったが、戸田氏鉄の尼崎城築城にともない元和年間（一六一五～二四）に西屋敷役人町（尼崎市西桜木町）に移転、さらに正徳五（一七一五）年現在地に移転したという。

貴布禰神社は水神として海民の信仰を集め、雨乞いの神事も再三行われるなど、農民からも信仰を集めた。歴代の尼崎藩主の崇敬も厚く、元禄六（一六九三）年に火災で焼失した時は、青山幸督から材木石材が寄進され、石材は住吉村・御影村から調達された。藩主の参拝の記録によれば、江戸への参勤交代の道中安全、船中安全、病気平癒、疱瘡・麻疹平癒、厄除け、安産、男子出生による武運長久、異国降伏、大地震の領分安全、淀川洪水による武運長久、石垣や御台場普請、大砲鋳造、練兵場開始祈祷など、実にさまざまな祈祷が藩主によって行われている。特に八代藩主、松平忠昆（後に忠告と改名）は祈雨の和歌十首を奉納したり、武運長久の絵馬を奉納したりしている。さらに尼崎藩主にとどまらず、西国諸侯からも参拝や寄進が相次ぎ、明和元（一七六四）年以降の「社頭記録」によれば佐賀藩・小倉藩・福岡藩・徳島藩・伊賀上野藩・高知藩の藩主や奥方の参拝や献納があった。文久

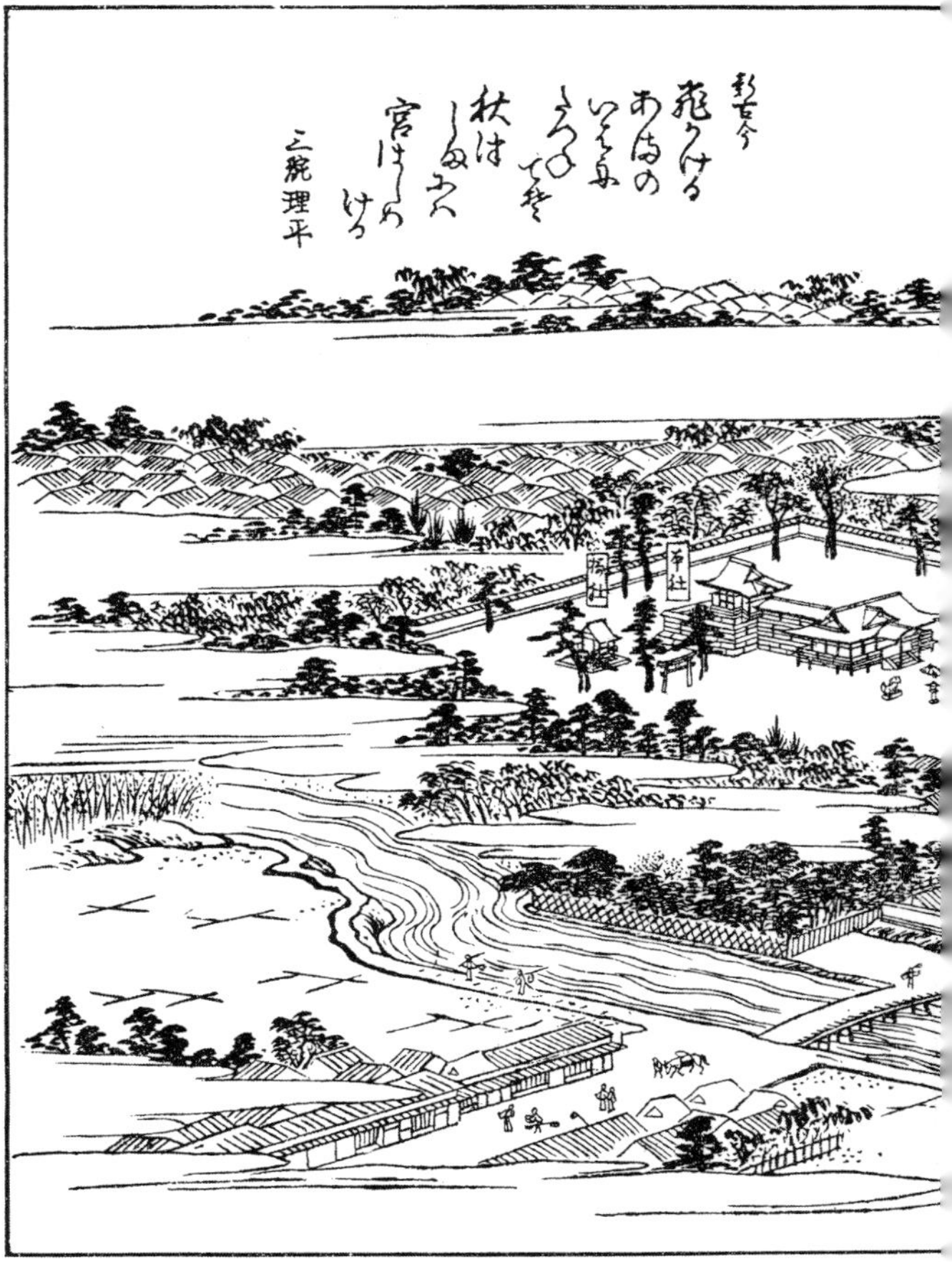

元（一八六一）年にはのちの十五代将軍一橋慶喜も立ち寄った記録が残る。

「摂津名所図会」は領主や尼崎の町人から崇敬され繁栄していたころの貴布禰神社を描いている。ただ火災や戦災に遭い、現存しているものは少ない。神社は南側が入口で大鳥居がある。現在の大鳥居は阪神・淡路大震災で全壊し再建された。大鳥居と南門（表門）の間に現在は立派な常夜灯があるが、これは文化七（一八一〇）年建立で、「摂津名所図会」が描かれたころにはなかった。

南門（表門）は、記録はないが一八世紀初頭の建立と伝える。元禄六（一六九三）年に火災で悉く焼失し、元禄十五年に復旧、さらに正徳五（一七一五）年に現在地に移転しているから、そのいずれかに建立されたものだろう。切妻、本瓦葺き、一間一戸、四脚のどっしりした門で、装飾も見事である。阪神・淡路大震災では半壊したものの、根元を修復し、屋根瓦も葺き替えて復旧した。

門の右手に十二社。天照大神宮・春日社・八幡社・住吉社・豊受神社・稲荷社・牛頭天王社・熊野権現社・多賀神社・恵比須社・荒神社・天神社の十二社である。続いて宝蔵、神楽所。正面には唐破風のある拝殿とその後ろに本殿がある。拝殿は寛政元（一七八九）年に大破し寛政五年に完成したので、ここに描かれる拝殿は

尼崎城下風景図

図1

その直後のものである。本殿は文化十二（一八一五）年に再び焼失、文政八（一八二五）年に再建されたので、ここに描かれている社殿は焼失以前の建物になる。

本社の斜め後ろに摂社がある。これは愛敬三社といい、可愛霊神・可美霊神・善哉霊神を祀る。尼崎藩主、松平忠名が宝暦四（一七五四）年に造営、宝暦八年に京都・白川殿で御神号が授与された。江戸時代は尼崎藩主が再三参拝した。

現在本殿正面右奥にある白波稲荷神社や市庭町にあった市庭戎神社などは近代になってから移転してきたもので当然描かれていない。また逆に「摂津名所図会」は描いていないが、北鳥居は享保二（一七一七）年建立で、この地に鳥居ごと移転してきたことが判明する。

神社を出ると街道である。東は「尼崎町」と書かれている。この一帯は西屋敷町と呼ばれ、下級藩士の町だったが、街道に沿ったこの辺は町家が並んでいた。その一方で、街道の南側には瓦葺きの家に交じって、屋根が白いままの家が混じっている。これはほかの農村の描写からみて、茅葺きだと思われる。尼崎の城下町は、別所村の一部に設けられ、次第に拡張したので、村と城下町との区別が一部あいまいだった。

西に進むと城下町入口の竹谷御門。神社を背に門に向かって建物がある（図1）。萩藩の絵師有馬喜惣太が藩主のために描いた「行程記」を見ると、「番所」と書かれている。同様の建物が「尼崎城下風景図」（尼崎市教育委員会所蔵）にも描かれている。城下町への出入りを監視するために設けられた。門を出て玄蕃堀に架かる橋を渡ると城下町の外、出屋敷につながる町並みである。「行程記」には「右、能《よき》茶店有り」と書かれているように、二階建て瓦葺きの町屋が続く一方、茅葺きの家や田圃が広がり始めている。

34

西宮神社と円満寺

重文の大門はそのままに三連の本殿も当時を復興

西宮市社家町

「摂津名所図会」の武庫郡・菟原郡の巻は、巻頭に連続五ページを西宮神社と西宮の傀儡師を取り上げた図版で始まる。本文と離れていて、それだけ西宮神社を重視した証である。ただ挿絵は「西宮神社」としているのに本文は「大国主西神社」として、古代律令制の細則「延喜式神名帳」に登場する神社名を使っている。「摂陽群談」は「夷社」、「兵庫名所記」は「西宮えびす」としているのに、江戸幕府の官選地誌「摂津志」が「大国主西神社」としていることを踏襲したのだろう。ただ「延喜式神名帳」では武庫郡ではなく菟原郡の項目に載っていることを疑問に思ったのか、「摂津名所図会」は「西宮市庭町にあり、西宮太神宮と称す、延喜式に曰く、鍬靫、菟原郡に載す」「祭神　中央天照太神、左素盞烏尊、右蛭児尊」と紹介に終始、式内社への考察はしていない。

明治になってこの解釈が問題になった。明治六（一八七三）年に西宮神社が「西宮戎社」から「大国主西神社」に改称され、明治七年に「大国主西神社」として県社へ昇格を願い出て、承認、取り消し、異議申し立てと変遷する事案が起きたのである。古代の由緒を利用して社格を上げようと試みたのだが、明治八年に宗教関係を所管する教部省は、西宮神社を県社とするが、大国主西神社の由来については確定出来ないまま、決着した。

西宮神社表大門

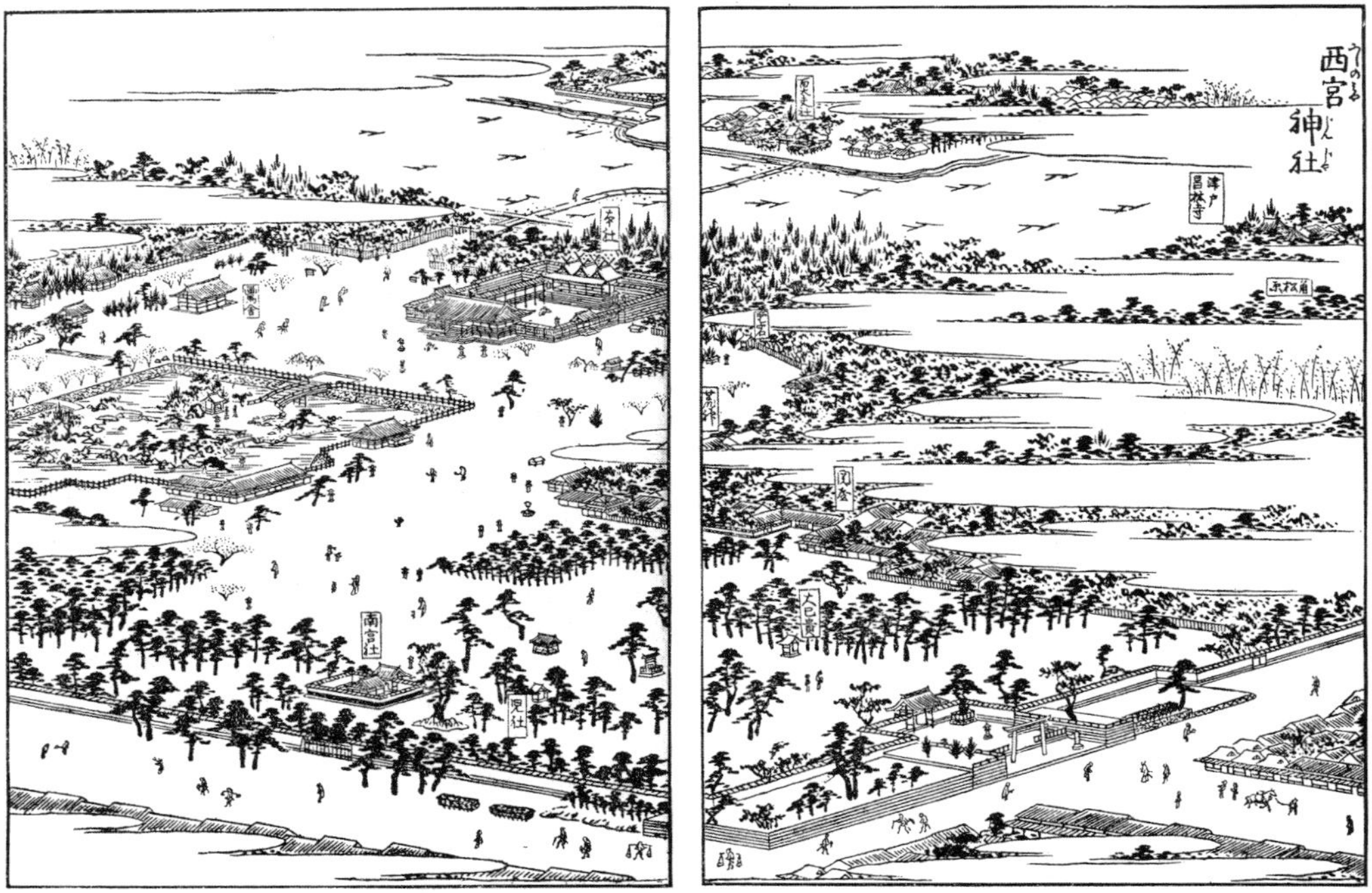

東の通称赤門とよばれる表大門は慶長九（一六〇四）年から同十四年にかけ豊臣秀頼が、再建した門だという。桃山建築の遺風を持つ門で、左右の大練塀とともに国指定重要文化財である。「摂津名所図会」には門の右手に四方を囲まれた大きな松を描いている（図1）。元禄五（一六九二）年の「寺社御改御吟味写帳」によると、「ほこらなし神木あり」としていて、「摂津名所図会」の時代にはまだ松があったが、やがて枯れてしまい、嘉永四（一八五一）年に梅宮神社を建てた。

門を入ってすぐの右手に「大己貴命祠《おおあなむちのみことのやしろ》」、左手に「児社《ちごのみや》」。本文では「児宮」で、西の南宮神社の末社となっている。貞享三（一六八六）年の「廣田西宮両宮古図」（廣田神社蔵）によれば児宮は同じだが、大己貴命祠のところは不動堂となっている。児宮のすぐ奥に平安時代から名前が見える南宮神社。西宮神社の境内にありながら、今でも廣田神社の管轄で、廣田神社に向いて鎮座している。南宮

図1

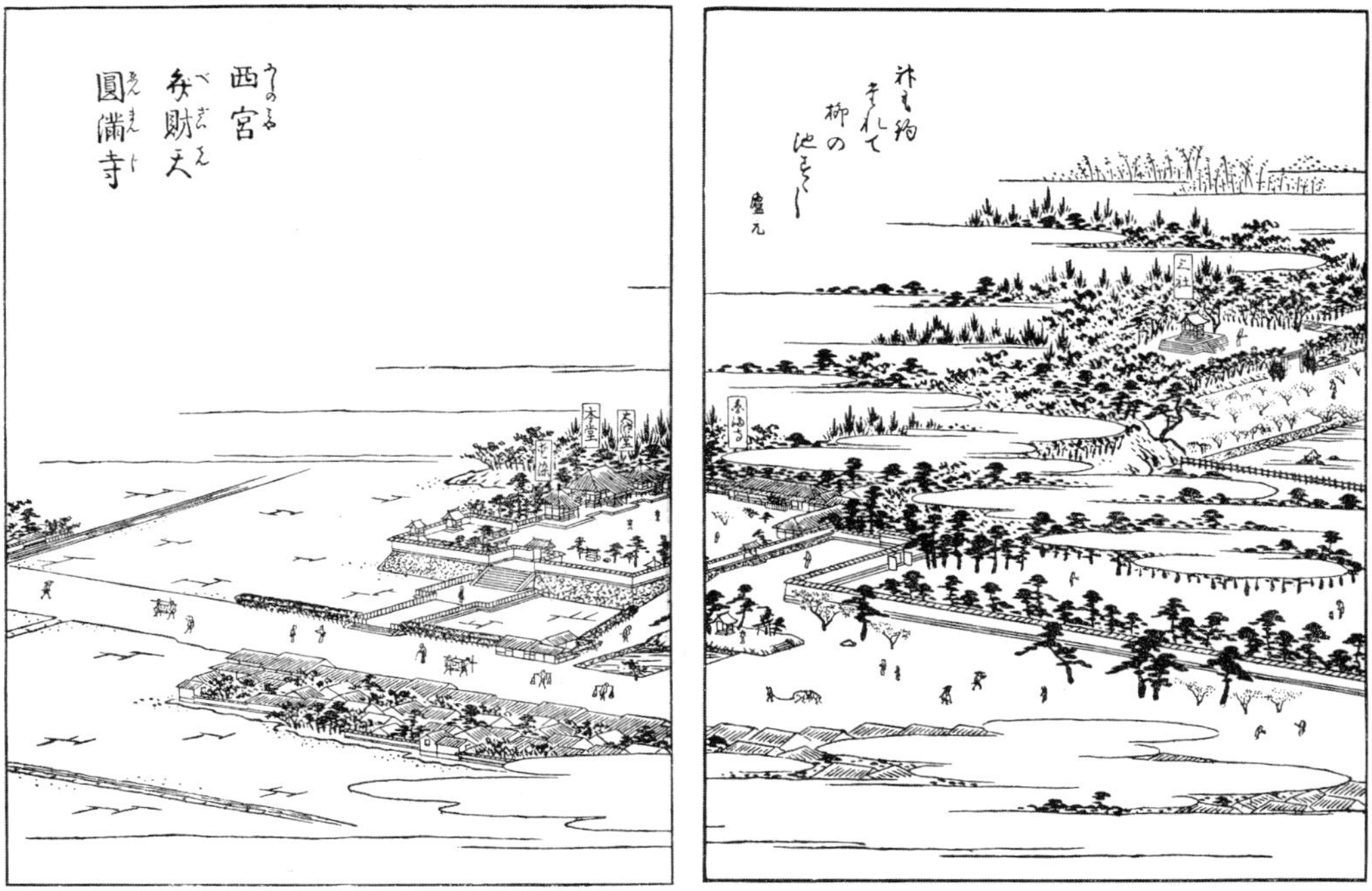

神社の南側に現在、沖恵美酒神社があるが、これは「摂津名所図会」には「澳蛭子祠《おきえびすのやしろ》門前の西南にあり」とあり、当時は境内の外、現在の荒戎町に鎮座していたものを、明治五（一八七二）年に現在地に移したものである。ここから南門へつながっているが、「摂津名所図会」には門は描かれていない。

南宮の対面に関屋。参拝した身分の高い人々を宿泊させた場所と思われる。関屋の裏辺り、本殿に向いて荒神がある。現在の庭津火神社。その奥に愛宕があった。貞享三年の絵図にも「火之大神」とあるが、現在は火産霊神社として本殿に向かって左の位置に変わっている。

本殿は屋根が三つある三連春日造り。豊臣秀吉が再建した後、寛文三（一六六三）年に江戸幕府の四代将軍徳川家綱が寄進した桧皮葺き本殿で、「摂津名所図会」や貞享三年の「廣田西宮両宮古図」が描く社殿はこれである。昭和二十（一九四五）年に空襲で全焼し、昭和三十六年銅板葺きに変えてほぼ元通りに復興された。一方拝殿は、貞享三年の「廣田西宮両宮古図」も「摂津名所図会」を見ても屋根に唐破風はないので、大きく造り変えたことが分かる。

拝殿に向かい合うように神池があり、真ん中の島に、拝

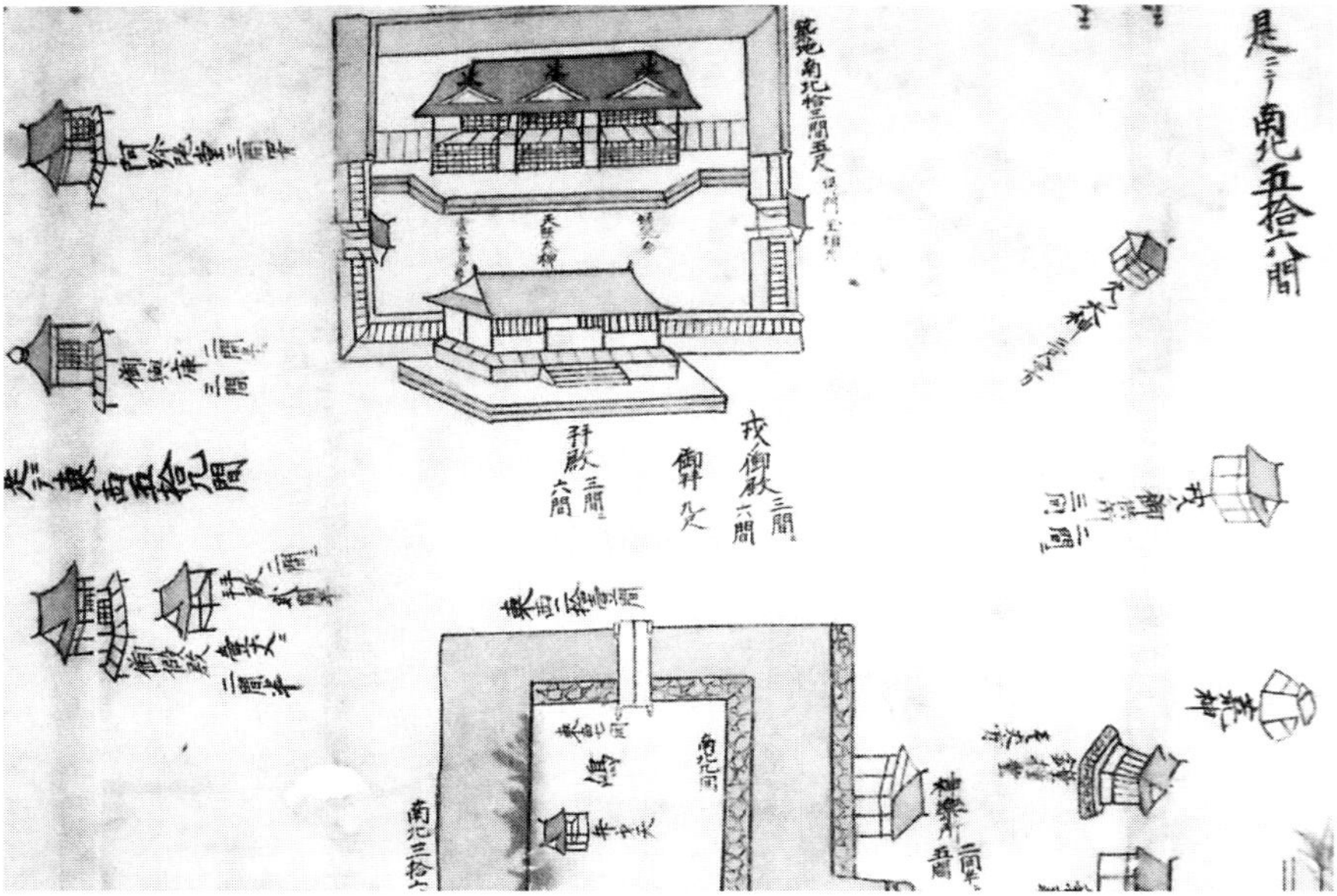

「廣田西宮両宮古図」（廣田神社蔵）に描かれた西宮神社

殿から橋を渡ったところに宇賀魂神社がある（図２）。「摂津名所図会」では宇賀神祠《うがのやしろ》と書いている。農業などの繁栄をつかさどる神で、神社に残る江戸時代の日記によれば文明年間（一四六九〜八七）には祀られていたという。同じく池の中の島の南西端に灯籠が描かれている。何も説明はないが、貞享三年の絵図には「弁才天」と書かれているから、現在の市杵島神社である。また「摂津名所図会」は「神楽殿　池の東にあり」とも書き、貞享三年の絵図も「神楽所二間半、五間」とある。「摂津名所図会」と比べると池の東南にも建物が増えていることが分かる。一方、貞享三年の絵図には神楽殿の右手に鐘楼があるが、「摂津名所図会」は描き漏れているようである。

境内の西端には「画馬《えま》舎」がある（図３）。「摂津名所図会」の本文で「末社三座　松尾・住吉・船玉を祭る」とあるのは、現在のおおむねの位置から考えて、境内の西側に「三社」とある末社を指しているのだろう。これは寛政二（一七九〇）年に酒造家が境内の西側に住吉大神など三神を祀った松尾神社である。

この三社と絵馬堂の間の建物について、「摂津名所図

図2 宇賀神祠と神楽殿

図3 画馬舎の奥に阿弥陀堂・御輿庫・仮殿

会」は記載していないが、貞享三年の絵図には、奥から「阿弥陀堂三間四方」と「御輿庫二間半ニ三間」、そして最も手前に「御仮殿壱丈ニ二間半、拝殿二間ニ弐間半」と三つの建物を紹介している。阿弥陀堂は現在の大国主西神社、御輿庫は神輿殿の位置とほぼ一致する。

　阿弥陀堂は西宮神社の主張によれば、享保二十（一七三五）年大己貴命と少彦名命二柱を勧請し神社にした建物で、明治七年、西宮神社とともにいったん県社とする指令が出た因縁の堂舎である。ただ、大己貴命は東門を入ってすぐのところに祀ってあった。なぜ二体も祀る必要があったのだろうか？

　西宮神社の脇にあるのは円満寺である。高野山真言宗の別格本山で、天正七（一五七九）年荒木村重の乱の時、鷲林寺にあった薬師如来をここに移したのが始まりだという。このため「今里鷲林寺」とも呼ばれた。その鷲林寺は、法道仙人が開いたとの伝説もある寺で南北朝から室町時代に栄えた。戦略的な要衝でもあり、しばしば戦乱にも巻き込まれた。「摂津名所図会」は「甲山の西にあり、今鷲林寺村旧跡なり、武庫山と号す、荒廃の後、西宮円満寺に併せ守る」と紹介している。鷲林寺は江戸時代は観音堂だけがあったが、昭和になって復興している。

　円満寺は元禄五（一六九二）年の「寺社御改御吟味写帳」によると、方丈と庫裏、薬師堂、地蔵堂、前庵主隠居所の臨江庵と門があるが、「摂津名所図会」になると、愛染堂、本堂、大師堂が描かれ、境内の西側には、鳥居が見える。本文には「側に愛染堂、大師堂、子安地蔵、歓喜天を安ず」とある。現在も稲荷社がある。昭和二十（一九四五）年の空襲で、建物は全焼した。「摂津名所図会」の描写は、数少ない円満寺の江戸時代の様子を語る景観である。

35

廣田神社

絵図からうかがえる境内地変遷のようす

西宮市大社町

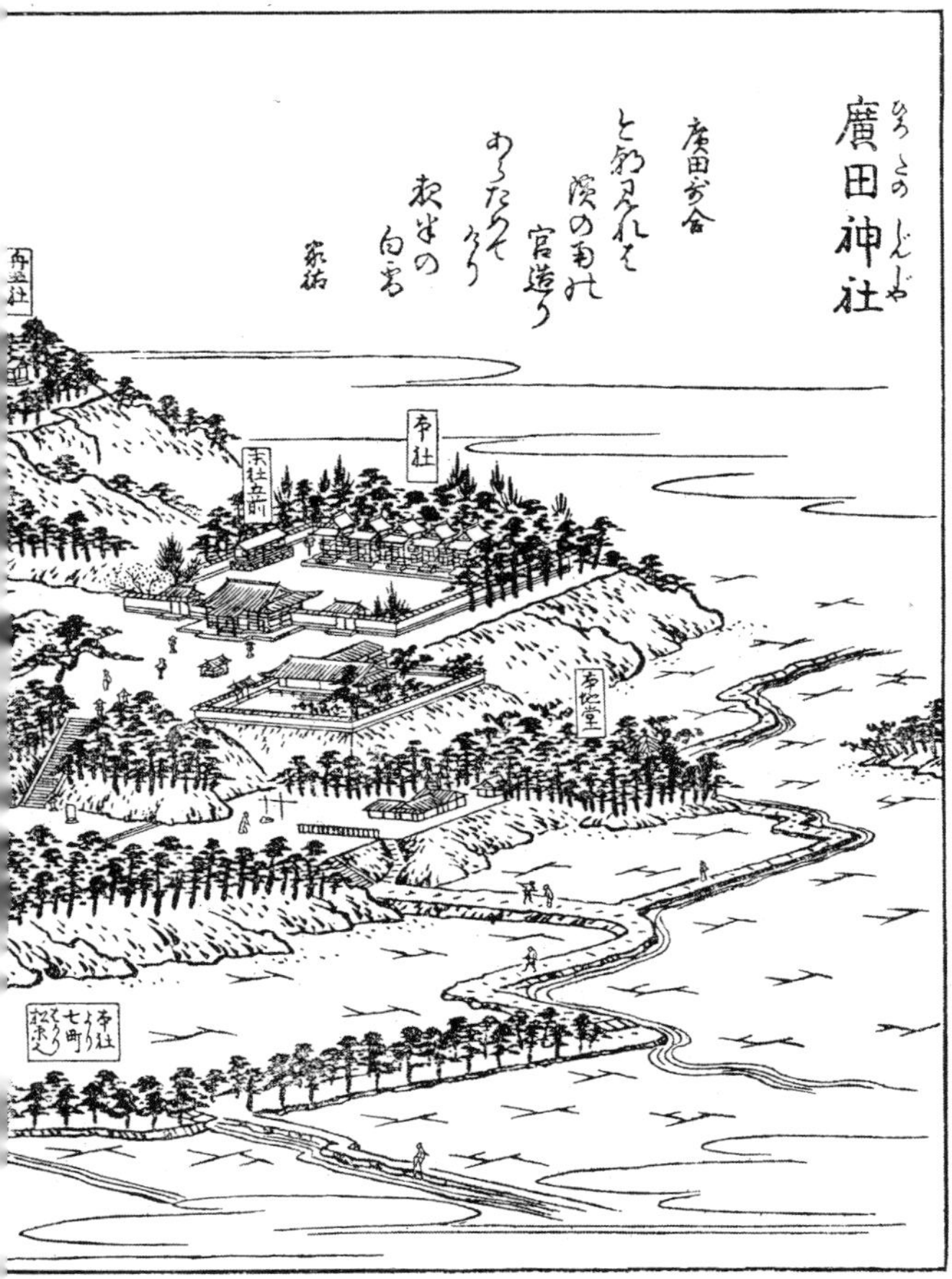

廣田神社は、「日本書紀」の神功皇后摂政元年の条に草創伝説が記載されている。神功皇后が朝鮮出兵から帰る途中、船が進まなくなり、占いに従い天照大神を広田の国に祀ったとする有名なもので、「摂津名所図会」は「日本書紀」や「風土記」を直接引用している。また「延喜式神名帳に曰く、名神大、月次、相嘗」と古代律令制度の施行細則「延喜式神名帳」掲載の式内社であることを紹介する。「名神大」とは、国家の重大事や天変地異の際に朝廷から特別の奉幣を受ける名神大社二十二社をさす。ただ名神大社は天徳四（九六〇）年から始まったが、廣田神社が加わったのは正暦二（九九一）年、一九番目である。また廣田神社の神階は、嘉祥三（八五〇）年従五位下になったが、貞観元（八五九）年正三位、貞観十（八六八）年従一位となるなど、九世紀後半に一挙に地位が高くなっている。九世紀後半に廣田神社が急激に存在感を増した証で、「日本書紀」の時代と大きな時代差がある。

当初、廣田神社は甲山山麓の高隈原に鎮座していたといい、江戸時代半ばに書かれた「名所西宮案内者」には「六軒新田の上、高隈ケ原と申すは、むかし広田の神鎮座の地なり」とあり、六軒新田（西宮市六軒町）の上に鎮座していたという。これに対し高隈を六軒新田ではなく、現在の西宮市高座町に充てる見解もある。応安四（一三七一）年に京都から下関に向かう今川貞世の紀行文「道行きぶり」に、廣田神社の鎮座する山をさして「川面にそひて木深く物ふりたる山あり、鳥居たたり」とある。これが移転前の廣田神社とされる。

源頼朝が寿永三（一一八四）年、平家追討のために淡路国の広田荘を寄進するなど、武家政権からも保護された。しかし「百錬抄」によれば嘉禄元（一二二五）年に神殿が焼失、「垂跡以来事、御体焼損云々」という災難に見舞われた。この時は高隈ノ原に鎮座していたようである。寛喜二（一二三〇）年に右大臣らが焼亡について群議しているから、すぐには復興できなかったようである。その後復興は発祥の旧地ではなく、現在の所在地のすぐ東側、御手洗川との間の低地に移されたという。さらに天正七（一五七九）年荒木村重の乱の兵火でも全焼した。その後慶長九（一六〇四）年に豊臣秀頼が復興、寛文三（一六六三）年に四代将軍徳川家綱が改造した。

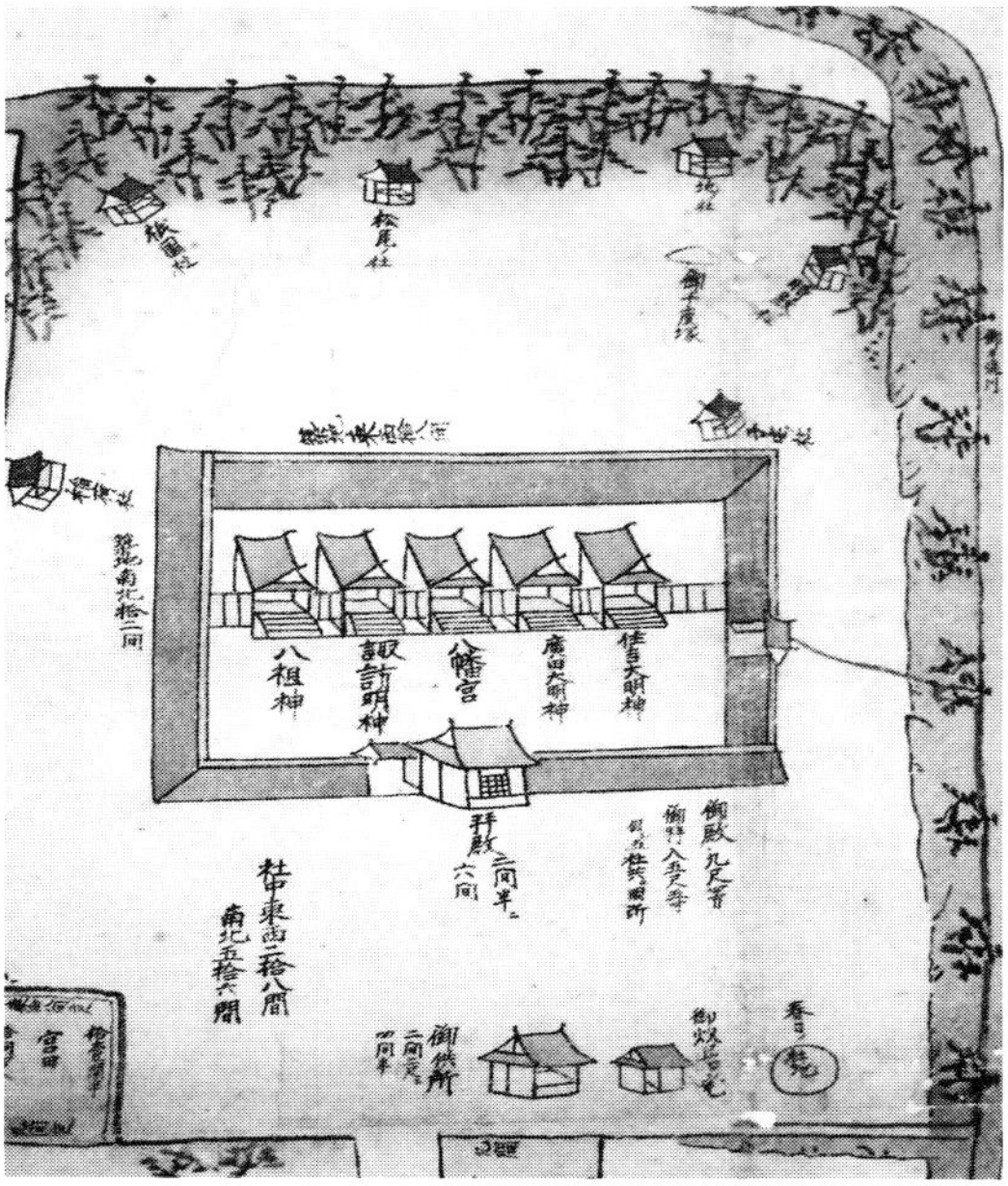

貞享三年「廣田西宮両宮古図」（廣田神社蔵）
に描かれた廣田神社

その二〇年余り後の廣田神社を描いた絵図が残っている。貞享三（一六八六）年「廣田西宮両宮古図」（廣田神社蔵）で、廣田・西宮両社の神職と西宮町方・浜方、中村、越水、広田三カ村の庄屋年寄が立ち会い現況を調査し大坂町町奉行に提出した控えで昭和四年に「廣西両宮記」（芸香社）として解読図が出版されている。この絵図によれば現在、西宮市柳本町にある一の鳥居から二五一間北上した場所に当時の境内があった。現在、参道は左手に分岐して参道から九〇度曲がって山の上に参道が続いているが、絵図では参道は曲がっておらず、分岐するやや北付近が境内だったのである。

絵図によれば、本殿は東西一八間、南北一二間の築地で囲まれ、東から、住吉大明神・広田大明神・八幡宮・諏訪明神・八祖神の九尺四方の五つの社殿が同じ大きさで並んでいた。築地の手前には春日ノ社地・御炊居宅・御供所があり、社殿東のすぐ後ろに子安ノ社、さらにその後ろに時殿（斎殿）ノ社・地ノ社・松尾ノ社・祇園社・稲荷社が東から並んでいた。境内の東側は御手洗川に面し、西にある山が現在の境内である。この場所は御手洗川に面していて水害に遭いやすく、享保九（一七二四）年に移転が認められ、同十二年に西側の現在地に移転が完了した。

前ページの「摂津名所図会」の挿画は現在の境内地に移転した後の神社の景観を描いたもので、左下の参道の始まりに交差するのが西国街道。一の鳥居が今と同じ場所にある。現在はその手前に石灯籠があるが、これは文

戦前の廣田神社本殿

化三（一八〇六）年に建立されたもの。鳥居をくぐってすぐ右手には若宮があった。そこから二五一間、四五〇メートル余りの参道が続く。松並木があるが灯籠などはない。まっすぐ伸びた参道は途中で突然松並木が途絶えここから左手に直角に曲がる。この地点が享保年間に移転する前の境内の入口であることが、この描写からもはっきりと分かる。

道なりに参道を進み階段を上ると右手に建物、現在の参集殿や社務所のある辺り。そのさらに奥にはお堂があり本地堂と記入されている。現在はないが貞享三年絵図では「神宮寺地」とあり、移転前の本殿から道が続いている。神仏習合で神道と仏教が一緒に崇敬された痕跡である。

ここからさらに進み広場で直角に右手に曲がり階段を上れば正面に拝殿、本殿がある。本殿は現在と違い、移転前と同様に五棟が同じ大きさで並んでいた。左手には末社の五社がまとめられている。八坂・子安・春日・地神・稲荷の五社だろう。現在は拝殿の手前にあるが、当時は築地塀の中にあった。

左手に上ったところに舟玉神社があった。詳細は不明だが、江戸時代の地誌「名所西宮案内者」には境内の摂社・末社として、春日・子安・稲荷・松尾・地神・祇園に加えて時殿船玉社を挙げているから、斎殿（時殿）社かもしれない。この斎殿は、神功皇后の命でこの地に廣田神社を祀ったという伝説の葉山媛命を祀ったもので、数多い摂社の中でも特別な位置を占めていた。しかしこの社殿も昭和二十（一九四五）年、空襲で全焼した。拝殿は昭和三十一（一九五六）年伊勢神宮荒祭宮旧社殿の譲与を受け復興。本殿は昭和五十九年に竣功した。斎殿神社は明治四十四年末社松尾神社に合祀されていたが、本殿復興に際し一宇を設けた。

甲山へ向かう大師道 弁天社では「富くじ」も

西宮市甲山町

「摂津名所図会」は、神功皇后が朝鮮出兵に際して国家平安を祈って金の兜六つと武器を納めたので武庫と呼ばれるようになったという地名伝承から筆を起こしている。この地名伝承は今井貞世がこの地を旅した紀行文「道行きぶり」にも「そのあたりの人に尋侍れば」として紹介しているから、一四世紀には地元で伝承されていることが分かる。ただやはり山が兜の形をしていたことが由来とされる。それは「摂津名所図会」の挿画そのものが如実に物語る。

寺の起源について「摂津名所図会」は、文武仏教書「元亨釈書」などを参考に、弁財天を天皇の時代の役小角が修行して弁財天を祀ったのに始まり、淳和天皇の后が天長五（八二八）年に入山、天長八年に出家して如意尼となり空海を招いて寺を建立、淳和天皇から田畑の寄進を受けて繁栄したと紹介する。源平の戦いで荒廃、源頼朝の命により再興したが、天正七（一五七九）年の荒木村重の乱で再び焼失した。

江戸時代になると山を下り、神呪寺

村で細々と本尊を守り、『甲山神呪寺史』（一九六一年）によれば、寛永六（一六二九）年に本堂、貞享年間（一六八四～八八）に不動堂を村内に再建した。元禄九（一六九六）年五四代住持寛隆が江戸で本尊や縁起などの出開帳を行い、将軍綱吉の母桂昌院によって奉賀金が下賜され、享保四（一七一九）年までに神呪寺村内で諸堂が完成したが、寛保元（一七四一）年に甲山の東にある仏性原に移転した。しかしこの地は水の便などが悪く、寛延二（一七四九）年に現在の地に移転することを願い出て認められ、宝暦五（一七五五）年に移転が完了した。

神呪寺は空海への信仰から「甲山大師」と通称され、寺に参る道を大師道と呼んだ。「摂津名所図会」は、右下に大師道を歩く参拝者の姿を描く。大師道は直角に右手に曲がって石段が始まっている。仁王門は、文化元（一八〇四）年に建立されたといい、描かれていない。ただ基壇と門礎は先代の蓬眼和尚の築造で、石垣だけは描かれている。現在は仁王門をくぐると、鷲林寺へ向かうバス道が参道を分断して通っているが、「摂津名所図会」には小山が描かれている。階段を上ると今は鐘楼が石段の右手先端にあるが、これもまだない。

「摂津名所図会」に描かれている堂と祀っている仏像は、向かって左から本堂（本尊如意輪観世音）、観音堂（中尊

図1

聖観音）、大師堂（弘法大師像）、護摩堂（不動明王）の順番で並んでいる（図1）。しかし現在は、左から大師堂（弘法大師坐像）、本堂（如意輪観音坐像、国指定重要文化財）、不動堂（不動明王坐像）、観音堂（納骨堂、聖観音立像）の順になっている。「摂津名所図会」では護摩堂に不動明王を安置しているので、護摩堂とは現在の不動堂を指しているのは間違いない。現在の本堂は天保十一（一八四〇）年再建とされるので、ここに描かれているのはそれ以前の本堂であり、再建にあたって並び変わったのかもしれない。なお本堂の如意輪観音坐像は、一〇世紀末から一一世紀初めころの作品で、河内の観心寺・大和の室生寺の観音とともに日本三如意輪といわれている。

「摂津名所図会」では左手に荒神祠、さらに階段を上った背後に弁天、ちん守、舟玉が描かれている。本文では鎮守に「弁財天女を安ず、役行者の作、毎月七日に開扉あり、又毎歳正月七日の夜には福富の法会あり、箕面の富の如し」「山頭祠　熊野・白山・蔵王・住吉・広田・諏訪・八幡の七座を祭る」とあって、挿絵と一致しない。

弁財天の説明で、毎年正月に開扉され、箕面のような富くじの法会があるというのが興味深い。神呪寺には富講会があって元日から一週間弁財天の供養を行って正月七日に札くじを行った。富くじは幕府の統制が厳しく禁止されたところも多かったが、神呪寺では継続され、宝暦四年から七年間は年三回の開催が認められた。再三の移転の費用と伽藍整備の費用を賄うためだった。現在、弁財天は場所が移され、本堂の下、池の中に祀られている。そして「摂津名所図会」が鎮守と舟玉神社を描いている付近には、龍王を祀った白鬚大明神、その左手に甲山稲荷大明神がある。

続けて「摂津名所図会」は九想滝《くそうのたき》、大井滝、広田神影向石《ようごうせき》、白竜石、弁財天影向石、荒神石、乾滝、鳴滝の名称や所在地を紹介しているが詳しい由緒は割愛している。このうち九想滝は「本堂より巽《たつみ》三町にあり」とだけしか書いていないが、修行の滝として使われ、現在でも滝の裏の岩には不動尊が刻まれ、滝上の岩間の洞窟には龍王などが祀られている。手前には石の鳥居や、役小角《えんのおづぬ》以来、修行の場となったことなどの由緒の説明板も設けられている。

第4章　神戸の社寺

37

本住吉神社

西国街道の北に鎮座
境内に「さざれ石」

神戸市東灘区住吉宮町7

本住吉神社は浜辺まで続く長い参道の奥にある。この浜辺を「御崎浜」と呼び、現在は国道2号に面した鳥居から九〇〇メートルほど南の浜をさしていた。浜辺には「酒造多し」と書かれ、酒蔵が並んでいた。浜辺には瓦葺き、厨子二階建ての町並みが東西に広がり人通りも多かった。少し北側に参道と直交する松並木のある道が浜街道だが、街道に家はなく御崎浜の方が通行人が多く描かれている。酒造を支えたのがその山側にある車屋、すなわち水車である。規模が大きくまさに工場と呼ぶのがふさわしい。

参道を北に歩むと西国街道の北に本住吉神社がある。「日本書紀」に難波に向かう神功皇后の船

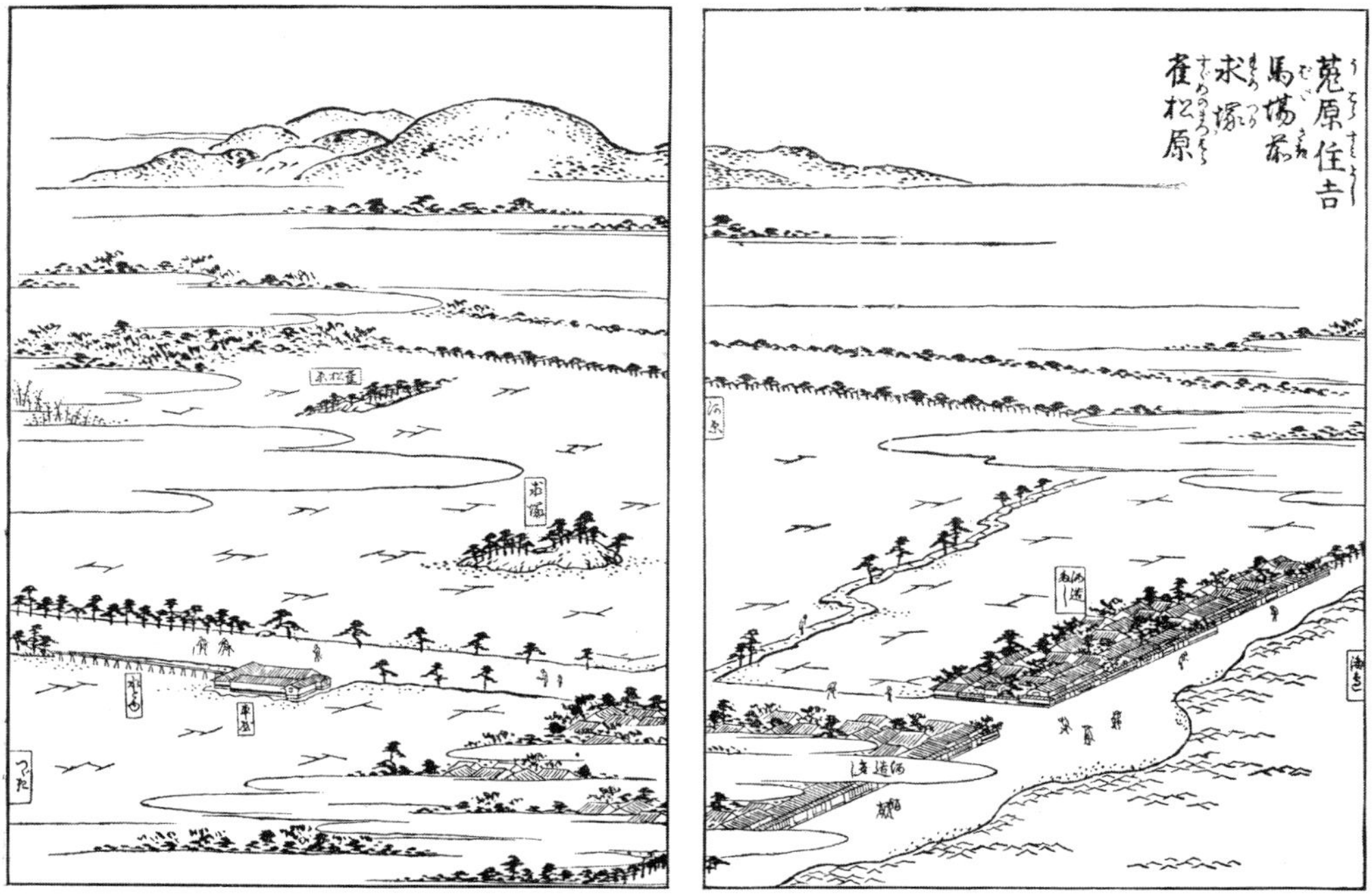

図1

が進まなくなったため務古《むこ》の水門で占い、天照大神を広田に、稚日女尊《わかひるめのみこと》を活田長峡《いくたながお》に、事代主尊《ことしろぬしのみこと》を長田国に、そして底筒男命・中筒男命・表筒男命の三神を大津渟名倉之長峡に祀ったという。これが広田・生田・長田・住吉の各神社だとする。

鳥居をくぐれば左手にさざれ石（図1）。表面はくぼんでいるのに雨水がたまらず、毎年旧暦六月の土用になると自然と水をたたえるという不思議な石であると「摂津名所図会」は解説する。

さらに進むと拝殿、その後ろに小さめの社が四社ある。底筒男命・中筒男命・表筒男命・神功皇后の四座である。ただ「摂津名所図会」「播州名所巡覧図絵」ともに、天照大神・八幡宮・神功皇后と三筒男命（住吉）の四社とする。この食い違いはなぜ起きたのか、よくわからない。

本住吉神社は尼崎藩主から深く信仰され初代戸田氏鉄が元和六（一六二〇）年八月に

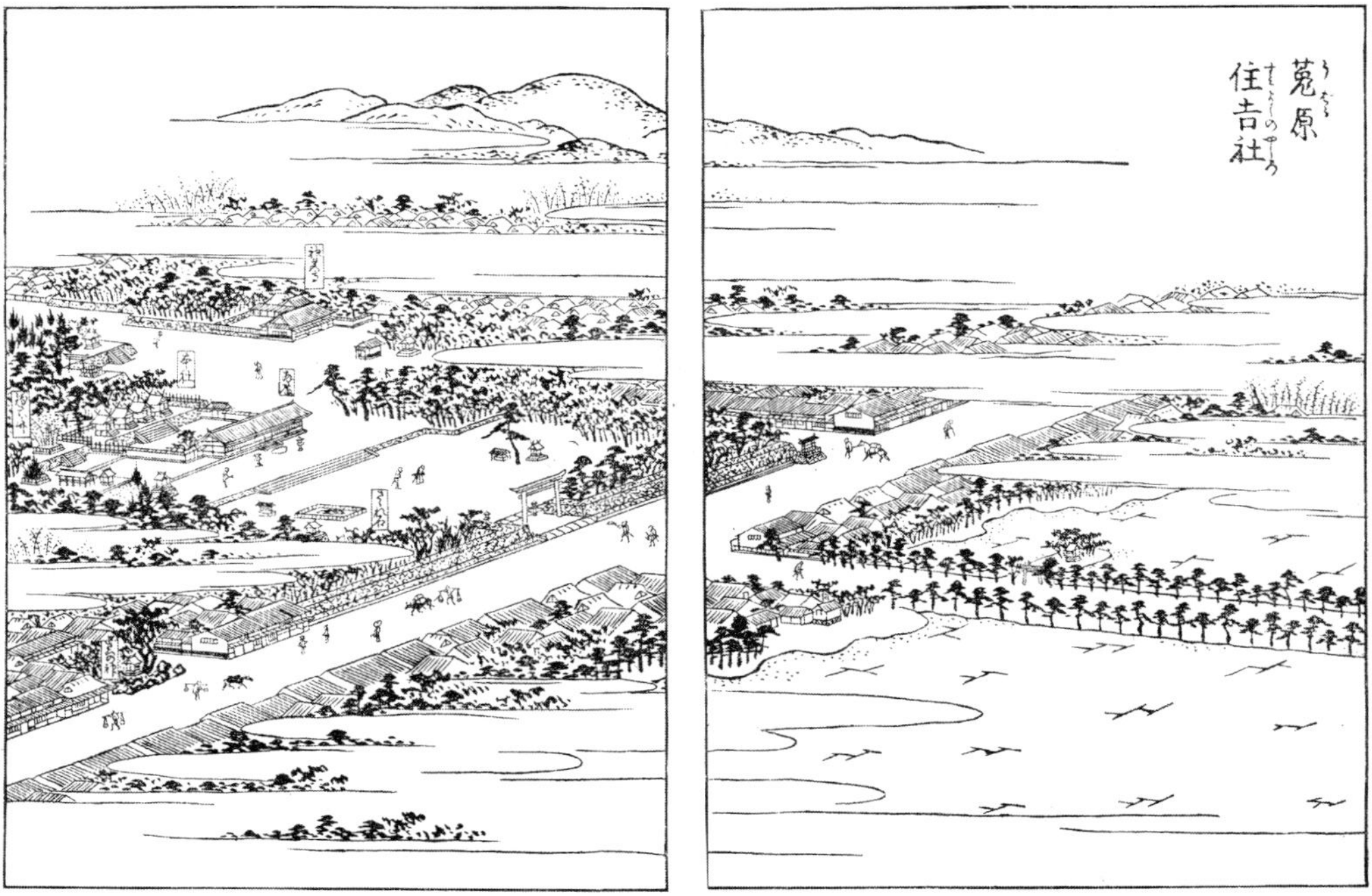

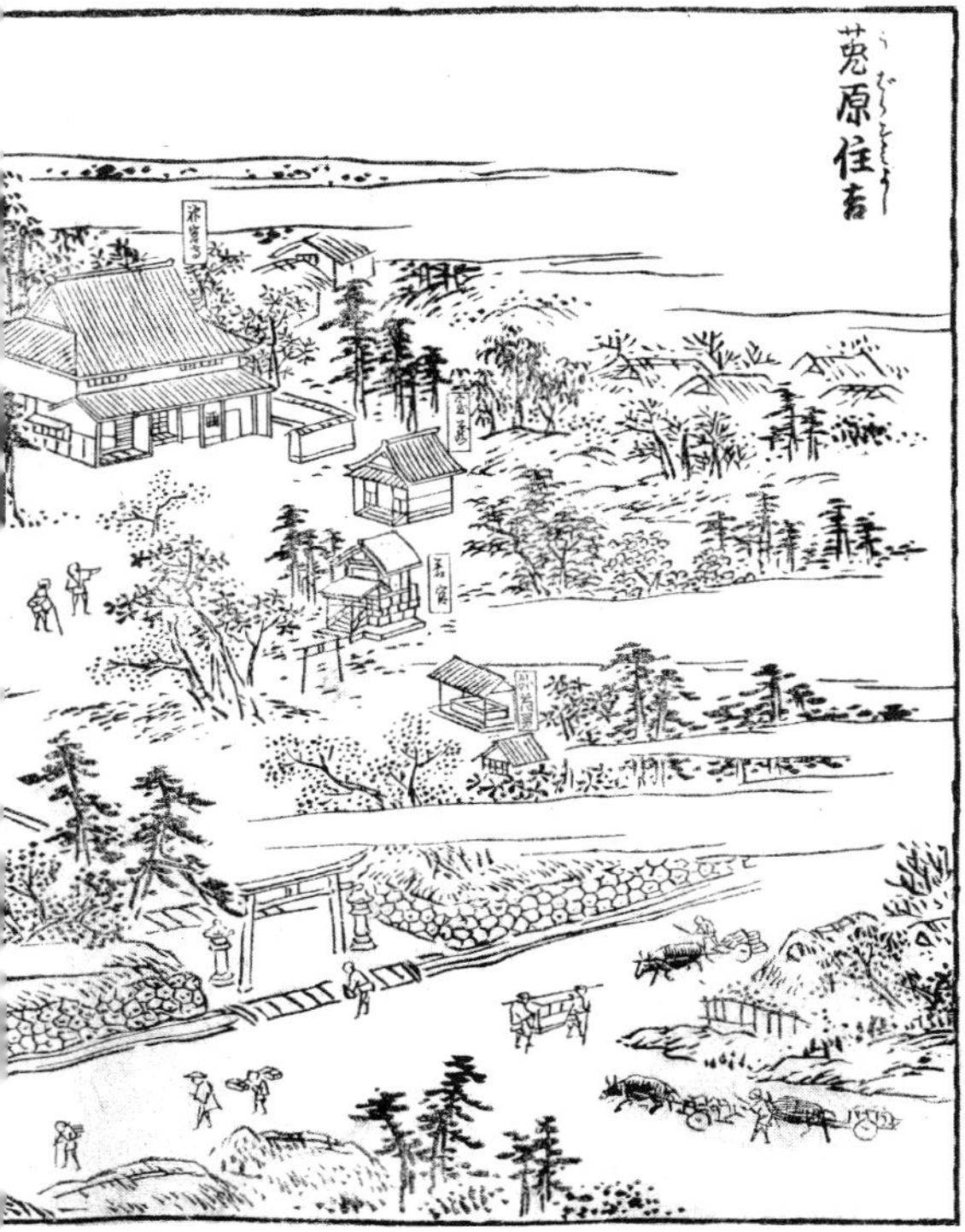

社領として田地六反を寄進したのを先例に、尼崎藩主は代々田地六反を社領として安堵してきた。山路荘七カ村（野寄・岡本・田中・西青木・魚崎・横屋・住吉の各村）の惣氏神だったが、魚崎は明治四十一（一九〇八）年～同四十二年ごろ、横屋は昭和十九（一九四四）年、田中は昭和三十一（一九五六）年にそれぞれ別の神社を氏神とするようになった。

境内の摂社・末社については、「播州名所巡覧図絵」の方が詳しく記述している。すなわち、鳥居の左手に内筒男、本社の西に大海神・仮殿、本社の後ろに厄神、鳥居の右手に外筒男、若宮・宝蔵、そして本社の東に神宮寺がある。

神宮寺は、「摂津名所図会」によればもともと神社の五五〇メートルほど北東に「神宮寺旧跡」があり、当時は石仏一体だけがあると記載されている。元禄十五（一七〇二）年の縁起に「本社ヨリ艮ノ方ニ直テ旧地アリ、神明寺ト名付ク、観音ノ像ヲ安置ス、相伝フ、是当社ノ神宮寺草創ノ古跡也ト」とあって、かつては神明寺と呼ばれ観音を祀っていた。その付近には古寺、観音林などの地名が残っていて、古寺は公園の名前として、観音林もマンションの名前などとして生き続けている。神明寺は慈明寺とも伝えられ、永正元（一五〇四）年には「慈明寺流れ」と呼ばれた大洪水で流され、天文年間に観音堂が再建されたが、天文十四（一五四五）年の大洪水で再度流され、境内に移されたという。元禄五（一六九二）年に尼崎藩に提出

した「住吉村寺社帳」には藁葺きとなっているが、天明七（一七八七）年の風雨で倒壊し寛政元（一七八九）年から再建、「前半間の庇付、後に壱間之下屋付、屋根瓦葺」とある。「摂津名所図会」「播州名所巡覧図絵」とも瓦葺きで描かれ庇もついている。「播州名所巡覧図絵」の方が、庇付近をより丁寧に描いている。

神宮寺の北付近の描写は「摂津名所図会」と「播州名所巡覧図絵」に違いがある。「播州名所巡覧図絵」では、神社の北は石積みの塀となっていて門がある。「摂津名所図会」はそのまま集落につながっているように見えるが、この点も「播州名所巡覧図絵」の方が正確だろう。

一方街道に目を移すと、「摂津名所図会」には神社東南に高札場、また神社南西には賽ノ神（図1）が描かれているが、「播州名所巡覧図絵」にはともに省かれている。町並みも、「摂津名所図会」の方がよりしっかりとした家並みを描き、特に神社東側の家は町屋を象徴する厨子二階建ての家が描かれている。ほかの家も大半が瓦葺きでその中に少し茅葺きが混じっている景観として描いている。

後述するが「播州名所巡覧図絵」は長田神社の参道についても、「摂津名所図会」に比べ鄙びた景観として描いている。「播州名所巡覧図絵」の挿画を描いた絵師は大坂の中江一派で、大坂市中と西摂津の村々との違いに重点を置いて描いたのだろう。ただ高札場や塞ノ神は「播州名所巡覧図絵」は省いており、正確性は「摂津名所図会」に軍配を上げていいだろう。

38 天上寺

再三の焼失にも復興に向けた熱意

神戸市灘区摩耶山町2

「摂津名所図会」は、摩耶山への登山道を、上野村（神戸市灘区城下通）からの道を正規のルートとし、四ページ連続で描いている。

山道をたどって仁王門にたどり着く。元禄五（一六九二）年の「佛母摩耶山忉利天上寺覚書」によれば慶長五（一六〇〇）年の建立である。天上寺は昭和五十一（一九七六）年の火災で焼失し、この北へ一キロほど離れた場所で再建されたが、仁王門は当時の位置にそのまま立っている。江戸時代を通じて残った門だが、なぜか「摂津名所図会」には「山頭に至れば二王門あり」と書きながら、仁王門が描かれていない。これに対し、一八世紀半ばに活躍した村上荘七郎の作による「摂州仏母

摩耶山忉利天上寺遠見之図」（兵庫県立歴史博物館蔵）には仁王門やその手前の「下乗」と彫られた石碑があり、これらがきちんと描かれている。「摂津名所図会」には「近年火災に罹って諸堂・仏院・二王門・石階等全からず、今重修の砌《みぎり》なり」と書いて、仁王門があるのか、ないのか混乱したのだろうか。いずれにしても正確な「摂津名所図会」の数少ない描写漏れである。

仁王門を過ぎるといよいよ急な階段である。「摂津名所図会」には「内外の石階七段、都《すべ》て百九拾八階なり」とある。この急階段は有名で、絵葉書にもよく取り上げられた。塔頭は山中や周辺の村々にあったものを含めると、最盛期には三〇〇に達したが、江戸時代は普門院・本光院・慈眼院・福生院・王蔵院・大乗院・蓮花院・明王院の八つとなった。ただ普門院・慈眼院は江戸時代半ばには無住となったようで、以降六院となり、さらに明治五（一八七二）年の「明細帳」では、明王院は無住、福生院・本光院は明治三年に焼失し、明治十三年には明王院が岡本（東灘区）に移り、大乗院・蓮花院・

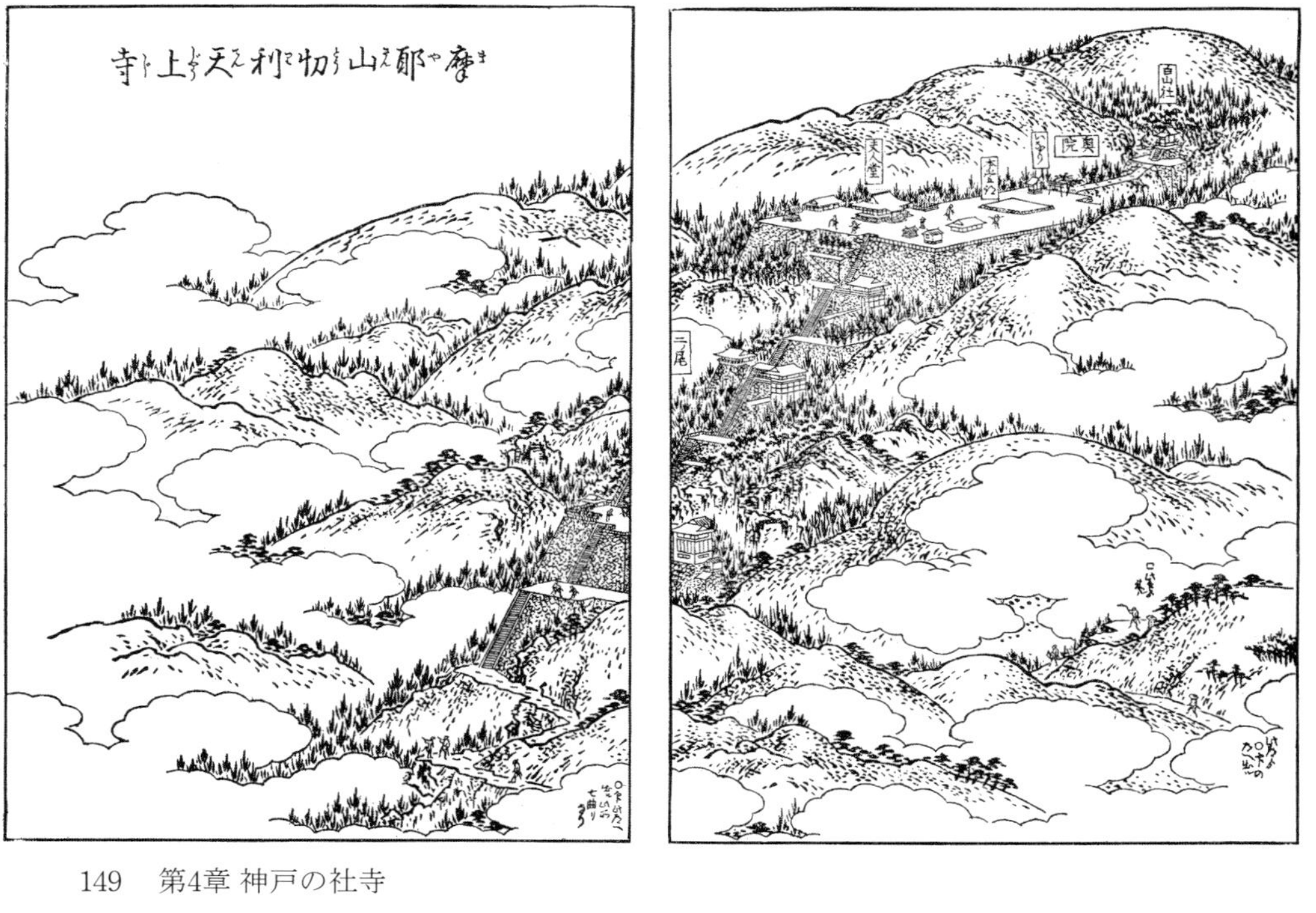

王蔵院の三院にまで減った。
さて急な階段を登り切ると、「摂津名所図会」は、左手に摩耶夫人堂、開山堂、観音堂が主な建物として描かれている。摩耶夫人堂は、釈迦の母、摩耶夫人をかたどった像を奉じた日本で唯一の寺だった。夫人堂の右には開山堂があり、開基の法道仙人、弘法大師を祀る。明治時代の記録によれば宝暦五（一七五五）年に再建された堂で、祖師堂、大師堂とも呼ばれた。夫人堂の左に観音堂があり、「摂津名所図会」には「毎年二月初午日法会として遠近こゝに群参す」と初午祭の賑わいぶりを書く。

本堂には建物がなく土台だけで「摂津名所図会」では「本堂跡」となっている。天明二（一七八二）年に大火があり、「摂津名所図会」は再建途中であることを強調する。これに対し、「摂州仏母摩耶山忉利天上寺遠見之図」（兵庫県立歴史博物館蔵）には多宝塔や本堂が見える。多宝塔の建立は天保二（一八三一）年であり、その後に描かれたことが判明する。この多宝塔は摩耶山の名物で、多くの絵葉書に取り上げられたが、残念ながら昭和五十一年の火災で全焼した。本堂跡の後ろには稲荷社、奥の院、白山社がある。奥の院は上の権現とも呼ばれ、弘法大師を祀った大師堂があった。「摂津名所図会」によれば「五町許《ばかり》奥にあり、此の所は女人結界所とす」とあって、女性は立ち入りできなかった。稲荷社は観音堂の側にあった。白山社は熊野権現、愛宕社を合祀し「当山の鎮守なり」と補足説明をしているが、「摂州仏母摩耶山忉利天上寺遠見之図」には「鎮守堂」と明記している。

再三の火災に遭いながらも復興が進んでいることがうかがえる。これほどの山中に寺院を築き続けた当時の人々の熱意には脱帽するしかない。そして、そのつど伽藍図などは書き換えられていったのだろう。復興を遂げて参詣客を集めようとする思いが伝わってくる。

「摂州仏母摩耶山忉利天上寺遠見之図」

滝勝寺と熊内八幡神社

役行者が開基 盛衰を経て現在地に

神戸市中央区熊内町2・9

享保四（一七一九）年の「福原庄六ヶ村生田村山論絵図」（神戸市立博物館所蔵）に熊内村のすぐ北に立派な社が描かれ、神社の西を通って北上すると山側に寺院、その東の道をさらに北上すると山中にもう一つの寺院が描かれている。この二つの寺院はなんだろうか。今、この付近にいくつか寺院があるが、明治になってできたものであり、該当がない。この絵図は、現在のフラワーロード以西の福原庄と呼ばれた村々と生田村とが山争いをした際に描かれたもので、裁判の証拠とするために正確に測量をして描かれたものである。

この絵図の寺のこの配置が「摂津名所図会」に描かれた景観と一致する。「摂津名所図会」には、熊内村（神戸市中央区）の集落の北側に鎮守が二つ並び、その北側に「瀧寺」、さらに山道をたどると「観音寺」「行者」と書かれた寺院が描かれている。瀧寺は滝勝寺が正式名で、「摂津名所図会」には「熊内村にあり、布曳山と号す、真言宗、開基、役行者」「本尊馬頭観音、役行者の作、長一尺三寸、初め閻浮檀金《えんぶだごん》、長一寸三分の像、布曳滝より出現し給ふ、役行者これを感得し給ひ、胸中に籠められ、いまの本尊をつくりたまふ」「大師堂　弘法大師の像を安置す」とあり、馬頭観音を本尊とし太子堂があると記載する。慶長十（一六〇五）年に江戸幕府が作成した「慶長国絵図」には「滝上寺五十五石八斗」と、独立した村扱いになっていてその存在の大きさがしのばれる。

明治四十四（一九一一）年発行の『西摂大観』によれば、滝勝寺は文武天皇二年（六九八）に役行者が開基

「福原庄六ヶ村生田村山論絵図」（部分）
Photo : Kobe City Museum/DNPartcom

したもので、最盛期は三六の支院があった。寺域は熊内八幡神社北側の字東山、観音山、苧川谷を挟んで西側の徳光院や布引の滝などに及び、葺合町の地名の教ノ尾、寺ヶ谷、口円光坊、奥円光坊などはその名残だとされる。生田神社とも関係が深く、寛文三（一六六三）年の「和田崎御幸式」によれば祭礼に瀧寺の僧が馬に乗って和田岬までの渡御の列に加わっている。明治三十九（一九〇六年）年川崎造船所（現川崎重工業）の創始者川崎正蔵が創建した徳光院があるが、この地もかつての滝勝寺の一角だといわれている。

滝勝寺は天正七（一五七九）年に荒木村重の乱で焼失したが、延宝年間（一六七三〜八一）に畑原村（神戸市灘区）の空観上人が復興したという。「摂津名所図会」の挿画は江戸時代後期の伽藍の様子を描いた貴重な描写である。北側の「観音堂」「行者」については記録が見当たらないが、滝勝寺の開基が役行者とされ、本尊が馬頭観音だから、滝勝寺の一部であるのは間違いないだろう。

しかしようやく復興した滝勝寺も『西摂大観』によれば、明治二十二（一八八九）年火災に遭って「堂塔全く烏有に帰し、今はただ元の境内地僅かに存し、俗人の住宅に均しきもの一宇あり、ようよう其名を存続するに止まれば、固より宝物

とては更になく、由緒ある本尊も今は何人かの手に帰せしよし、番人のありて其旧時を語り再興を企てんとせりといふ」とあって衰微してしまった。大正九（一九二〇）年に熊内町二丁目に移り、昭和二十（一九四五）年の空襲で再び焼失、その後復興した。

このように滝勝寺は盛衰を繰り返し、現在は移転したため、「摂津名所図会」の描く風景が正しいのかどうか、これまで論じたものは寡聞にして知らない。

その一方で、「摂津名所図会」や「福原庄六ヶ村生田村山論絵図」には二つの鎮守の位置が違っていることにも注意したい。熊内村には、熊内八幡神社とは別に生田神社と関係の深い権現があり、明治時代には十六社と呼ばれた。生田神社の裔神が一宮から八宮まであり、十六社は祈年祭の祝詞に登場する八神を合わせた一六神を祀ったもので、「福原庄六ヶ村生田村山論絵図」の右端に小さく描かれたものがそれである。「摂津名所図会」が描く二つの鎮守が熊内八幡神社と権現とするなら、距離的にはかなり違う。また観音堂への参詣道も熊内八幡神社の西を通っているから、この点も現在の位置関係と異なっている。その一方で、山を西に越えたところに苧川があり、布引の滝への滝道の位置は「福原庄六ヶ村生田村山論絵図」とほぼ同じで、この点は正確に描いているといえよう。

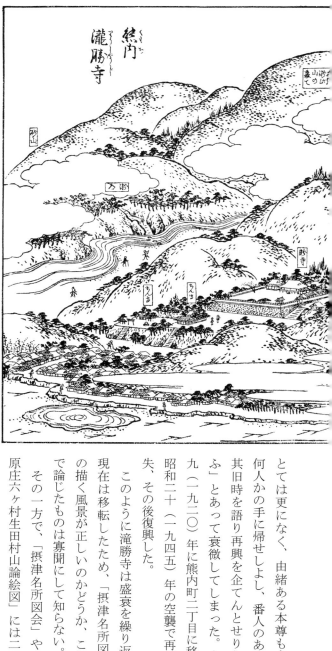

40

大龍寺と多々部城

寺院名、山名に弘法大師のゆかり

神戸市中央区神戸港地方再度山

大龍寺は再度山の南山麓にあり、「摂津名所図会」には、神護景雲二（七六八）年和気清麻呂が老僧の夢を見て如意輪観音を得たためこの地に寺を建てたのが始まりと伝える。本尊の如意輪観音は様式から奈良時代の作とみられ神戸市内最古の仏像である。高さは約一・八メートル、蓮花座までを含めた一木造で国の重要文化財に指定されている。「宇治野村上方十八町にあり、坂路壱丁毎に標石を建る」とある。現在も町石が残っている。

大龍寺は弘法大師ゆかりの寺として有名で、「摂津名所図会」には、「延暦甲申の年、弘法大師入唐の時、初めて登山し本尊に救法を願ひ、其後大同年中意願満足して帰朝ありて再び登山ありし故に再度山の号あり」と再度山の地名由来を記している。また「大師錫をこゝに駐《とどめ》て密法を修し浄水を求めんと欲するに、甘泉忽然として涌出す、今の加持水これ也、又窟中に弥陀・弥勒・文殊・普賢・不動等の梵字を刻す」という伝説を紹介する。

図1

「摂津名所図会」と「播州名所巡覧図絵」はともに挿画として大龍寺を取り上げ、山間部の境内の様子を詳しく記している。現在は再度山ドライブウェイを進むと、真っ赤な山門が迎えてくれるが、「摂津名所図会」と「播州名所巡覧図絵」の描く江戸時代後半の大龍寺はいささか様子が違う。

現在は山門に続き急な階段の途中に仁王門、その坂を上った本堂の前に鐘楼、本堂の左手に毘沙門堂がある。ところが「摂津名所図会」と「播州名所巡覧図絵」には山門・仁王門・毘沙門堂がいずれも描かれていない。また現在の境内は、本堂のすぐ右手は不動堂になっており、境内は様変わりしている。

「摂津名所図会」と「播州名所巡覧図絵」の描く景観は極めてよく似ている。下から向かうとまず右手に地蔵、さらに進むと現在山門のある付近に「下馬」の石碑（図1）があり、緩やかな坂を上ると現在の仁王門の付近に石柱がある。そこから急な階段を登り詰め、踊り場を過ぎて再び階段を登って広場に出て、さらに階段を登ったところに本堂がある。境内を見ると、本堂の右手に役行者と弁財天を祀った行者堂、その右手に石像不動尊を安置した不動堂がある。また左手には窟屋の中に稲荷神社がある。この稲荷神社への道は現在は仁王門を過ぎてすぐ左手にあり、赤鳥居が続いているが、「摂津名所図会」と「播州名所巡覧図絵」には稲荷道はなく、本堂の左手に鳥居が一つ描かれているだけである。

その一方で、両者は不動堂の位置が異なっている。鎮守へ行く階段の下にあるという点では共通しているものの、「播州名所巡覧図絵」では不動堂は境内の端にあるが、「摂津名所図会」では行者堂の後ろの奥まった場所にある。両者はこれほど内容が似通っていて、しかも違いがあるのは、ともに現地でスケッチをして描いているのだろう。

「摂津名所図会」は、弘法大師伝承をきちんと描いている点でも注目される。本堂の左手の山腹には「清水」、その間の山道を登ると、子安地蔵を経て奥の院（図2）にたどり着く。奥の院には弘法大師像を祀る大師堂、その右手には梵字石（図2）がある。「播州名所巡覧図絵」はというと、清水や梵字石の描写がなく、その点でも「摂津名所図会」の方が写実性に優れているといえるだろう。

一方で、再度山に「蛇谷」（図3）という通称名があるが、その場所については「播州名所巡覧図絵」だけが左面の下に記載している。蛇谷について、「摂津名所図会」は、弘法大師が唐への船旅で強風のため船が転覆しそうになった際に、竜神

図2

図3

が大蛇となって現われ空海を救ったという伝説を掲載し、再度山に登った時にも大蛇が現れたとしながら挿画には記載がない。もっとも蛇谷という地名自体はそれほど珍しい地名ではない。

大龍寺はこれほどの山中にありながら再三戦火に見舞われた。麓から五五〇メートルに「小屋場」と呼ばれた場所があり赤松氏が籠城したときの陣営があるという。鎌倉時代から南北朝時代に赤松氏が再度山に多々部城（再度城）を築き、丹生庄（神戸市北区山田）の南朝勢力に対抗した。観応二（一三五一）年、播磨守護だった赤松円心は善妙上人を山主として中興したが、その後も戦乱で再び荒廃したという。江戸時代になって、寛文年間（一六六一～七三）に唐招提寺の実祐上人とその弟子の賢正上人が遺志を継いで現在の規模のものを復興したと記載する。

明治は廃仏毀釈によって、廃寺となる運命にあったが時の住職井上徳順和尚が尽力、東寺真言宗の寺院として残った。古い伝統を持ちながら存続に並々ならぬ努力がつぎ込まれてきたのである。

41

生田神社

江戸時代の三宮界隈 続く桜並木の参道

神戸市中央区下山手通1

松並木と一面の砂浜に灯籠と鳥居が立ち、そこから桜馬場の参道が八丁ばかり続いて境内にたどりつく。海に面した灯籠には火がともされ夜間に航行する船の目印になった。両側は田畑が広がるのどかな風景だ。今は旧居留地となって、ビル街に変貌している。

途中、東から合流する松並木の道が西国街道で、鍵型に曲がって南下、再び鍵型に曲がって三宮神社の南を通って西に向かう。今は三宮センター街としてにぎわう屈指の商店街だ。西国街道と参道が交わるあたりには高札があり、ここから境内に向かって石灯籠が三二基並ぶ。近隣二四ヵ村の産土神としてだけでなく、海上安全の神として諸国

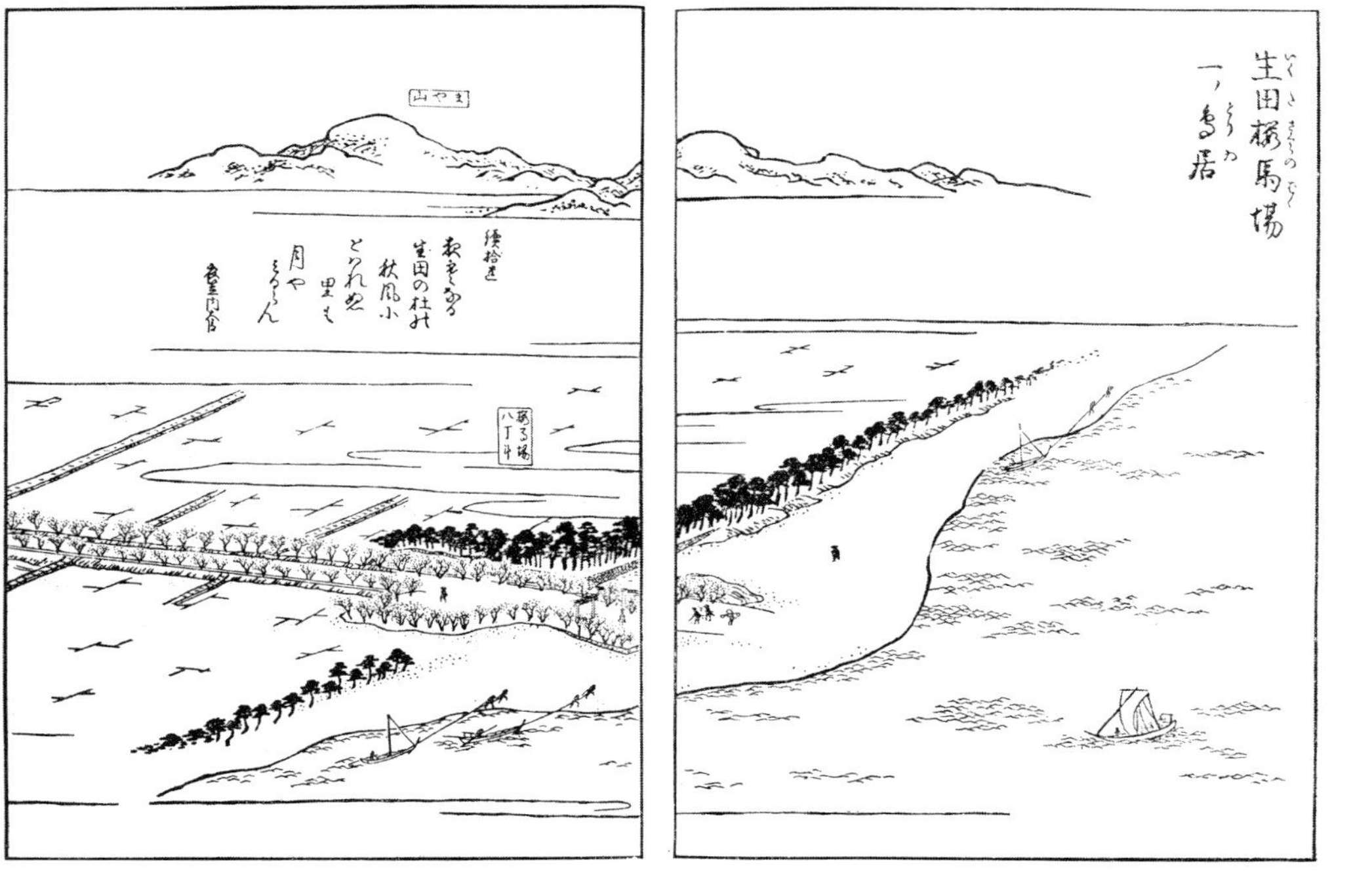

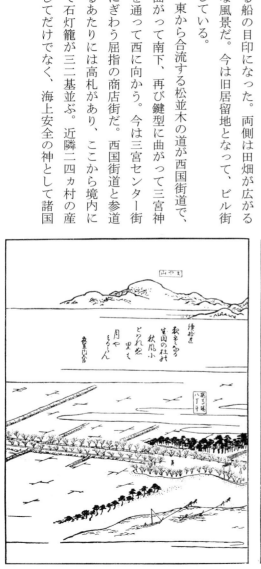

の船乗りたちからも厚く信仰された証である。三宮神社の左手、田んぼの中に見えるのは源氏方の武将で先陣を務めたが討ち死にした河原太郎高直、次郎盛直の塚だと書かれている。三宮神社からは少し離れた田んぼの中に描かれている。明治の初年まで現地にあったが、市街地の発展に伴い城ケ口墓地に移され、三宮町三丁目の民家の軒下に「従是河原兄弟塚道」という石碑が残っていたという。現在は三宮神社の山側に祠が設けられている。

参道の鳥居を二つくぐり、緩やかな坂を上り、太鼓橋で川を渡ると門にたどり着く。今は門はない。境内に入ると右手には、源平の合戦で源氏方の武将、梶原景季が水を汲んで生田の神に武運を祈ったという伝承のある梶原井。左手には箙梅《えびらのうめ》。箙は矢を入れて背負う武具で梶原景季が箙に梅をさして奮戦したという逸話が「源平盛衰記」にあり、謡曲「箙」にも取り上げられた。その西には絵馬堂がある。

階段を昇れば正面に拝殿。その奥に本社と脇に

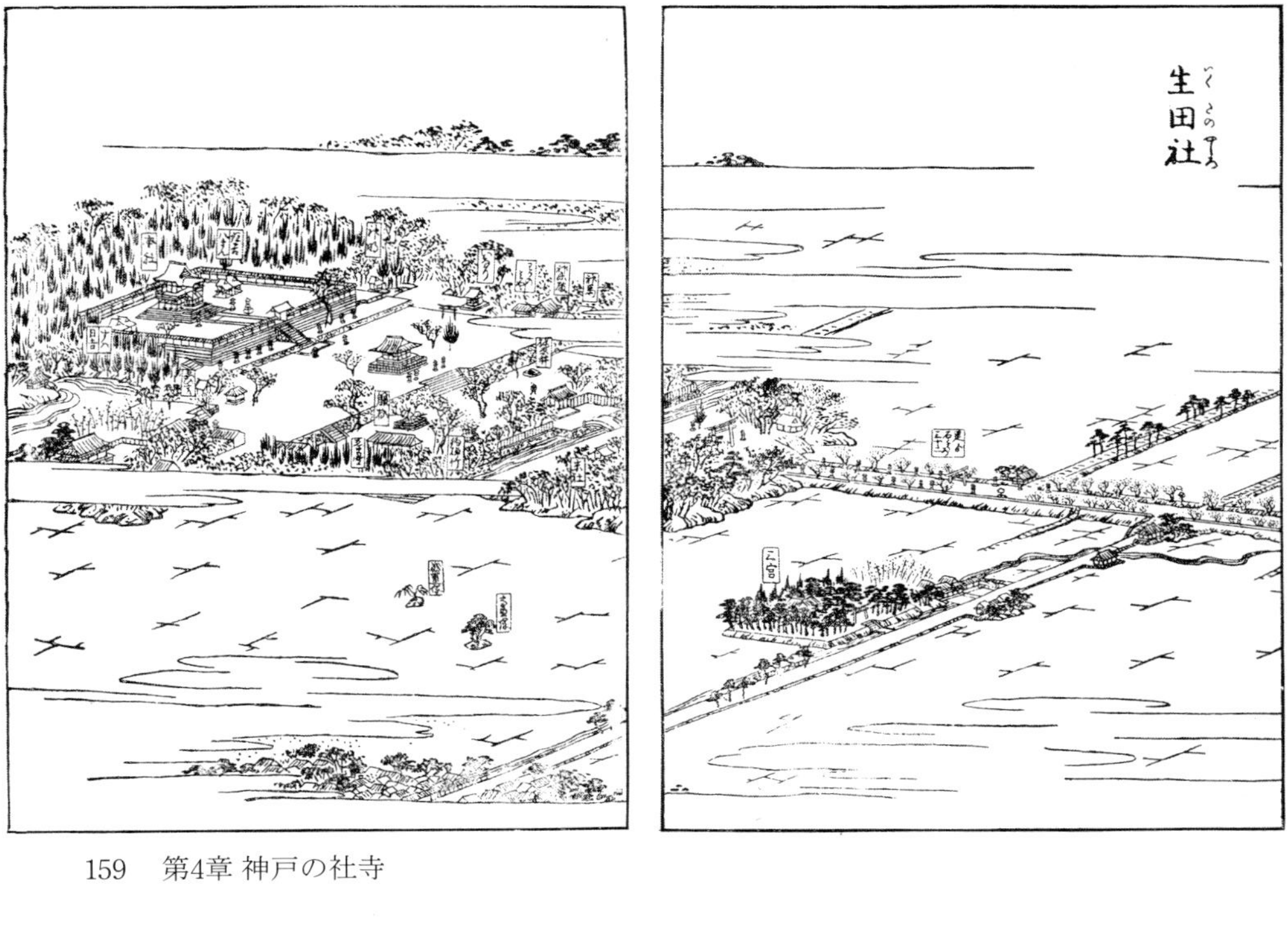

住吉・八幡・諏訪・日吉の四社が並ぶ。これは今も変わらない。本社の右手には神明、稲荷、和歌宮、神楽殿、神馬が配置されている。今の稲荷神社は本社の奥にあり、当時とは少し場所が変わっている。

「日本書紀」によれば、神功皇后が朝鮮半島に出兵した帰り、武庫の水門で船が進まなくなり、長田・住吉・廣田に加え活田長峡《いくたながお》に稚日女尊《わかひるめのみこと》を祀ったのが生田神社といい伝える。もとは生田川の上流、砂山《いさごやま》にあり、昔は神輿が兵庫津の和田岬まで渡ったと記載する。今は四月の例祭に兵庫まで御渡り行列があるが、当時は途絶えていたことが分かる。当時の祭礼は七月三十日と八月二十日で、八月の祭礼では村長海上氏が烏帽子に白装束姿でお供したという。

境内の様子は「播州名所巡覧図絵」にも描かれている。「摂津名所図会」が参拝者をほとんど描いていないのに対し、「播州名所巡覧図絵」は三〇人ばかりの参拝者を描いている。興味深いのは、本殿の前の二人。一人はひざまずいて拝んでいる。厚い信仰を集めていたこ

図1

とがうかがえる。また傘を被った参拝者が目に付く。巡礼など旅人が多く参拝していることを物語る。刀を差した武家、烏帽子を付け従者を連れた公家らしき参拝者の姿も見え、多彩な参拝者が描かれる。

「播州名所巡覧図絵」は「摂津名所図会」とは逆に南東からの鳥瞰図になっている。このため「摂津名所図会」では「末社」と書かれながらよく見えない戎ノ宮が、「播州名所巡覧図絵」には鳥居のすぐ西側に描かれている。「摂津名所図会」で屋根だけがかろうじて見える絵馬堂は、屋根の下に南側に三面、東側に四面の絵馬が飾られている様子がうかがえる。また本殿の西にある生田池には立派な橋がかけられ池の大きさが偲ばれる（図1）。

図2

また「摂津名所図会」に描かれていないものとして、本殿西側に敦盛萩がはっきりと描かれている（図2）。敦盛萩は源平の戦いで亡くなった平敦盛に実は子供がいて、亡霊の敦盛と再会するという謡曲「生田敦盛」やお伽草紙「小敦盛」の設定に沿ったものである。遺子がいたことは軍書や史書には見えない。後世の文学作品に合わせて名所も作られたのである。

42

築島寺

境内に松王小児の碑 人柱伝説は虚構か

神戸市兵庫区島上町2

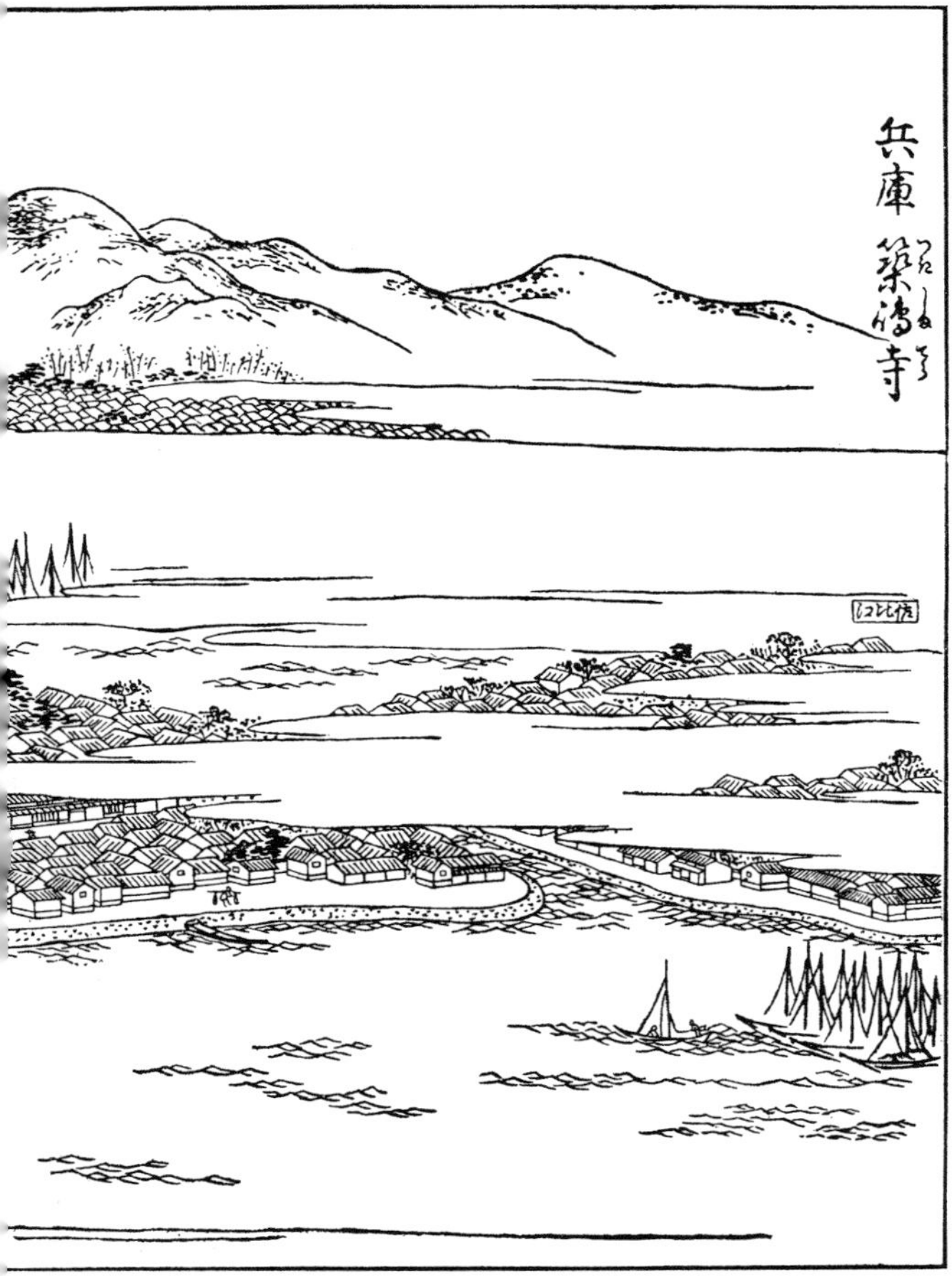

通称築島寺と呼ばれた来迎寺は「摂津名所図会」では、海に浮かぶ島のような場所の先端に描かれ、本堂の左手、内海の船入江側には堂が並ぶ。解説に「観音堂　本堂の西にあり」「鎮守　稲荷祠、上に隣る」「地蔵堂　鎮守に隣る」「松王人柱印石　本堂の前にあり」と説明を加えており、本堂の左手に観音堂・鎮守・地蔵堂の順に並んでいるとする。天明元（一七八一）年の「兵庫築島伝」に掲載されている「経島山来迎寺築島図」（一六四ページ）や文久三（一八六三）年「東海道名所之内　兵庫築嶋寺」、明治三十四（一九〇一）年の若林秀岳『神戸覧古』（神戸市立中央図書館蔵）に収められた「築嶌寺」でも境内の様子はほぼ同様で、「摂津名所図会」の伽藍図はほぼ正確とみていいだろう。

ただ寛政元（一七八九）年の「摂播記」（兵庫県立歴史博物館蔵）には本堂に向かって左に観音堂があるところは同じだが、観音堂の左手の堂は「蛭子イナリ弁天」と書かれ、若干食い違っている。ま

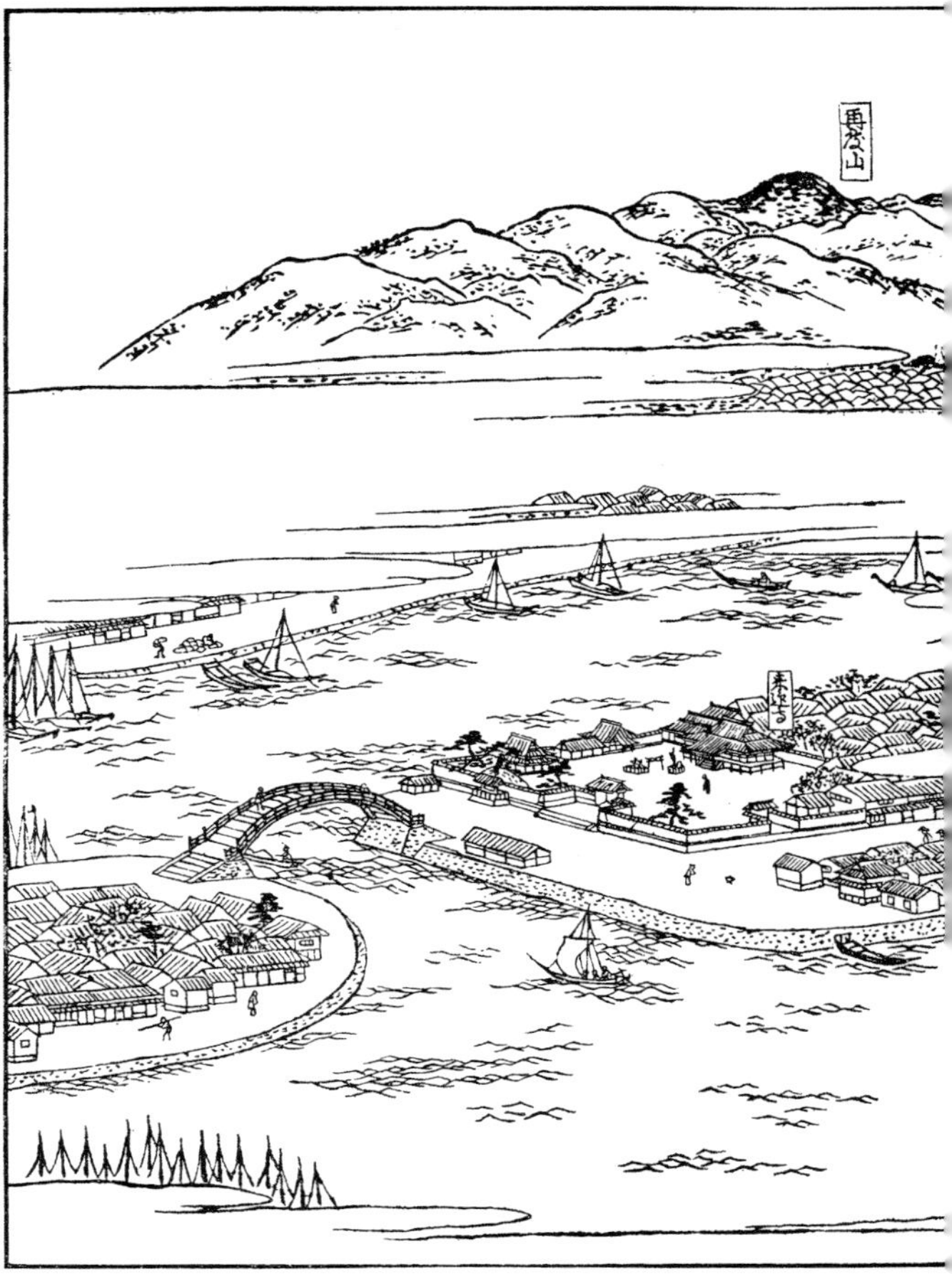

た現在本堂に向かって右手にある松王小児の碑は、「摂津名所図会」や、「松王石墳」と記された「経島山来迎寺築島図」（次ページ）では本堂の正面にあり、現代とは位置や石柱が異なっている。

「摂津名所図会」には、人柱伝説をいかにも事実のように記載する。すなわち平清盛は応保元（一一六一）年二月、五万人を動員して塩打山を崩して海面三〇余町を築き出したが工事は難航。占いの結果、海底に棲む竜神を鎮めるために三〇人の人柱を立てることになり、生田の森で旅人三〇人を虜にしたという。人々の嘆きを聞いて讃岐香川領主太井民部の子、一七歳になる松王小児が進んで身代わりの人柱になったため松王小児の菩提を弔う寺を建てたと記載する。ただ「平家物語に経石を沈めし事ありて松王小児を人柱にしづめし事見へず」と、「平家物語」に人柱の記事がないことを気にかけている。この疑問を受け「播州名所巡覧図絵」では「松王小児の事、慥《たしか》なる書にも見ず、人柱は罪業なりとて、経の功力をかりたる事なれば、松王が事、実事とはいひがたし」とはっきりと事実ではないと断言している。

さて門を出て左手に進むと帆のない舟が止まっている。「摂播記」には、この場所に「毎日魚市場」と書かれ

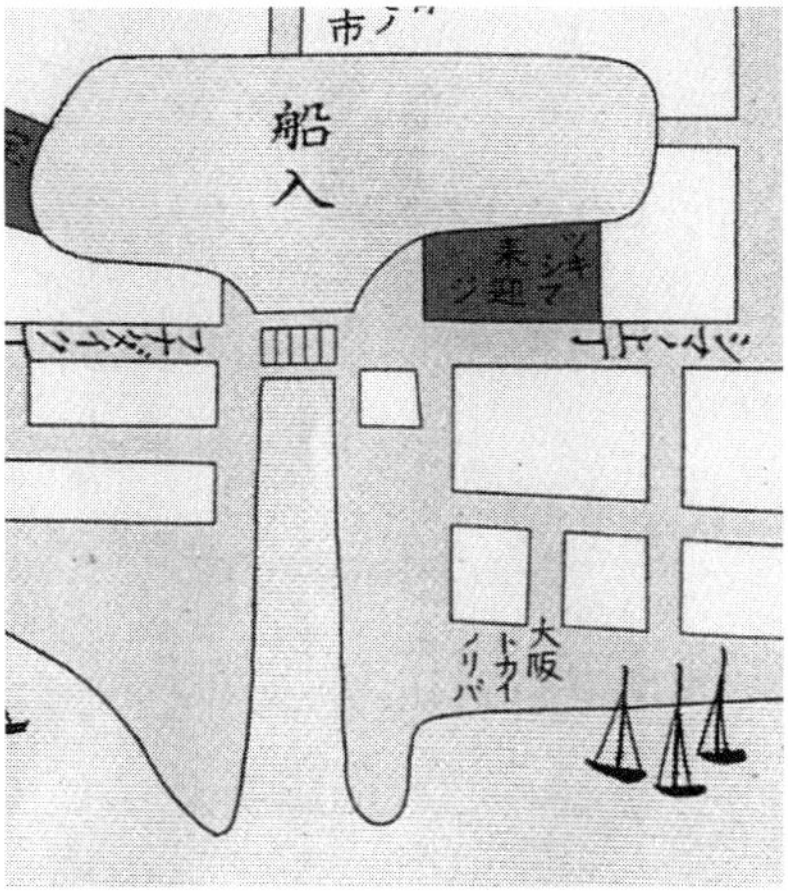

「兵庫津細見全図」（部分）

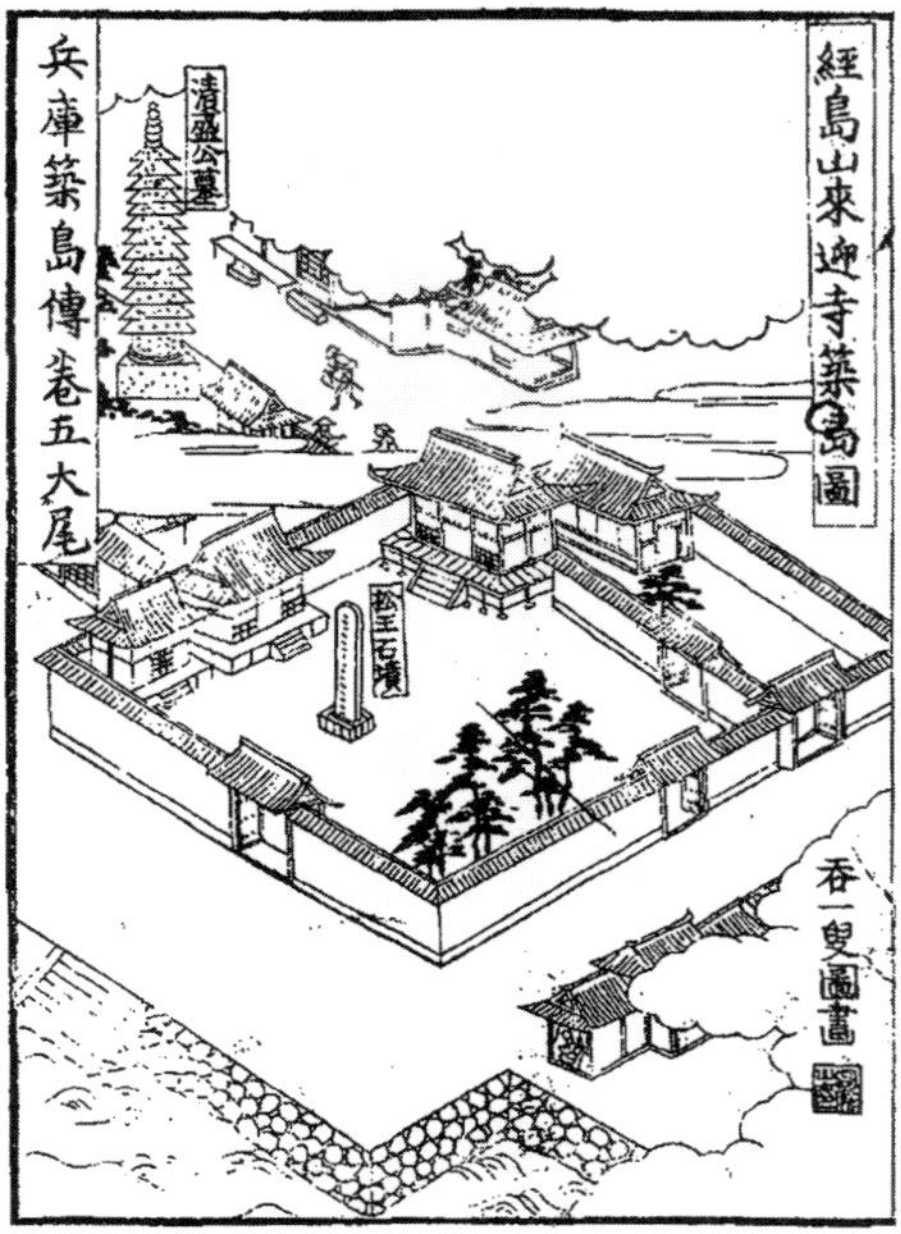

「経島山来迎寺築島図」

ていて、漁民たちによる魚市場が開かれたという。この場所は明治二（一八六九）年の「兵庫津細見全図」（部分図）によれば「大阪トカイノリバ」となっていて、大坂への渡海船の乗り場となって、魚市はずっと北の宮前町の浜にある。「摂津名所図会」にも「魚市　当津宮の前町にあり」とあるので、「摂津名所図会」が発行された寛政八年には魚市は宮前町にあった。ということは、「摂播記」の描かれた寛政元年から「摂津名所図会」が発行された寛政八年までに変化したのか、それとも「摂播記」が誤っているのか、あるいはデフォルメして宮前町をここに描いているのか。今後の検討課題にしたい。

「摂津名所図会」に戻ろう。門を出て右手、塀の外には高札場がある。高札場は来迎寺のある島上町から伸びる築島橋に向いている。この高札は海運従事者に対する浦高札で、橋の下を通行する船に対するものだろう。橋のたもとにある建物は通行する船ににらみを利かした大坂町奉行所の船番所である。船入江の中には多くの船が停泊しており、荷物の積み下ろし場として利用されたことがうかがえる。

明治七（一八七四）年新川運河が造られ、寺の西方は埋められ、船入江もなくなり、景観は大きく変化した。

43 真光寺と一遍上人

一遍上人入寂の地 赤松氏が復興

神戸市兵庫区松原通1

「摂津名所図会」には広大な真光寺の寺域が描かれている。正面の門は二重になっていて、右手にもう一つの門。その門と門の間には大きな池か壕のようなものがある。門をくぐれば鐘楼、そして本堂の右手に観音堂、鎮守、左手に開山堂、さらにその左手に時宗の開祖一遍上人塔と開山塔である。「摂津名所図会」によれば、観音堂には十一面観音、開山堂には開基の恵萼《えがく》と中興の祖一遍の像を祀り、鎮守は神明八幡熊野神社、また本堂の側に稲荷祠があった。

元禄九（一六九六）年に描かれた「摂州八部郡福原庄兵庫津絵図」（個人蔵）を見ると、寺域は確かに群を抜く広さで、兵庫津随一。兵庫城として建築された尼崎藩兵庫陣屋にほぼ匹敵する広さである。よく見ると寺には正面に確かに左右に二つの門があり、周囲は壕で囲まれている。これらの景観は「摂津名所図会」とも一致する。一方、「摂津名所図会」は、正門は二重で、寺と街道との間はすべて壕になっているが、元禄九年の「摂州八部郡福原庄兵庫津絵図」では街道と寺域との間には空地があり、道が伸びている。一八世紀に外側に壕の拡張や門の整備が行われたのであろうか。

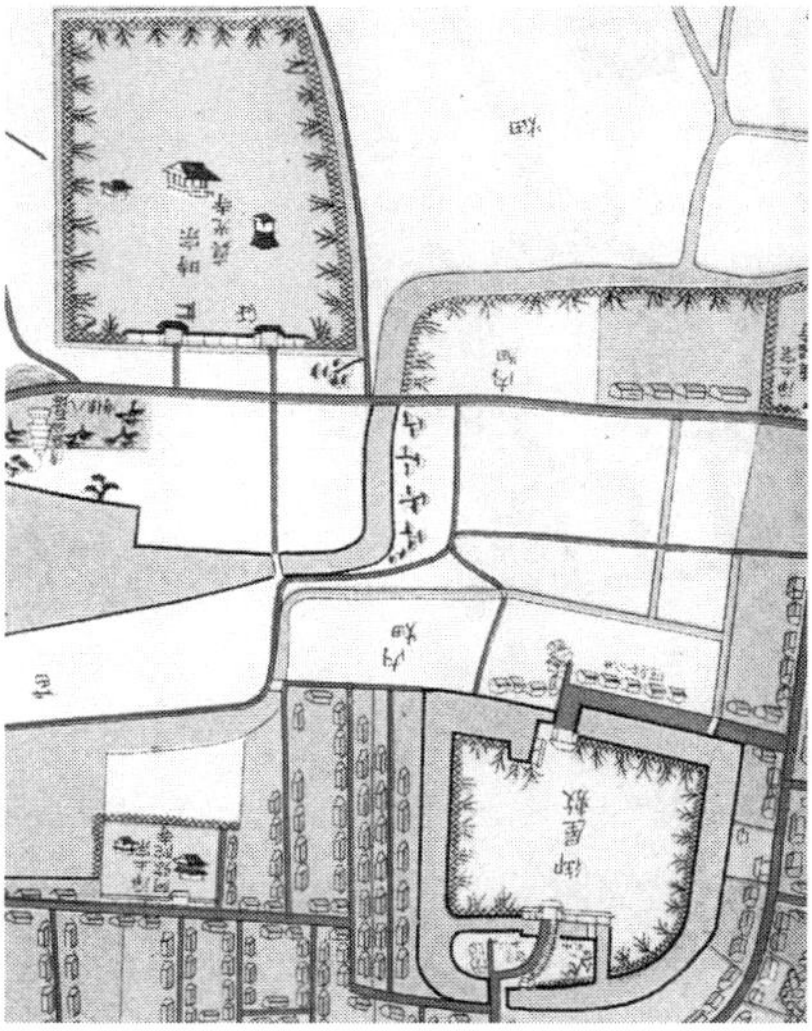
元禄九年の「摂州八部郡福原庄兵庫津絵図」

「摂津名所図会」によれば、真光寺は仁明天皇（在位八三三～五〇）のころ、恵萼が唐の宋王から観世音菩薩を授けられ帰国したが、和田岬で船が動かなくなり、有縁の地として寺を建てたのが始まりとある。平清盛が

兵庫津周辺に勧請したという七つの弁財天のうちの一つ、真野弁財天があったが、昭和二十（一九四五）年の神戸大空襲で灰燼に帰した。清盛が勧請した時に、僧がこの井戸の水でお茶をたてて献上したと伝えられる「御膳水の井戸」は残っている。

寺は一時衰えたが、建治二（一二七六）年一遍がこの地で止宿して中興した。一遍は諸国を巡って踊念仏で時宗を広め、正応二（一二八九）年この地で亡くなった。一遍に付き従い、没後は教団を再結成した他阿《たあ》が寺を拡充、伏見天皇から「真光寺」の名を賜り、時宗の寺になったという。

時宗総本山遊行寺の住職を遊行上人と称するが、四四世遊行上人の尊通も元禄八（一六九五）年この地で亡くなった。四九世の遊行上人一法が享保元（一七一六）年に書いた「真光寺大道場由緒」によれば、南北朝時代の播磨守護赤松氏から信仰され八町四方の広大な敷地を寄付され、本堂・観音堂・御影堂を再建。後醍醐天皇から「西月山」の山号を記した額を与えられたという。道場の傍らには二八の塔頭があったが、天正の大地震（一五八六年一月十八日）で本堂含め三堂が全壊。慶長十五（一六一〇）年に本堂が再建され、享保元（一七一六）

年尼崎藩主松平氏によって御影堂が再建された。

二八あった塔頭は江戸時代初めに一〇余りに減り、元禄五（一六九二）年の「兵庫寺社帳」によれば、大徳院・法林庵・善長庵・乾之寮・龍蔵院・慶長庵・善生庵・陽徳院・常徳庵の九寺となり、明治四十四（一九一一）年発行の『西摂大観』によれば龍蔵院など四寺にまで減ったという。「摂州八部郡福原庄兵庫津絵図」を見ると真光寺の周囲は何も描かれていないが、「摂津名所図会」では裏に多くの建物が描かれている。これらが当時の塔頭なのであろう。近くの薬仙寺も時宗の寺で、ここは時宗の重要拠点だったことが分かる。

本堂に向かって左が一遍の廟所である。高さ一九五センチの花崗岩製の五輪塔が一基ある。昭和四十六（一九七一）年兵庫県指定文化財になった。平成七（一九九五）年の阪神・淡路大震災で倒壊し、水輪の中央部に上から彫りこんだ孔と、中から備前焼の小壺に納められた骨灰が発見され、一遍の墓と信じられている。石塔は南北朝時代のものと推定されているが、鎌倉時代の「一遍上人絵伝」に描かれた真光寺に、等身大の一遍の像が収められた堂と石塔が描かれている。石塔の形も異なり、赤松氏の境内寄贈によって作り直されたのだろうか。

44

長田神社

苅藻川を渡り参拝する旅人

神戸市長田区長田町3

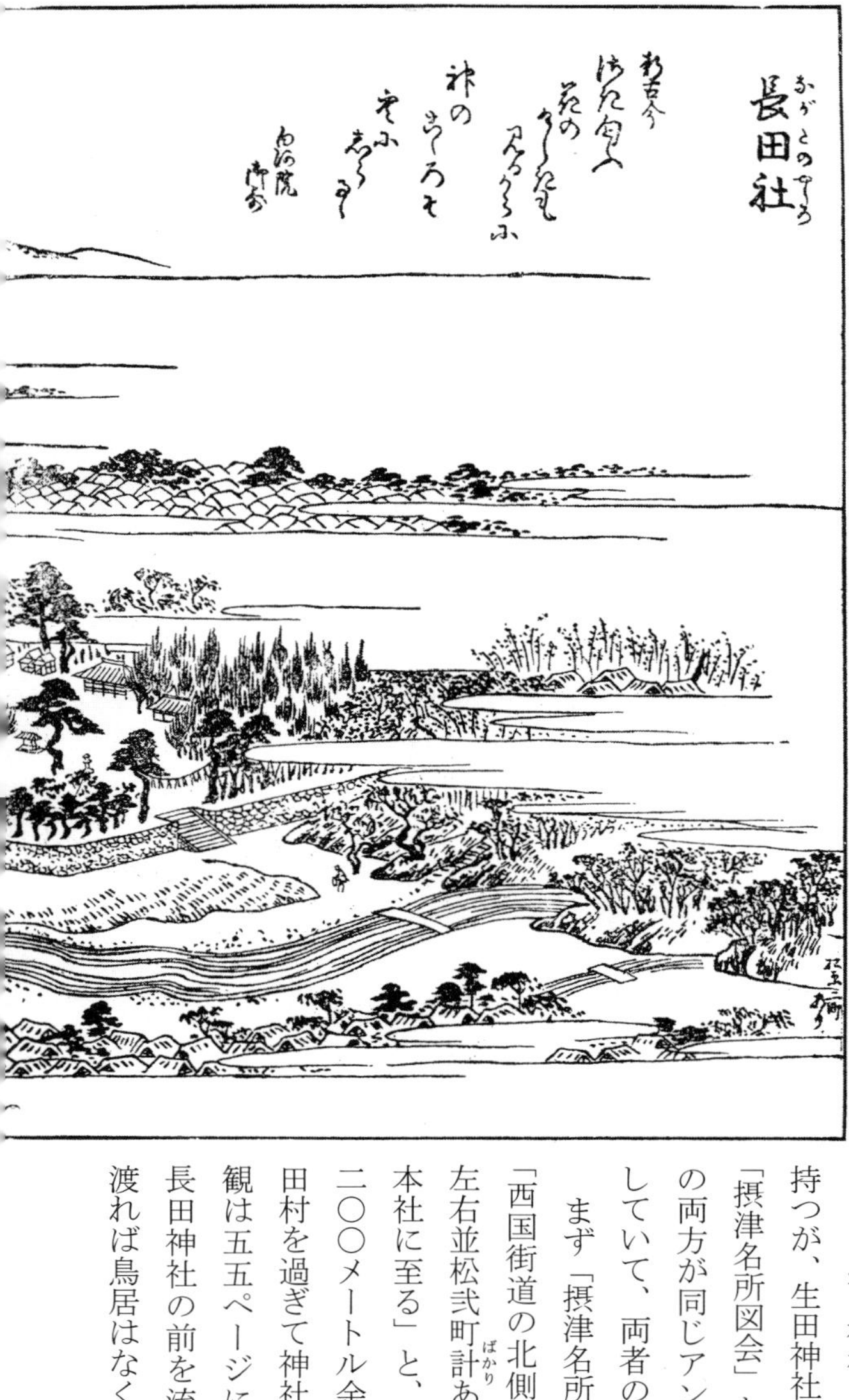

長田神社は「日本書紀」によると、三韓出兵の神功皇后が新羅から難波に帰る途中、武庫の水門で船が進まなくなり、占いによって事代主命より「吾を長田国に祀れ」と神託を受け、事代主命を祀ったのが始まりという。古代律令制度の施行細則「延喜式神名帳」に登場する神社で、長田・西代・東尻池・西尻池・池田・西須磨六カ村の氏神である。生田神社も同様の神功皇后伝承を持つが、生田神社と本住吉神社と並んで、「摂津名所図会」と「播州名所巡覧図絵」の両方が同じアングルからの挿画を掲載していて、両者の描き方が比べられる。

まず「摂津名所図会」から見てみよう。「西国街道の北側に鳥居あり、これより左右並松弐町計《ばかり》ありて長田の民家を経て本社に至る」と、街道の北に鳥居があり二〇〇メートル余りの松並木が続き、長田村を過ぎて神社にたどり着く。その景観は五五ページにやや遠景として描く。長田神社の前を流れているのは苅藻川。渡れば鳥居はなく、張り巡らされたしめ

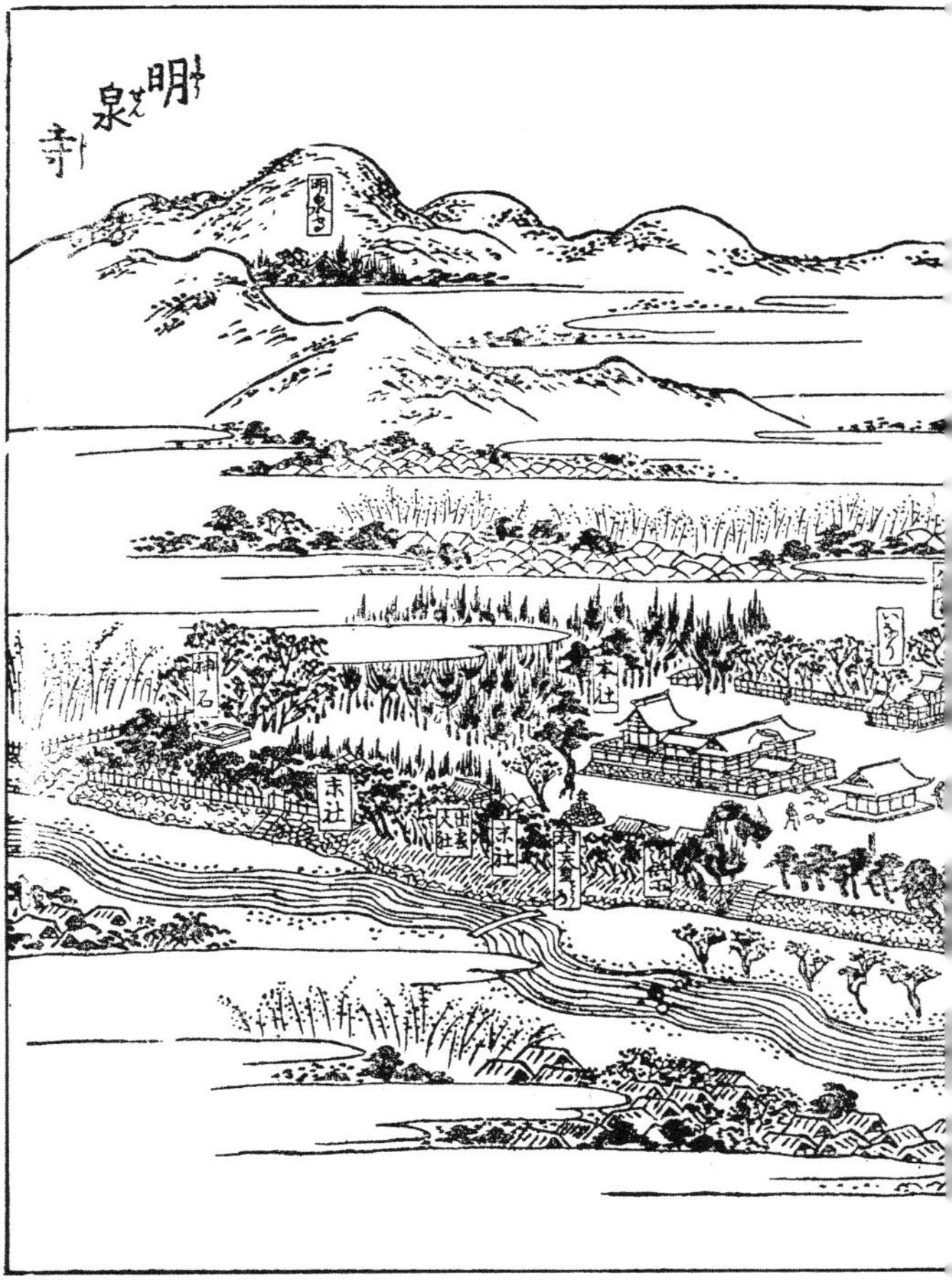

縄の下をくぐって境内に入る。

右手に手水舎。その後ろに堂舎があるが注釈はない。本殿は寛文元（一六六一）年建立で、大正十三（一九二四）年漏電のため炎上したから、描かれているのは古い社殿である。本殿の右手に八幡宮、稲荷社がある。本殿左手には神石・末社・出雲大社・村上天皇寄進と伝承される灯籠・御供所が描かれている。「摂津名所図会」は末社として出雲大社のほかに松尾・天照大神・八幡神社を挙げる。

村上天皇寄進という伝承の石灯籠は、「日本紀略」に応和三（九六三）年七月、村上天皇の時に雨乞いをした記録があり、その際に寄進したものと信じられてきた。しかし石灯籠は弘安九（一二八六）年奉納銘のある鎌倉時代のものであり、昭和十二（一九三七）年国の重要美術品に指定されたが、現在は兵庫県指定重要文化財となっている。弘安九年という年号は、清盛塚に刻まれた年号と同じで、亀山上皇や叡尊らの兵庫津への働きかけの一環という新説を紹介したが、関係があるのだろうか。興味を引く。両方の名所図会とも鳥居に架かる額は小野道風の筆だと記載する。さらに源頼朝や足利尊氏も神輿や神鏡を寄進したという記載もある。源頼朝が奉納したという伝承を持つ神輿は黒漆金銅装神輿で、国の重要文化財に指定されている。装飾具が優れていて康正三（一四五七）

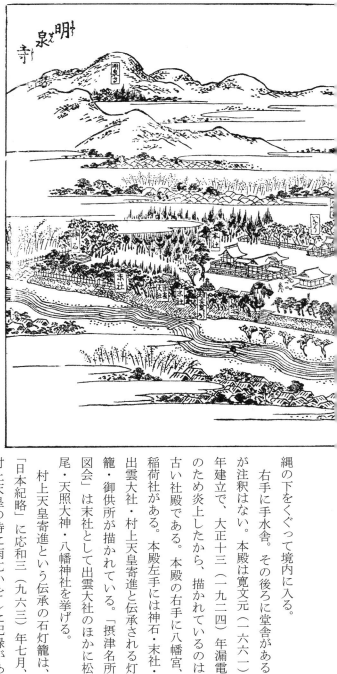

年に修理され、昭和五十九（一九八四）年には文化庁の手により解体修理が行われた。

祈願した人が境内に鶏を放つ風習があり、明治になってこれを見た外国人が長田神社のことを「チキンテンプル」と名付けたが、いずれの名所図会にも鶏の放し飼いは描かれていない。

上に掲げた「播州名所巡覧図絵」の挿画もよく似ているが、あえて違いに注目すると、「播州名所巡覧図絵」には手水舎背後の堂舎に「くわんをん」と書いてあり、これが観音堂と判明する。さらに「摂津名所図会」では苅藻川に橋が架かっているのに、「播州名所巡覧図絵」は橋がなく笠を被った旅人が飛び石渡りをしている。この橋は八雲橋といい、明治十六（一八八三）年に書かれた「八雲橋之記」によれば、江戸時代には木橋があったが大雨で苅藻川が洪水となると流された。文化九（一八一二）年に八雲橋がかけられたといい、「播州名所巡覧図絵」の刊行された文化元（一八〇四）年には、橋がなく参拝者は川の置石を渡っていたようだ。

両名所図の違いは街道北の鳥居付近の景観にも表れている。「播州名所巡覧図絵」では鳥居の両側の茶店はともに茅葺き屋根として描いているのに、五五ページの「摂津名所図

会」では西側の茶店は茅葺きだが、東側は瓦葺きの茶屋として描く。本住吉神社社前の町並みもそうだったが、「播州名所巡覧図絵」の方が、鄙びた風景に描く傾向がある。

そして最も異なるのが本社の拝殿である。「摂津名所図会」では拝殿を大きく横長に描き、屋根には弓なりになった唐破風を描いているのに、「播州名所巡覧図絵」では本社が大きく描かれ、拝殿は小さく唐破風はない。これは明治三十四（一九〇一）年の若林秀岳筆『神戸覧古』（神戸市立中央図書館蔵）を見れば「摂津名所図会」の描写の方が正確なことがはっきりする。『神戸覧古』には長田神社の追儺式の日の風景もある。追儺式は毎年二月の節分に行われる神事で、七人の鬼役が、神に代って松明をふりかざして災厄を焼きつくし、祓う踊りをする。室町時代までさかのぼるといわれ、古式を今に伝え、使用する鬼面七面とともに昭和四十五年に兵庫県重要無形民俗文化財に指定された。

『神戸覧古』に描かれた長田神社

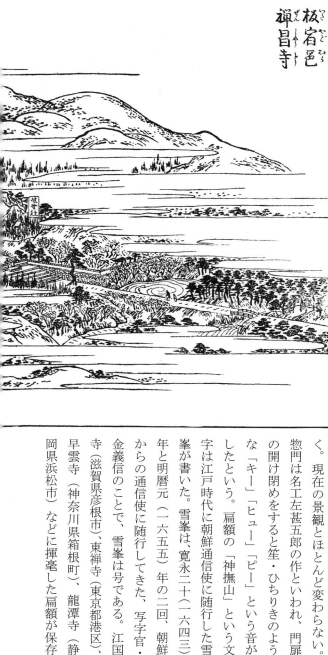

江戸時代にすでに知られた紅葉の名所

神戸市須磨区禅昌寺町2

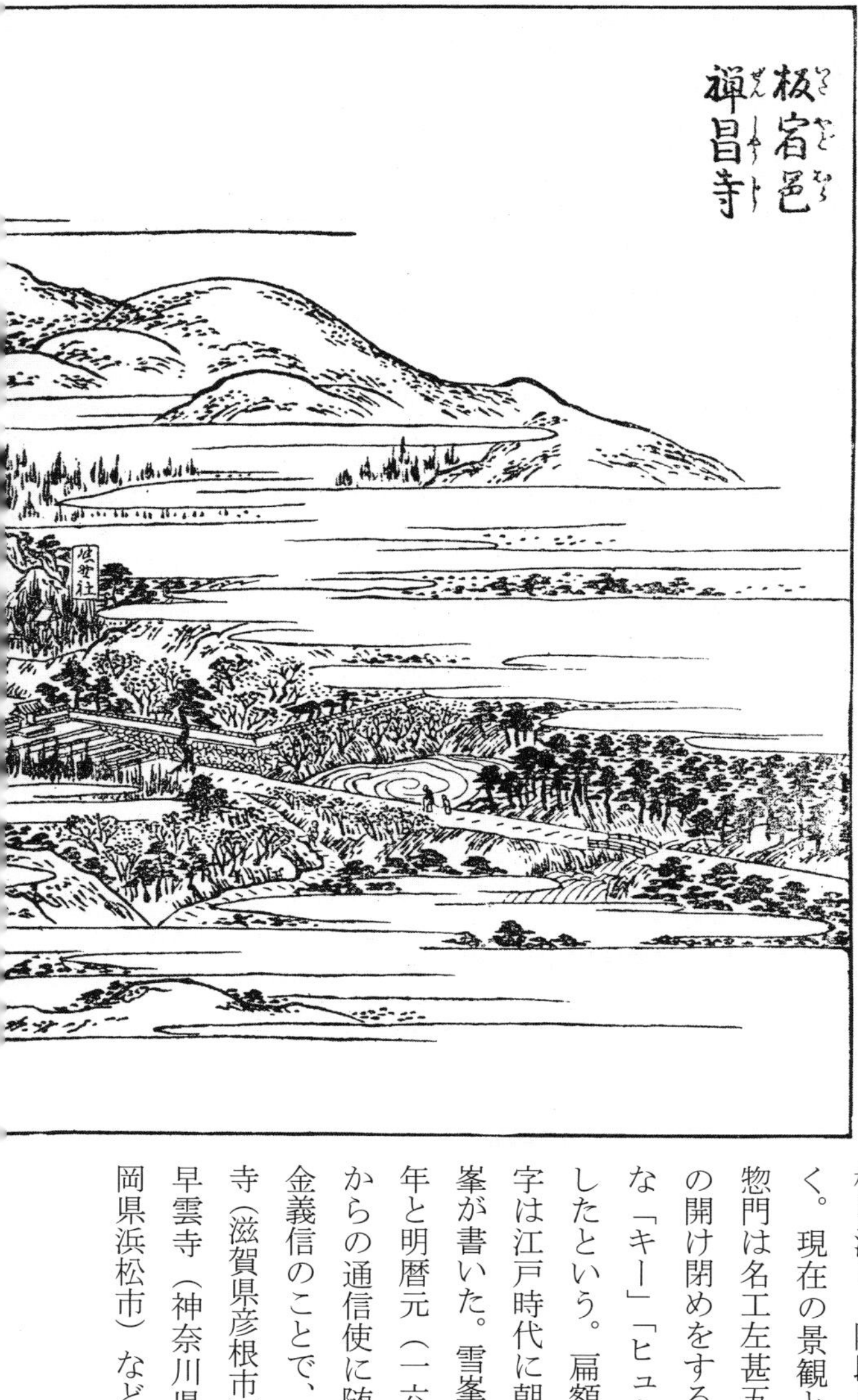

板宿の北にある禅昌寺は、禅宗の寺で月菴宗光和尚が延文年間（一三五六～六一）に草創したという。中国の黄檗山で臨済宗を極め、この地で座禅を行い、山峰で帝釈天の祠を見つけたことがきっかけになったと「摂津名所図会」は記載する。

「摂津名所図会」の右端に描かれている川は妙法寺川で、橋を渡り、階段を登ると惣門にたどり着く。現在の景観とほとんど変わらない。惣門は名工左甚五郎の作といわれ、門扉の開け閉めをすると笙・ひちりきのような「キー」「ヒュー」「ピー」という音がしたという。扁額の「神撫山」という文字は江戸時代に朝鮮通信使に随行した雪峯が書いた。雪峯は、寛永二十（一六四三）年と明暦元（一六五五）年の二回、朝鮮からの通信使に随行してきた、写字官・金義信のことで、雪峯は号である。江国寺（滋賀県彦根市）、東禅寺（東京都港区）、早雲寺（神奈川県箱根町）、龍潭寺（静岡県浜松市）などに揮毫した扁額が保存

されている。ほかに金明国筆で雪峯が賛を加えた「寿老図」が軸装され大和文華館に保存されている。室町時代は禅寺が外交交渉に深く関わっており、江戸時代、兵庫津には朝鮮通信使が毎回寄港した。この寺が創建され、この扁額が残されたのも、この地が国際交流の拠点だった証である。

現在、惣門は使っておらず、道は左手に迂回している。門を過ぎると右手には熊野権現がある。歯痛の痛みを免れると信じられた。「摂津名所図会」はこの神社にも神功皇后伝説を記載し「一説には神功皇后三韓帰朝の御時こゝに至り、石座にあって巌を撫給ふ故、神撫山といふ、こゝにこの神を祭る」と神撫山の由来を神功皇后と結びつけている。

ここから道は二手に分かれ、右に行くと方丈にたどり着く。天正年間（一五七三～九二）に豊臣秀吉が三木城の別所長治を攻めた際、禅昌寺は兵火に罹り焼失した。「摂津名所図会」によれば、このことを後に聞いた秀吉が再興の御教書を出し、さらに伏見城の茶亭を与えたという。これが「摂津名所図会」に描かれている方丈で、豊国亭と呼ばれた。残念ながら明治十二（一八七九）年に焼失、明治十四年に再建された。「摂津名所図会」によれば、豊国亭には安土桃山時代の画家狩野永徳筆の方丈画も一緒に運びこまれたという。明治四十四年刊行の『西摂大観』によれば、方丈画は、襖絵四本、板戸絵二本と壁画だったといい、「楓の画は筆力巧妙、神に迫り、四季色を変じ、秋に向へば紅葉するといへり」と、季節によって色が変わって見えたとか、描かれた鳥は「時々喧噪して画中より飛揚するを以て、眼睛を抜き去りたれば其後かかる事なし」と、時々飛び出るので、眼睛を抜き取ったら飛び出ることはなくなったと、ありえない伝承を掲載する。

方丈の左手には一段高い石段の上に客殿が描かれている。挿画によれば惣門から直進する道もあるように描かれている。

禅昌寺惣門

客殿の左手には本堂がある。『西摂大観』では開山堂と呼んでいて「本堂にして寺の西北の隅にあり、本尊観世音菩薩并に開山月菴禅師の霊を祀る。其構造簡約なれども頗る古色を帯び雅致に富む」と書いている。開山堂にも雪峯の扁額があった。軒先に立杭焼のひょうたんがぶら下げられ、雀が多く集まり巣にしたため「雀のお宿」と親しまれたが昭和五十一年に焼失、その後復興した。

紅葉が名物で「摂津名所図会」は「大樹にして枝葉繁茂せり、秋の末紅錦の如し、遠近来たって目を歓《よろこば》しむ」と書き、江戸時代からすでに紅葉の名所だった。加古川の俳人滝瓢水の句「本尊は釈迦か阿弥陀か紅葉かな」を掲載する。この句は石碑に刻まれ、現在も残っている。

寺の墓地には、豊臣秀吉の家臣で、朝鮮出兵の途中に、塩屋村ではしかで亡くなった戸沢平九郎光盛の墓があり、はしかにかかると詣でる風習があった。また明治時代に、地震観測網の必要性や震度階を提唱するなど、地震学の基礎を作った関谷清景（一八五五〜九六）の墓もある。

46

須磨寺

源平ゆかりの名刹 境内に見所多し

神戸市須磨区須磨寺町4

「播州名所巡覧図絵」では二ページ、「摂津名所図会」では三ページ連続の挿画で、須磨寺の景観を表現している。

「須磨寺略歴縁起（寺蔵）」によれば、和田岬の海中で光る聖観世音菩薩像を漁民が拾い会下山の北峰寺に祀っていたが、仁和二（八八六）年光孝天皇の勅命によって聞鏡上人が現在地に寺を建立、北峰寺の聖観世音菩薩像を遷したのが始まりという。正式名は上野山福祥寺であるが、古くから「須磨寺」と呼ばれ「源平合戦ゆかりの寺」として親しまれている。

「播州名所巡覧図絵」は「街道より二町ばかり登りて二王門に至る」とある。「摂津名所図会」

に描かれた景観は、川の手前に「下馬」の石碑があり、川を渡ったところに仁王門、ほどなくして中門があった。この二つの門の間は松並木が続き建物はない。仁王門は明治時代まで現在地より二〇〇メートルほど南、須磨寺町三丁目の須磨寺交番所のあたりにあったというから、境内は現在よりかなり広かった。

中門を過ぎると「摂津名所図会」では右手に池があって弁天が祀られ、左手だけに塔頭が並び、階段を登って本堂という構成になっていた。中門を過ぎて左手ばかりに塔頭があるという境内の景観は「播州名所巡覧図絵」や「摂州須磨浦一ノ谷真景細見」でも一致している。現在とは境内の配置がかなり異なっている。

「摂津名所図会」に描かれる「坊中」は、塔頭が集まっていた場所で、宝永七（一七一〇）年の「兵庫名所記」には「今坊舎十二宇」とあり、桜寿院・大聖院・慈眼院・東林院・蓮生院・不動院・華厳院・正覚院・梅本坊・杉之坊・安養坊・東蔵坊の一二坊を掲げる。

明治になると塔頭はすたれ、明治十六（一八八三）年ごろの「八部郡地誌」では正覚院、桜樹院、蓮生院の三院を掲げ、明治四十四年刊行の『西摂大観』は「現今は正覚院、桜寿院、蓮生院の三院の名を存するも、その実正覚、蓮生の二院あるのみ、桜寿院は存せず」とあって、明治後期には三院から二院に減ったことが分かる。桜寿院が復興するのは昭和八（一九三三）年のことである。

塔頭の前には若木の桜が描かれている。「源氏物語」の須磨の巻に「うえし若木の桜、ほのかにさきそめし」というくだりがあり、その文学表現に合わせて名付け

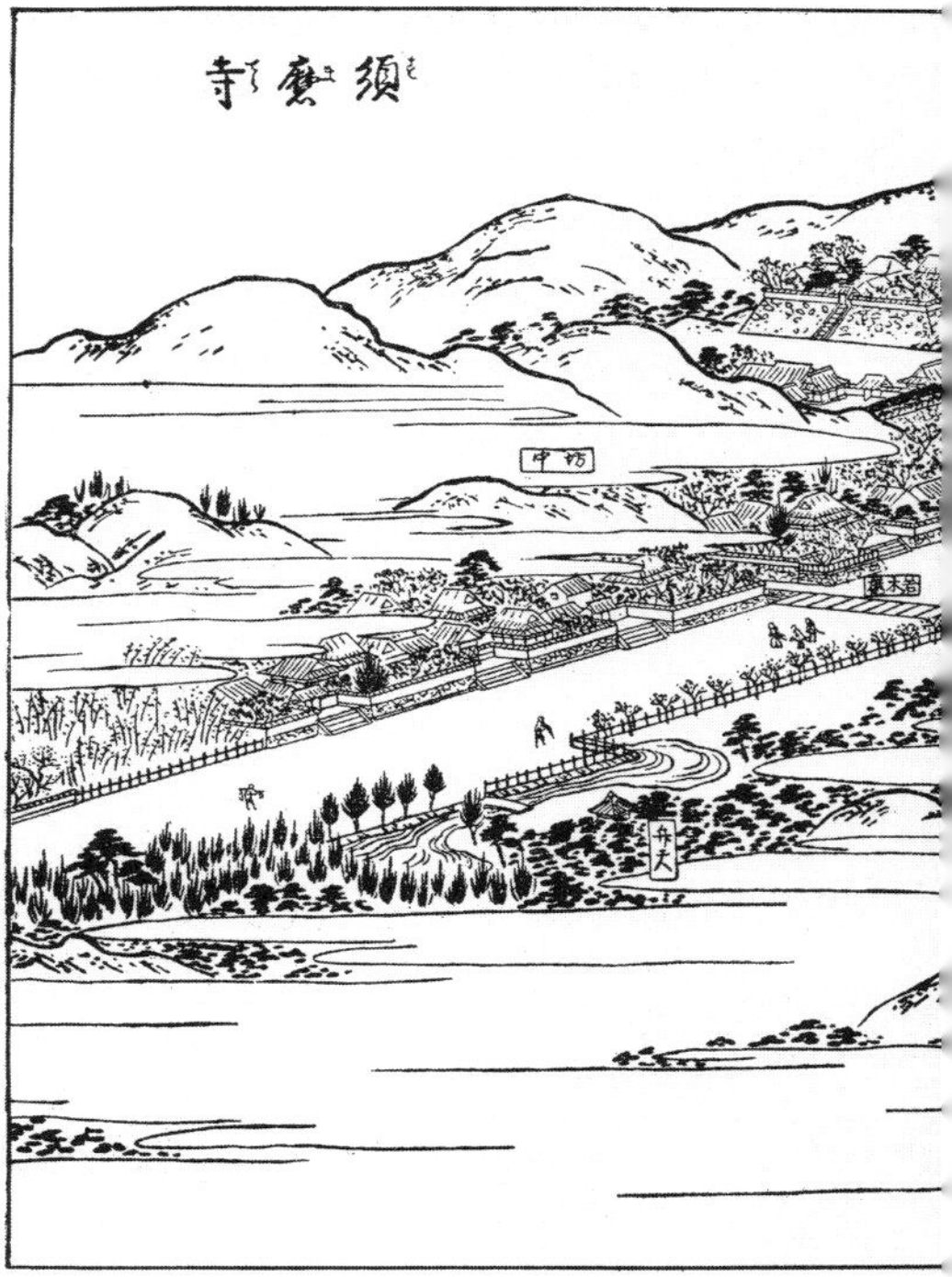

られた。弁慶が「一枝を伐らば、一指を剪るべし」と制札を立てたとも言い伝えられるが、『西摂大観』には「かゝるものあるべき筈なけれども、甚だ世に喧伝せらる」と全面否定しながら紹介している。文学の中の一節が現地の伝承に結び付けられていく典型的な例である。

階段を登りきると本堂を中心に諸堂が並ぶ。本堂は文禄五（一五九六）年の文禄慶長の大地震で倒壊、慶長七（一六〇二）年豊臣秀頼が再建した。ただ内陣の宮殿は応安元（一三六八）年の建造で、国の重要文化財となっている。

名所図を比較すると堂の名称と並びが異なるのが興味深い。「摂津名所図会」では本堂の右手は大師堂、護摩堂、鎮守。大師堂について、「播州名所巡覧図絵」は十王堂とし、宝暦三（一七五三）年初版で文政十二（一八二九）年に改版された「摂州須磨浦真景細見」やその系譜を引く「摂州須磨浦一ノ谷真景細見」、明治の『西摂大観』はいずれも敦盛堂と記載している。『西摂大観』は「敦盛堂は本堂の東に在り、甲冑を着けたる敦盛の木像を祀る」と説明している。すなわちもとは

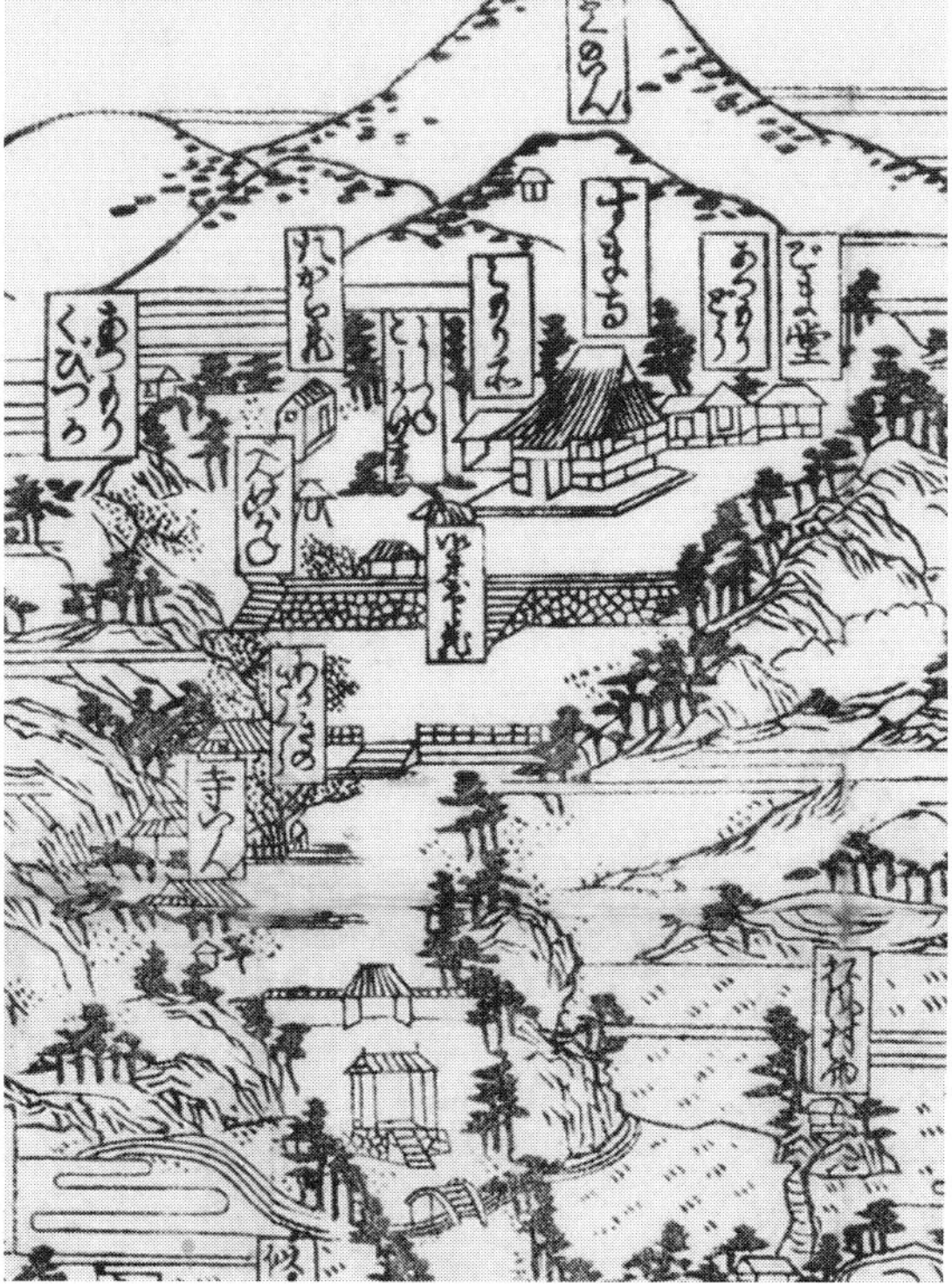

「摂州須磨浦一ノ谷真景細見」（部分）

大師堂だったが、敦盛の木像を祀ったことで敦盛堂に名称が変わったのだろう。

本堂の左手はこもりや、その前に義経腰掛松、山王、「かんちく」という配置。これはいずれの名所図も一致している。こもりやは籠り所で、修行などを行う場である。大師堂にあった弘法大師の像を修行の場の籠り所に移したため、『西摂大観』では本堂の左手に大師堂があるとしている。「かんちく」は、神功皇后ゆかりの漢竹で、生田神社にもある。昭和五十九年に復興した三重塔は文禄慶長の大地震で倒壊しており、現在の三重塔あたりやその向いには塔頭が描かれている。

「摂津名所図会」や「播州名所巡覧図絵」には奥の院や敦盛首塚が描かれていないが、文政十二（一八二九）年改版の「摂州須磨浦真景細見」やその系譜を引く「摂州須磨浦一ノ谷真景細見」（神戸市立中央図書館蔵）には境内の左外れに「あつもりくびつか」と書かれており、このころには広く知れ渡っていた。また「摂州須磨浦真景細見」には、義経腰掛松の近くに鐘楼が描かれ「べんけいのかね」と記載がある。名所の記載にばらつきがあるのは、須磨寺は見どころが多すぎて、作者による取捨選択も行われたのだろう。

47

多井畑厄除八幡宮

国境で疫病を祓う松風村雨の伝説も

神戸市須磨区多井畑宮ノ脇

多井畑は摂津と播磨の境界にあり、摂津側なのに「播州名所巡覧図絵」も挿画を載せる。「摂津名所図会」は多井畑について「須磨より二十五町、これ摂播の界村なり、古は兵庫より夢野を経て山中へ入、此の田(多)井畑を歴《へ》て播州へ出る、これを古道越といふ」とあって、兵庫からの山越えの道だとする。古代には山陽道は海が迫っていて危険で、多井畑を通る道は重要道路だった。「続日本紀」によると、神護景雲四(七七〇)年に疫病が大流行し京都の四隅と五畿内(摂津、河内、和泉、山城、大和)の国境一〇カ所で疫神を祀り、疫祓いが行われた。重要交通路はまた疫病の流行のルートでもあった。

神社の創立は安元年間(一一七五~七七)、京都石清水八幡宮を勧請したのが始まりで、明石藩主や領主の旗本蒔田氏からも崇敬された。本殿は、現在は桧皮葺きだが、延文五(一三六〇)年に建築されたときの棟札が残っていて「桧木瓦葺　延文五年庚子八月十八日　大願主村人等」とあり、村人が共同して瓦葺きで造営した。

さらに長享三（一四八九）年前田出雲守親常が大願主となり、本殿を上棟している。その時の棟札によれば「星霜年久仮殿住給、爰不思議之有檀那、奉造営新社壇者也」と書かれているから、本殿はかなり傷み、仮社殿に祀っていること、前田出雲守親常が不思議な縁で有力な檀家となり、上棟することになったという。また拝殿は応永四（一三九七）年に上棟されたことも棟札から判明する。

両方の名所図とも登り口には鳥居はなく、急な石段の途中、鳥居が描かれている。現在の二の鳥居である。「播州名所巡覧図絵」の二の鳥居はやや低い位置にある。二の鳥居を過ぎて階段を登り切ると拝殿、その奥に本殿がある。本殿の前には立派な唐破風があるが、「摂津名所図会」や「播州名所巡覧図絵」にも唐破風が描かれている。

神社の左手には石段があって、そこを上ると、疫祓いが行われたという厄神塚がある。築地がめぐらされ、二、三メートル下に壕らしきものがあるという。現在は六角の立派な垣根で囲まれている。「摂津名所図会」には、六角の垣根はなく社が描かれているが「播州名所巡覧図絵」には何も描かれていない。

両名所図には厄除八幡宮の左手に「松風村雨墓」と書かれ石塔が二つ描かれている。また「摂津名所図会」では墓の

前の田圃の中に「松風やしき跡」と書かれている。現在でも多井畑厄神の鳥居を出て西へ二〇〇メートルほど小道を歩くと、広場の片隅に小さな五輪塔が二基ある。左が姉の「もしほ」（松風）、右は妹「こふじ」（村雨）の墓と伝えられている。

平城天皇の孫で平安時代前期の歌人の在原行平（八一八〜八九三）は、古今和歌集によれば、文徳天皇のとき須磨に蟄居したといわれる。多井畑の村長の娘、松風・村雨と愛しあったという伝説が生まれ、謡曲「松風」などの題材になった。また姉妹が水面に写る姿を見て、化粧をしたという「鏡の井」と呼ばれる泉が今も残る。両名所図ともに「井」ではなく「鏡の池」と書かれていて、現在より大きかったのだろう。

松風・村雨は須磨の海岸まで潮汲みのため出かけたことが行平との出会いのきっかけという設定だが、「摂津名所図会」は興味深い風習を記録する。「今も海浜は潮をくんで米を煎《に》て常に食す、所謂《いわゆる》潮雑水（炊）これなり、其頃も此の山民塩を調《ととの》ふる事なく日毎に潮水を汲《くみ》て飯事の用をなす事、古今に変らず」とあって、塩分を摂取するため海水で炊いた雑炊をいつも食べていると記載している。須磨で造られていた「藻塩」を使った雑炊で、明治二十六年の「訂正増補須磨誌」にも潮雑炊を「この里の家々に食するとなん」と書かれ、明治時代にも残っていた。

48

太山寺

賑わう料理屋 近くに摩耶谷温泉

神戸市西区伊川谷町前開

太山寺は「播州太山寺縁起」によれば、藤原鎌足の子、定恵和尚が開山したという。鎌足の孫である宇合《うまかい》（不比等の子）が明石浦摩耶谷の温泉で療養中、夢に薬師如来が現れ「ここより東北の地に定恵和尚結縁の地がある。定恵和尚は願望を果たせず寂した」と告げられたため、宇合は霊亀二（七一六）年七堂伽藍を整備し薬師如来の尊像を安置したと書かれている。しかし本堂が建てられたのは平安時代に下ると考えられている。

鎌倉時代には大いに栄えて多くの僧兵も擁し、元弘三（一三三三）年大塔宮護良《もりよし》親王の令旨を受けて兵を挙げて京都に入り、鎌倉幕府の六波羅探題を攻め軍功をあげた。南北朝時代には支院四一カ坊・末寺八カ寺・末社六カ社を持っていたという。しかし次第に衰え元禄五（一六九二）年に一三院坊、享保十（一七二五）年に一一院となり、明治四（一八七一）年には六院を廃して、現在は龍象院・成就院・遍照院・安養院・歓喜院の五カ坊となっている。

本堂は、神戸市内唯一の国宝建造物である。古

い景観がよく残り、時代を超えて伝えられてきたと錯覚しがちだ。しかし「播州名所巡覧図絵」に描かれた風景を見ると、骨格は変わらないが、変化もみられる。まず画面左下に国指定重要文化財の仁王門。もとは重層の楼門だったが、上層部を撤去して、入母屋造り・本瓦葺き・棟高八メートルの八脚門に改築した。「播州名所巡覧図絵」にも現在と同様の仁王門が描かれている。仁王門から石畳の参道を通って石段を登ると、今は中門があるが、「播州名所巡覧図絵」には描かれていない。

境内に入って左手には塀の上に楼閣のような建物と多くの人の賑わいが描かれている。「播州名所巡覧図絵」には「境内に料理亭二軒有、元より精進にて包丁甚だよし、山谷嶮しきに楼閣のごとく家居す、甚だ興あり」と書かれている。本堂などを参拝する人はまばらでこの料理屋の内外に人が集まっていることからも繁盛ぶりがうかがえる。

中門の右手には三重塔がある。棟札などから、貞享五（一六八八）年の建立とされている。各層の屋根の大きさがほぼ同じという江戸時代中期の特徴があり、「播州名所巡覧図絵」の描写も忠実である。各層の軒先の風鐸も見逃さない。三重塔と池を挟んで奥にお堂があり、「ごんげん」と書かれている。図解として「三所権現　薬師・釈迦・弥陀」とあり、仏が仮の姿で神の形を取って現れた三神を祀っているのだろう。現在は観音堂と呼んでいて、聖徳太子が祀られ江戸時代には太子堂とも言った。その左手に「あみだ・弁天・春日」が並ぶ。

本堂の右側にある「せったい」は「摂待」で、陰暦七月、寺巡りの人々や往来の人々に湯茶を出すことをさし、ふるまいの場だった。現在は羅漢堂になっている。その奥には釈迦堂があり、これは現在と変わらない。

本堂は弘安八（一二八五）年に焼失、その後、永仁年間（一二九三〜九九）に再建されたという。昭和三十九（一九六四）年に解体修理され、その際に瓦葺きから銅板葺きに変えられた。「播州名所巡覧図絵」には瓦葺きで描かれている。

本堂の手前左手には大日堂が描かれている。明治四十四（一九一一）年発行の『西摂大観』では阿弥陀堂と名前が変わっていて現在も同じである。宝珠柱の銘によると貞享五（一六八八）年に再建されたもので、本来は、天台宗の修法である常行三昧の修行堂だった。しかし阿弥陀如来に対する信仰が高まり、阿弥陀如来（重要文化財、鎌倉初期）が祀られた。三重塔に大日如来が祀られており、大日堂時代の本尊が移されたのだろうか。

本堂の左手奥には護摩堂。現存の護摩堂は江戸時代中期、一七世紀後半の建立と考えられている。その奥には「こもり堂」があり、修行者や信者などがこもって祈願、修行するお堂だった。明治時代の参詣記にも籠り堂が登場する。

太山寺草創伝説に登場する摩耶谷温泉は、「播州名所巡覧図絵」の左下に「二里許《ばかり》西南」「真陽谷とも書なり」とあり、大正十五（一九二六）年に発行された『明石名勝古事談』（第六本）によれば、明石の上の丸入口にあった山王神社近くにあったという。山王神社について「摩耶神社と号す、此の処の坂を真湯ケ坂といふ、是は摩耶の字を替へたものであるから、又真湯神社とも称す、今は誤て湯の字を陽と書く、霊亀年中（七一五〜一七）此の神社の傍に温泉あり、今其の跡あり、真水の湯湧出るにより、此の処の坂を真湯ケ坂、又摩耶谷と云、此の温泉は癩病腫物に特効ありと伝はる」と、摩耶谷温泉の痕跡がこのころまで残っていたことを記録している。「摩耶」は「駅家《うまや》」から転訛した可能性も指摘され、明石駅家の跡という説もある。

「播州名所巡覧図絵」には寺の右端に「赤井」の文字が見える。かつては霊水が涌き、仏前に供える閼伽井で、眼病に効くと信じられたが、今は湧き出ていない。閼伽井橋と名前だけを残している。

49 多聞寺

杜若の名所 鬼追い行事も紹介

神戸市垂水区多聞台2

「播州名所巡覧図絵」は街道の沿線の名所を重点的に選んでおり、多聞寺は街道から離れているのに、あえて挿画を描いている数少ない例である。享保年間(一七一六〜三六)の地誌「采邑私記」などは、慈覚大師(円仁、七九四〜八六四)が貞観年中(八五九〜八七七)に草創したと書いている。慈覚大師は天台宗を開いた最澄に師事し、天台宗山門派の祖となって比叡山興隆の基礎を築いた高僧である。寺名がそのまま村名となり、江戸時代の半ばには多聞村となって村名から「寺」が消えるが、「多聞」は、現在も多聞台、多聞町などの地名として生き残っている。「播州名所巡覧図絵」があえて挿画を取り上げた理由もこの由緒にあるのだろう。本尊は毘沙門天だが、木造阿弥陀如来坐像・日光菩薩・月光菩薩立像は国指定重要文化財である。

「播磨鑑」によれば、草創して一二〇年ほど後に天災で焼失、花山天皇のころ明観が再興したという。源平の合戦で源義経が平家追討を祈り願いが成就したため、源頼朝が建久二(一一九一)年に寺田や山林を寄進したとも伝える。しかし延元年間(一三三六〜四〇)に兵乱で再び焼失。その後復興し江戸幕府からは二七石の田地を御朱印地として与えられた。

最盛期には支院二三坊を数えたが、明治四十四(一九一一)年発行の『西摂大観』には塔頭として実相坊・西方院・

多聞寺本堂

薬師院・理教院を掲げている。現在、本堂の右手にある実相寺は、かつて山門の前にあったが、昭和四十四（一九六九）年に境内の薬師院の跡地に移転、本坊と称して多聞寺を管理している。また西方院は現在も垂水区本多聞一丁目にある。西方院の寺伝によれば、豊臣秀吉の三木の別所長治攻めの時に兵火によって焼かれ、貞享年間（一六八四〜八八）に明石の柏木源治良の寄進により再建されたという。理教院は明治十五（一八八二）年から十六年にかけて天草円得大和尚によって兵庫区永沢町に再興され、「兵庫の聖天さん」と呼ばれている。

さて「播州名所巡覧図絵」が描く多聞寺は、かなり手前の村外れに仁王門が描かれている。これは明治時代になってもそのままで、『西摂大観』は「仁王門の如きは本堂を距ること四町許《ばかり》南方、村の中央にあり」と四〇〇メートル余りも離れていたと書き、掲載された紀行文には「村の一角に古き仁王門あり、児女ども打ち群れて一行の顔をじろ〳〵と覗く、寺は何処ぞ、是より二三町奥にあると指へられ、路の左右に坊の跡、塔の跡などをみつゝ吉祥山多聞寺の荒たる境内に立入る、本堂は金堂作りにて、左に鐘楼と薬師堂とあり」とある。仁王門から本堂まで左右に廃絶された塔頭の跡が残っていたのである。

「播州名所巡覧図絵」を見ると、仁王

門を過ぎると家がまとまっていて、これが多聞村の集落である。さらに進むと民家より一回り大きい屋根が見える。塔頭の一つだろう。西方院だろうか。

さらに進むと橋があり、左右に池がある。現在境内にある心字池、弁天池である。現在は約三〇〇〇株のカキツバタが植えられており、「こうべ花の名所五〇選」に選ばれている。「播磨鑑」にも「寺前に有池、心ノ字ノ形ニ堀、杜若生」と記載され、江戸時代からカキツバタの名所だった。橋を渡って階段を登ると本堂である。現在の本堂は正徳二（一七一二）年に再建された。左手には『西摂大観』にある通り、鐘楼が見え、左右に堂がある。

「播州名所巡覧図絵」が多聞寺に注目したのはもう一つ理由がある。一月五日に行われていた鬼追い行事に関心を持ったからであり、詳しく記録している。数十人が前年の十二月から精進して身を清め、暮れ六つに集まって読経し、戌の刻になると、太鼓・法螺・鉦を打ち、一四、五歳から二〇歳までの若者が異形で現われ、さらに五色の大鬼五人が松明や斧を振りかざすと小鬼が逃げ惑うという。「播州名所巡覧図絵」は大鬼は五人と書いているが、享保年間（一七一六～三六）の地誌「金波斜陽」以降の記録では太郎鬼・次郎鬼・婆々鬼の三鬼となっている。

50

善福寺

川原に巨石信仰の跡 秀吉の茶釜も残る

神戸市北区有馬町

「摂津名所図会」に描かれている善福寺は、有馬三山の一つ、落葉山のふもとにあり、有馬川の向こうの高台にある。有馬川の流れは急で水量も多い。温泉街の一の湯、二の湯から降りてきて、半円形に反った大きな太鼓橋を渡って善福寺に至る。橋は高橋と呼ばれた。現在はこの辺りの有馬川の上をバス道が通っていて、高台の前には土産店がびっしり並ぶ。

有馬川の流れの大きさ、高橋の大きさは、寛延二（一七四九）年の橘守国画「有馬景勝図」でも同様で、善福寺は朱塗りの寺として描かれている。江戸時代は高橋は木橋だが明治二十九（一八九六）年に発行された名所と旅館を鳥瞰図風に書いた刷り物「有馬名所及旅舎一覧表」（関西大学総合図書館蔵）では鉄橋に変わっている。

「摂津名所図会」には善福寺の開基は奈良時代の僧、行基で、有馬温泉を平安時代末期に再興した吉野の僧、仁西上人が再興したとある。さらに豊臣秀吉の知己、大清宗灌の本願により海翁宗波和尚が江戸時代前期に曹洞宗に改宗したという。大清宗灌は、

慶長四（一五九九）年に「有馬縁起」を著した人物として知られている。

本尊は阿弥陀三尊仏。「摂津名所図会」には、信濃の善光寺の如来と同一体の渡来仏で、多田神社に安置されていたものを、正慶三（一三三四）年に善福寺に移したとあるが、正慶は二年で改元されていて疑問が残る。多田源氏の祖、源満仲の持仏だったともいわれる。また、木造の聖徳太子二歳像があり、鎌倉時代の運慶一門の仏師、法印湛幸の作。作者が明らかで鎌倉時代に遡る貴重な作品で、国指定重要文化財である。太閤秀吉が有馬で度々茶会を開き、千利休に命じて作らせたという茶釜も残されている。「摂津名所図会」には実際よりかなり広く境内と鎮守が描かれている。境内には樹齢二五〇年を超える一重のシダレザクラがあり、神戸市民の木に指定されている。「摂津名所図会」の植生の描写もサクラを強調しており、周囲の樹木とは区別した表現を用いている。

有馬川の川原には「たもと石」が描かれている。現在、駅の近くの太閤橋の手前左手にある石で、大きさは、高さ五メートル、周囲一九メートル、重さ一三〇トンもある。湯泉神社の祭神、熊野久須美命が着物の袂から投げた小石が大きくなったとか、大己貴命が病魔退散を祈って投げた石という伝説が残る。礫石ともいわれ、「摂津名所図会」は挿画では「たもと石」、本文では「礫石」と記載している。巨石信仰の一つである。

51

温泉寺と湯泉神社

多くの寺社が点在「願い水」の伝説も

神戸市北区有馬町

「摂津名所図会」には、温泉寺の薬師堂を中心に、報恩寺、念仏寺、清涼院、極楽寺、湯泉神社など多くの寺社が集中していたことを描いている。現在とはかなり景観が変わっている。

右下に旅館に囲まれた長い石段がある。図の注釈には旅館について「十二坊、其外にも三階作り多し」と三階建ての多さを指摘している。この石段を登りきると正面に薬師堂、右手に三所社である。かつては階段を登り切ったところに仁王門があったが元禄八（一六九五）年の火災で焼失し、描かれていない。

三所社は、古代律令制度の細則である「延喜式神名帳」に「湯泉神社《ゆのじんじゃ》」と記載されている。有馬の温泉で水浴びをした鳥の傷が癒えたのを、大己貴命と少彦名命が見たことがあり、温泉発見の糸口になったという伝説があり、大己貴命と少彦名命を祀っていた。またこの伝説をモチーフにした鳥の彫刻が拝殿入り口の上に施されている。鎌倉時代に熊野信仰の広がり

で、熊野久須美命を含め三柱の神を祀るようになったという。
「摂津名所図会」は図の説明では「三所社」としているが、本文では「温泉神社」と書き「今湯山三所権現と称す、祭神三座、中央熊野権現、左三輪明神、右鹿舌《かじた》明神なり、此の神は郡内羽束山《はつかやま》香下《かじた》明神にて神体は少彦名命《すくなひこなのみこと》なり、三座の中、三輪明神を当山の地主神とす」と記載する。神社の熊野曼荼羅図は、国指定重要文化財である。明治十六（一九八三）年愛宕山の中腹の現在地に移して社殿を造営した。跡地は厳島神社になった。
温泉寺は奈良時代の僧、行基が開基したと伝えられ、承徳元（一〇九七）年に洪水で荒廃し、建久二（一一九一）年、吉野の僧、仁西上人が再興したという。その後火災に遭ったが豊臣秀吉の正室、北政所が再興した。しかしその後も有馬では元禄十六（一七〇三）年、宝暦三（一七五三）年、明和三（一七六六）年、安永二（一七七三）年に大火の記録があり、薬師堂も再三炎上した。拙著『古地図で見る神戸』でも触れたが、元禄八年に焼失した薬師堂は、朱塗りで入母屋造り、平屋の柿葺《こけら》きだったことが「温泉寺之図」（温泉寺蔵）で判明する。再建された後の薬師堂が元文二（一七三七）年の「摂州有馬細見図独案内」（神戸市立博物館蔵）や寛延二（一七四九）年の橘守国画「有馬景勝図」に描かれている

「有馬山絵図」に描かれた
温泉寺から清涼院付近

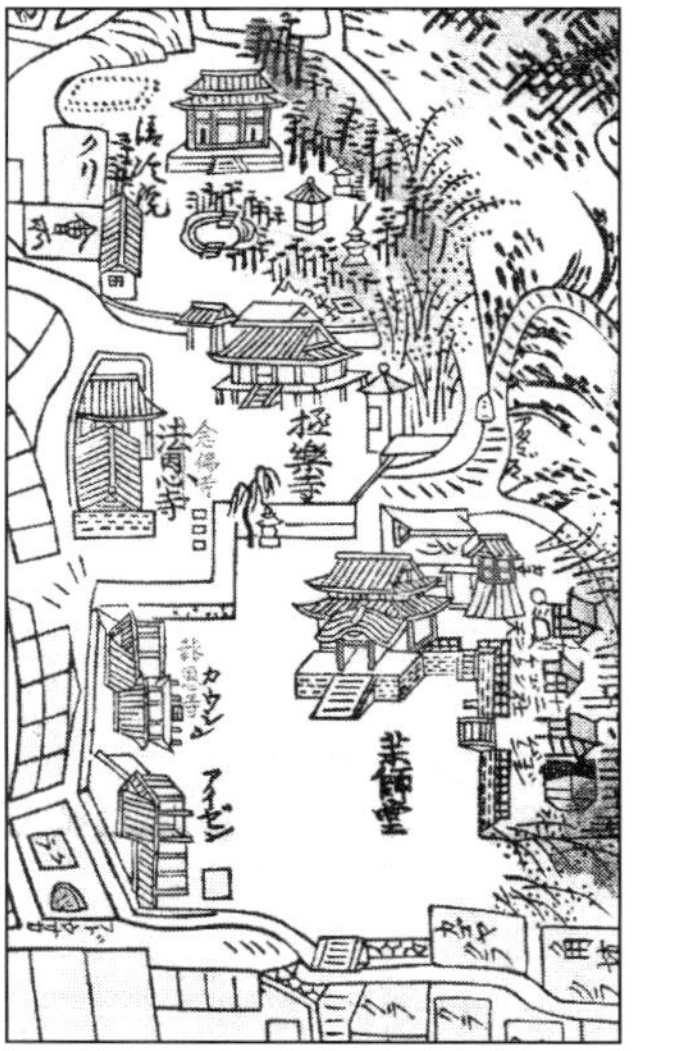

「摂州有馬細見図独案内」に描かれた
温泉寺から清涼院付近

が、朱塗りで屋根は二層になり、唐破風が設けられた。「摂津名所図会」に描かれた薬師堂はその意匠とも異なり、二層ではあるが唐破風はなくなっている。

薬師堂に向かって左手前にも寺院が描かれている。「摂津名所図会」には注釈はないが、元禄八年の焼失前を描いた「有馬温泉寺絵図」（神戸市立博物館蔵）や宝永七（一七一〇）年の「有馬山絵図」（神戸市立中央図書館蔵）にはこの場所の寺を「ごんげんぼう」と書いていて、権現坊である。江戸時代は温泉寺の仏事を担当する六カ寺の一つだったが、明治時代に廃寺になり、跡地は現在店舗になっている。

「摂津名所図会」は薬師堂の左手を極楽寺、後ろを報恩寺としているが、前述の宝永七年の「有馬山絵図」や元文二年「摂州有馬細見図独案内」では逆で、薬師堂の左手は「ほうおんじ」、薬師堂の後ろは極楽寺になっている。極楽寺の現在の位置から考えて、「摂津名所図会」の位置説明は誤っているだろう。

極楽寺は浄土宗、念仏道場の寺として知られた。「摂津名所図会」によれば本尊は阿弥陀仏だが、元禄八年の火災で焼け残った観音が火除け観音として信仰を集めた。しかし寺は安永二（一七七三）年の火災で焼失、天明二（一七八二）年に再建された建物が「摂津名所図会」に描かれている。阪神・淡路大震災で庫裏が半壊、発掘調査で豊臣秀吉が築造した「湯山御殿」の遺構が発見された。遺構は茶器や瓦などの出土品とともに神戸市指定文化財となり、遺構の上に建てられた市立太閤の湯殿館で公開されている。

報恩寺は「摂津名所図会」では、真言宗の寺で、仁西上人を開基とし、江戸時代は温泉寺の仏事を担当する六カ寺の一つだったが明治六（一八七三）年廃寺となった。

「摂津名所図会」には報恩寺と極楽寺の間に広場が描かれる一方、念仏寺が描かれていない。しかし、宝永七年の「有馬山絵図」や元文二年「摂州有馬細見図独案内」を見ても権現坊、報恩寺、念仏寺と続いていたことは明らかで、「摂津名所図会」では左端の雲で隠されていることになる。念仏寺は浄土宗寺院で、谷之町にあったが慶長年間（一五九六～一六一五）に豊臣秀吉の正室北政所の別邸跡の現在地に移転した。現在の建物は正徳二（一七一二）年の再建で有馬最古の建築物である。樹齢二七〇年といわれる沙羅双樹が有名で、「神戸の花五〇選」に選ばれている。

図1

最も奥まったところに描かれているのが清涼院で、「摂津名所図会」は挿画には「清涼寺」と書いているが本文では正しく清涼院としている。ほかに境内に地蔵堂、清盛塔、宝庫、そして「ねがい水」の注釈を入れている（図1）。

清涼院は、温泉寺奥の院であったが、寛文五（一六六五）年禅宗の一派、黄檗宗に改宗、京都・宇治の大本山万福寺の末寺となり、清涼院と称するようになった。明治維新の神仏分離の際、温泉寺は無住だったため廃寺となり、薬師堂が残ったので清涼院を薬師堂に移した。このため、温泉寺は黄檗宗となり、正式名称も温泉禅寺としたのである。

「摂津名所図会」によれば、行基が温泉寺を創建したころ蘭若院・施薬院・菩提院の三院があり、清涼院は菩提院の系譜を引くという。宝塚の清澄寺の僧、慈心坊尊恵を中興の祖とする。尊恵は、承安二（一一七二）年に閻魔大王が一〇万人の僧を集めて読経するという法会に招かれ閻魔王宮に行った後に、蘇生したという「冥途蘇生記」の主人公で、「平家物語」にも引用されている。「冥途蘇生記」に閻魔大王と尊恵が、平清盛が千僧供養をしたことを称えるくだりがある。この仏教説話が広く流布し、この石塔を清盛塔と呼ばれるようになったのだろう。「摂津名所図会」には清盛塔しか描かれていないが、宝永七年の「有馬山絵図」にはその右に「ちしんほう（慈心坊）石とう」が描かれている。この二つの石塔は、清涼院が薬師堂に移された時に一緒に動かされ、現在は温泉寺の両脇に立っているが、何も刻まれていない。なお戦前には薬師堂の階段の下の左右に立っていたことが絵葉書などで読み取れるが、現在は薬師堂のすぐ前にある。

「摂津名所図会」に描かれた「ねがい水」にも興味深い伝説を記載する。本文では「願温泉《ねがいのいでゆ》」とし、有馬に来た際に「此の所に温泉涌出せば、異国までも我旗下に属する前表《ぜんぴょう》ならんと杖を以て穿ち給へば忽温泉滔々《とうとう》と涌出る故に願之湯といふ、秀吉公薨御の後ハ絶て涌出する事なし、只名のみ遺《のこ》り旧蹟となれり」と、秀吉の朝鮮出兵と結びつけた伝説である。

図２

背後にある愛宕山は標高四六二メートル。「塩の湯」が出ることから昔は塩原山と称していた。「摂津名所図会」では、途中二つの鳥居をくぐって山頂に愛宕神社がある（図２）。京都の愛宕山権現を勧請したという。愛宕山は明治になると観光地として注目を浴び、明治三十五（一九〇二）年有馬保勝会が組織され、草花が植えられ博物館や倶楽部整備が進んだ。杉本栄松堂が明治末から大正期に発行した「有馬名所及愛宕山遊園地設備図」（神戸市立博物館）によると、愛宕山へやや登ったところにまず倶楽部、続いて博物館が描かれ、山頂には愛宕神社が健在である。有馬保勝会は大正二（一九一三）年に有馬町に業務を移管、役割を終えた。昭和三（一九二八）年の「神戸有馬電鉄沿線名所図」（神戸市立博物館）にも愛宕山の頂上には立派な社が描かれているが、今は祠があるだけである。

第5章　なりわいと娯楽

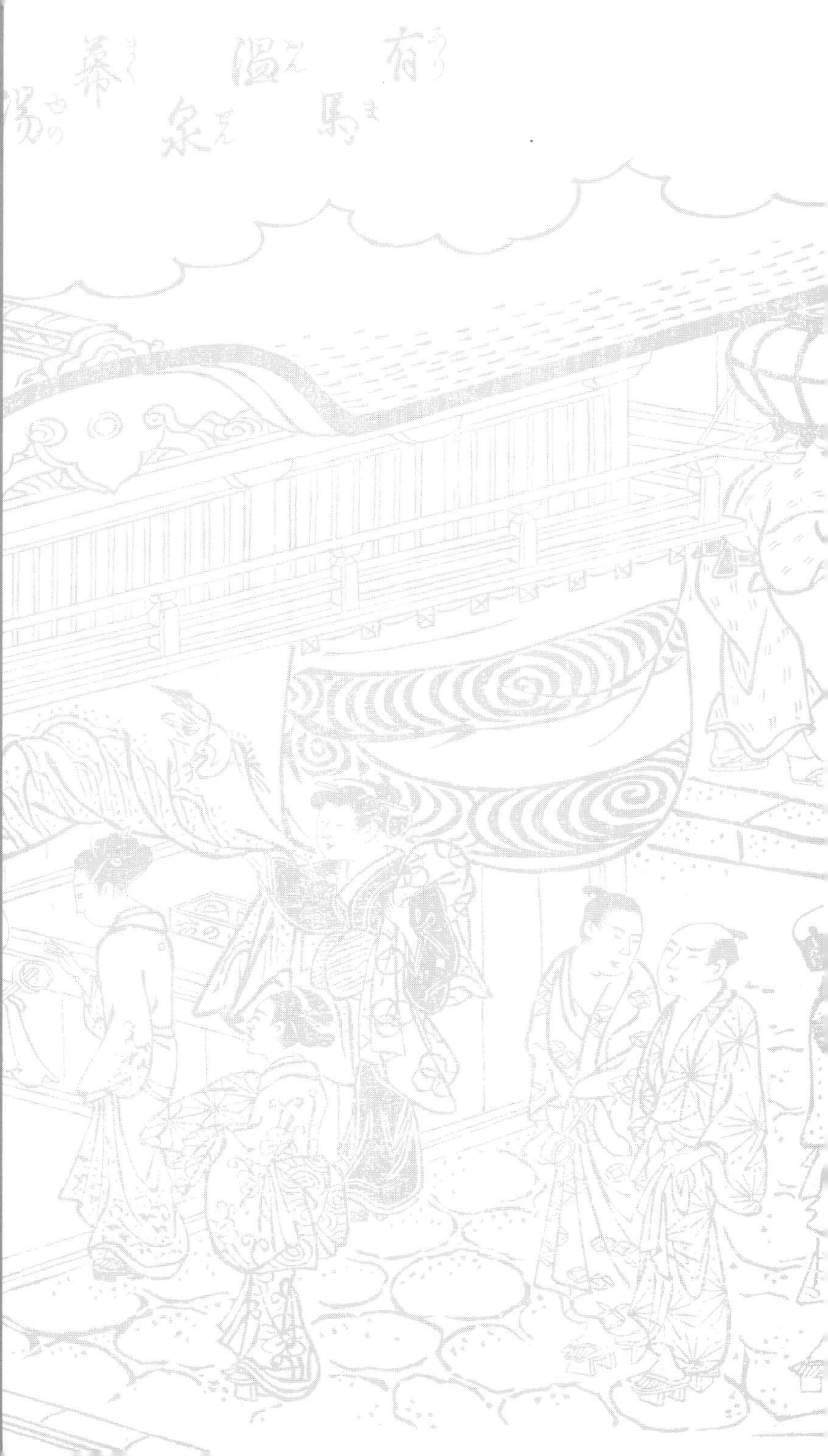

52

有馬湯治の楽しみ

宿坊の幕を張り貸し切りで入湯

神戸市北区有馬町

有馬温泉の宿は十二坊から始まり「摂津名所図会」の時代は二十坊あり、ほかに七、八〇軒の民屋が旅客を泊めた。しかし当時は外湯だけで、一の湯と二の湯しかなかった。二十坊はそれぞれ使う湯が決まっていた。

一の湯と二の湯は、入り口は異なるが中はつながっていて、「摂津名所図会」によれば「室内を中分にして南向を一之湯といひ、北向を二之湯といふ」とある。湯船の大きさは、深さ一・一四メートル、横幅三・七五メートル、縦の長さ六・三メートルしかなかった。「底は鋪石《しきいし》にして、其の石の間々に竹筒を挟む、其の中より沸泉す」とあり、今の温泉とかなり様相が異なっていた。昼夜常夜灯が

ともり、この火は報恩寺からともされて運ばれる。

「摂津名所図会」が賑やかな風景を描くのは「幕湯図」である。幕湯とは、浴場の入口に入湯する人が泊まっている坊の幕を張り、ほかの客の入湯を止める貸し切り。「幕湯は大名金持の為に引」（孟遠『荷葉之紀行』）とあり料金も高かった。湯船が狭かったために生まれた知恵だろう。ほかに幕間《まくあい》・狭嫌《せばぎらい》・追込などがあった。幕間は幕湯と幕湯の間、狭嫌はグループ客の貸し切り、追込は入込ともいい、誰もが入れた。

前ページの挿画中央に風呂敷と「兵衛」の提灯を持った男がいる。兵衛は有馬二十坊の一つで二の湯を使うことになっていたから（一五ページ）、挿画は二の湯の幕湯の様子である。

二十坊には大湯女、小湯女を一人ずつ置いており、大湯女は「かか」と呼ばれた。小湯女は一三、四歳から一八、九歳までの美顔の少女を選び紅紛で化粧した。名前は坊ごとに決まっていて通り名といった。三宅嘯山の「有馬紀行たたひ越」によれば「みな歯そめ、帯前に結て姥めかせる」

と、未成年の小湯女もお歯黒、帯を前に結ぶ人妻の装いで接客した。ともに入湯に付き添い、浴衣を肩に懸けて案内し、入湯の時間を知らせ、衣類を預かった。寛文十二（一六七二）年の「有馬私雨」によれば「遅くあがる者あれば大湯女小湯女手毎に棒をもて湯口の戸をたたき、あがれあがれ」とののしったという。一九六ページの挿画の入口右手に立つ女が大湯女、左手が小湯女だろう。

幕湯図は「摂津名所図会」の初版では全く別の図になっている。一九七ページの画で向きが逆。貞享二（一六八五）年刊行の「有馬小鑑」などの挿画は右へ入る構図は一の湯なので、初版幕湯図は一の湯だろうか。従者を連れた武士が湯女に導かれて入湯するところで、いかにも貸し切りらしい。これに比べると再版の幕湯図は男女入り混じっている。

入湯の合間には湯女を呼んで酒宴。「摂津名所図会」は歌う有馬節を「鄙《ひな》びたる調子」「古雅にして殊勝」と書き「旅鬱の気を散ずる療養のひとつ」と書いている。

53

有馬の祭礼

行基・仁西像を輿に練る温泉街の伝統行事

神戸市北区有馬町

有馬の入り初め式は正月二日の恒例行事である。温泉寺から輿に開基の行基像と有馬温泉を復興した仁西の像を乗せ、温泉街を練り歩く。「摂津名所図会」の挿画は、僧侶を先頭に烏帽子姿に大小刀を差した男たちが輿を持っている。今は白丁に烏帽子姿の男たちが神輿を担ぐので、当時とは様相がかなり異なっている。また行基像と仁西像は一つの輿に乗っているが、貞享二（一六八五）年刊行の「有馬小鑑」に描かれた挿画では、輿は別々で祭りの形も変遷している。

入り初め式は江戸時代から続く伝統行事で、「摂津名所図会」のころは温泉の浴室で入り初めの儀式を行った。今は有馬小学校の講堂で神事を行い、

白衣赤袴の湯女に扮した有馬芸妓が、初湯をもんで適温にさます湯もみをする。初湯を行基・仁西像のまわりの器に移し仏事が行われ、最後に灌仏を行う。入り初め式の歌と踊りが披露され、浄米をゴザの上に撒いて祓い、芸妓たちが若松の枝で白紙に掃き寄せる。式が終われば行列は温泉寺・湯泉神社に戻っていく。途中、湯女が輿に向かって「戻せ、返せ」と呼びかけ、太鼓の合図で輿は三度行きつ戻りつを繰り返す。

再版の「摂津名所図会」には「有馬温泉明神祭」の挿画もある。これに関しては本文の説明がない。初版本は二〇四ページに紹介する「有馬筆」である。また今は「明神祭」という名称は伝わっていない。「摂津名所図会」では、盛大な祭りの様子が描かれている。鯛の山車には「三所権現」ののぼりがあり、湯泉神社をさすから、湯泉神社の祭りだろう。三所権現は熊野権現、三輪明神、鹿舌《かじた》明神を祀ったもので「摂津名所図会」は「三座の中、三輪明神を当山の地主神とす」と書いているので、明神祭は有馬にとっての鎮守、三輪明神の祭りだろう。

この祭りは今は湯泉神社の秋の例大祭と変わり、一年を通じて最大の行事となっている。『兵庫県神社誌』によれば十月三日が祭礼日で、江戸時代から奉納相撲もあった。今も神幸祭御輿渡

御があり、有馬温泉街を獅子舞・子ども御輿・大人御輿が練り歩く。

挿画には中之町の提灯を従えただんじりが描かれている。上之町にもかつてだんじりがあったから、各町がだんじりを競ったのだろう。道端や二階からだんじりや山車を見物する人、籠売り、魚を入れた天秤籠を担ぐ男やマツタケを入れた籠を持つ男など、表情豊かだ。左端に目洗湯が描かれている。「摂津名所図会」には明目湯《めいもくゆ》とし、「嫉妬湯《うわなりゆ》の西、温泉寺の下にあり、眼を洗ふに翳《かすみ》を除き明《あきらか》にす、故に名とす、俗に目洗湯《めあらいゆ》ともいふ」とあって、目のかすみに効能があると信じられていた。「有馬山絵図」（神戸市立中央図書館蔵）には上道町の辺りに「目のゆ」が描かれていて、この行列の描かれている場所が判明する。

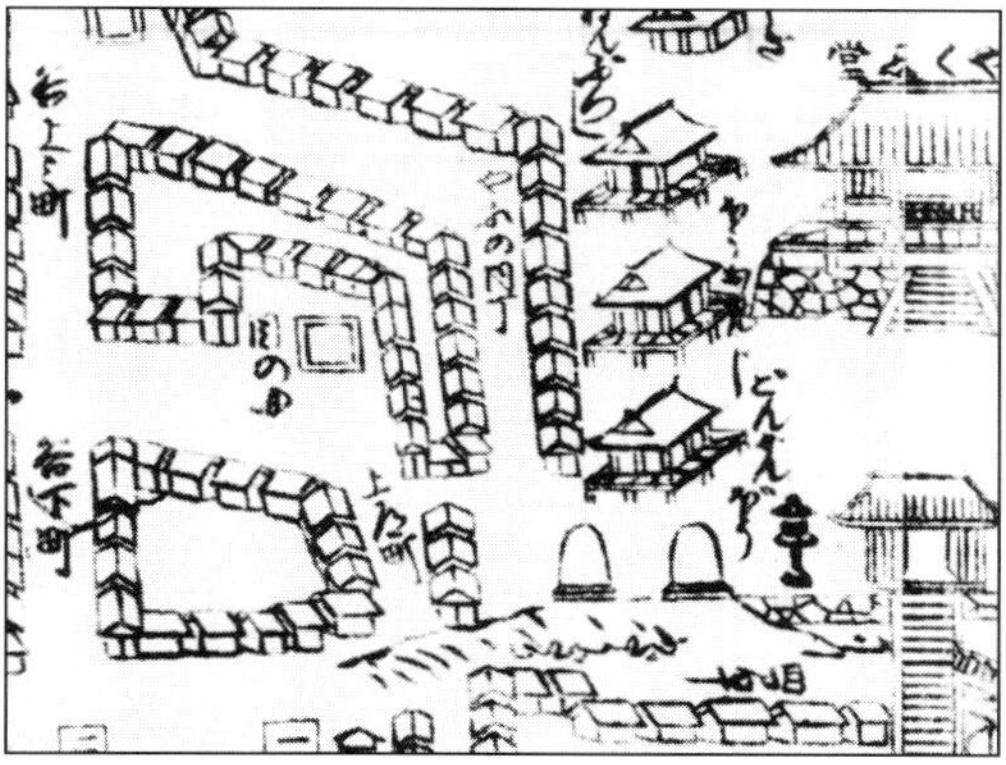

「有馬山絵図」に描かれた「目のゆ」

54

有馬名産

有馬籠、有馬筆　湯治客で賑わう店先

神戸市北区有馬町

有馬の名産として「摂津名所図会」は第一に竹細工をあげる。「文笥《ふばこ》・硯筥《すずりばこ》・小文庫などには錆竹を以て草花の模様、あるは画紋、詩歌の文字を置いて美麗飾る」「籠細工には花生《はないけ》・菓子筥《かしばこ》・煙草笥《たばこいれ》・食籠《じきろう》・茶漉《ちゃこし》等」と紹介する。

「摂津名所図会」には有馬籠を扱う店が大きく描かれ、そろばんを片手に籠を売り込む商人が描かれている。店の奥には大小の茶杓が飾られ女性が手に取っている。元禄十四（一七〇一）年刊行の「摂陽群談」は「茶杓・手水杓・水打杓等、竹の内皮を曲て作るなり」とあって、竹細工の副産物である。左端には風呂敷包みを背負って籠を持つ男。「明神祭」の挿画にも描かれていたが、有

馬籠の行商人だろう。右側には湯を汲み出す男女。宿に運んで内湯にするのだろうか。中央下の屋根は屋根の上に石が乗せられ板葺きだとわかる。

ただこの図は再版本に載っているもので、初版本では下の図で秀雪亭の画だった。店は茅葺き、左手に隣の家の壁が大きく描かれ、賑わいぶりも今一つだ。初版本では湯山街道、兵庫津の生け簀も秀雪亭の画だったが、いずれも変更され「摂津名所図会」から秀雪亭の画は消えている。秀雪亭は、円山応挙の高弟と思われ、天明七（一七八七）年応挙とともに香美町の大乗寺で障壁画を制作、「群仙図」を残した。寛政二（一七九〇）年の禁裏造営で障壁画の絵師に加えられた。権九郎と称し、字は子寿、別号に綿山。秀喬卿とも称した。京都の諏訪町松原北に居住していたが、残された作品が少なく、初版本「摂津名所図会」の画は貴重な遺品の一つである。

次の名産として掲げるのが木地の挽き物。ろくろで作った木製の器である。一六世紀にはすでに有名で、本願寺の「顕如上人貝塚御座所日記」に

よれば、天正十一（一五八三）年九月に有馬に入湯した顕如は、翌十月に豊臣秀吉に有馬土産として木地の食籠五つを贈った。秀吉から礼状が届いたとある。

続いて有馬筆。「諸国へ商ふ」「幼児の翫《もてあそび》にして管の中より人形出入りの唐繰《からくり》あり、また糸細工の品類、美麗なり」とある。初版本では有馬筆の店を描いている。店先では筆を売り込む店側と客が描かれ、左側には有馬筆に仕込まれたからくりを楽しむ客の姿が描かれる。再版本では明神祭にさしかえられた。

続いて「有馬鍛冶とて包丁、小刀、裁刀《つまきり》、刀子等を鍛《きた》ふ」と鍛冶を名産に掲げる。このほか「紙は鳥子紙、半切紙等、多く白土を和して製したる紙類、近隣名塩・山口・名来よりこゝに運びて商ふ」とあり、名塩などの紙を有馬に運んで商売するという。また有馬楊枝や菅笠も名産に掲げ、「むかしはこゝにて菅笠を多く縫て名産とす」とすでに菅笠は名産地でなくなっていることを記載している。

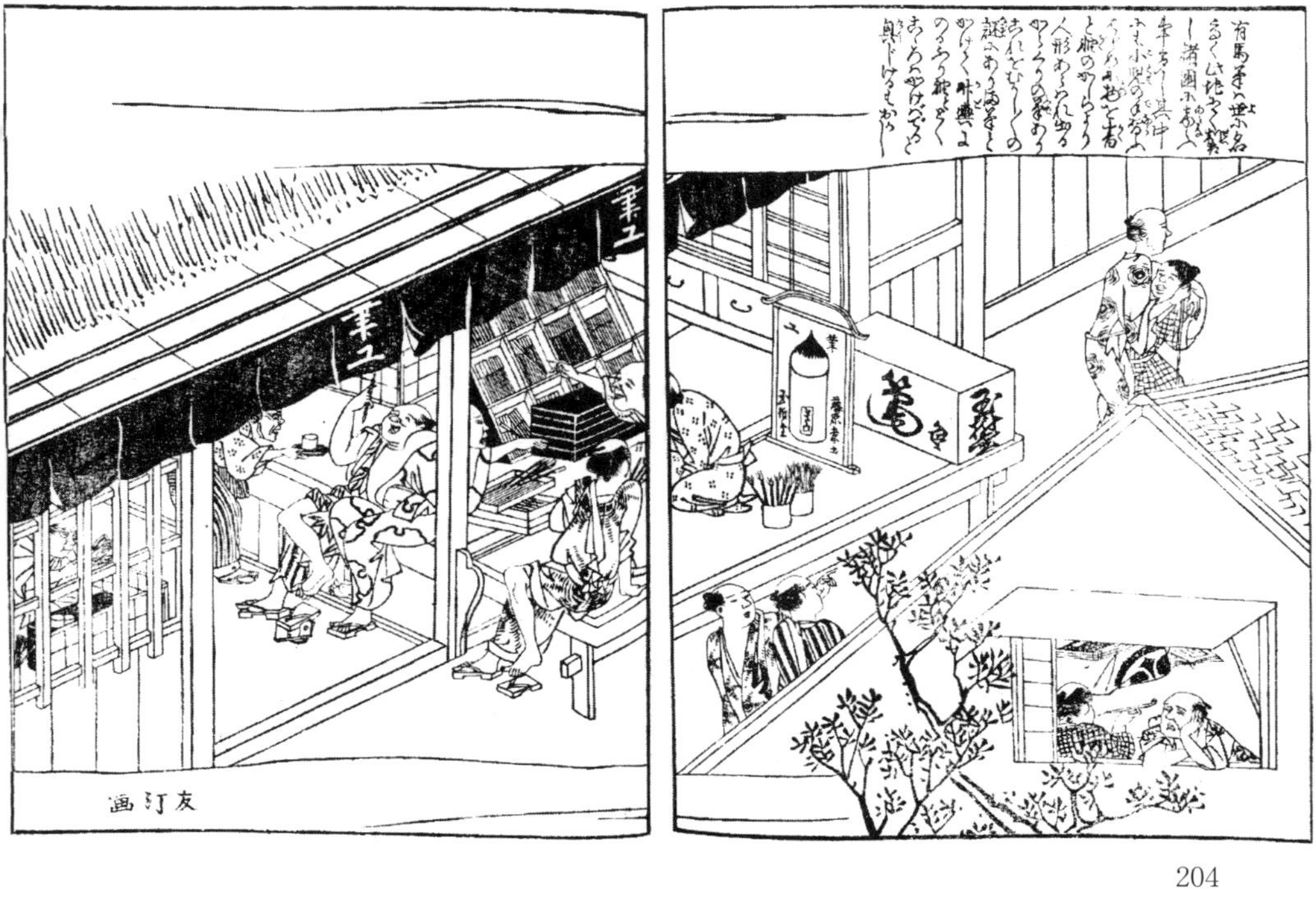

55

鼓ケ滝の鮎漁と筏下り

西行も歌に詠む 謎多い滝の所在

川西市鼓が滝町付近

西行法師が訪れて歌に詠んだという有名な鼓ケ滝について「摂津名所図会」には「多田川の下流多田院より八丁許《ばかり》南にあり、左右岩石塁々としてその川幅三間計《ばかり》、急流にして珠を飛すが如く白波浡潏《ぼついつ》たり」「いにしへは飛泉十丈余落る」といかにも激しい滝があるように記載している。しかし、現在地名の残る場所に行っても猪名川には滝はもちろん十丈、すなわち三〇メートルもの落差があった跡もない。

それもそのはず「摂津名所図会」は続けて「多田院造営の時、此の岩石を斫《きり》て用石とす、又は洪水の難を除かん為なり、これより水音絶えて鼓ヶ滝は名のみにして」と書いている。一方、幕府が作成を命じた国絵図には江戸初期の慶長国絵図から天保年間の天保国絵図まで落差の大きい鼓ケ滝が猪名川に描かれている。

この点について、川西市史に関わった山田裕久さんは『川西歴史散歩』の中で、猪名川が古くから木材をいかだにして下流に運んでいたことや、天明四（一七八四）年に猪名川通船が認められ、さらに天明五年には多田院までの延長願いが出ていることから、猪名川に滝はなかったと主張する。そして、周辺を歩いて、「鼓が滝」の南端の猪名川右岸の山腹（川西市矢問字滝ノ原）で滝を見つけ「山土の落下によって地表が埋没した現在でも、高さは約十二メートルあります」と報告している。また道路や線路のなかったころ滝は猪名川へ直接流下し、「そ

戦前の鼓ケ滝付近の景観

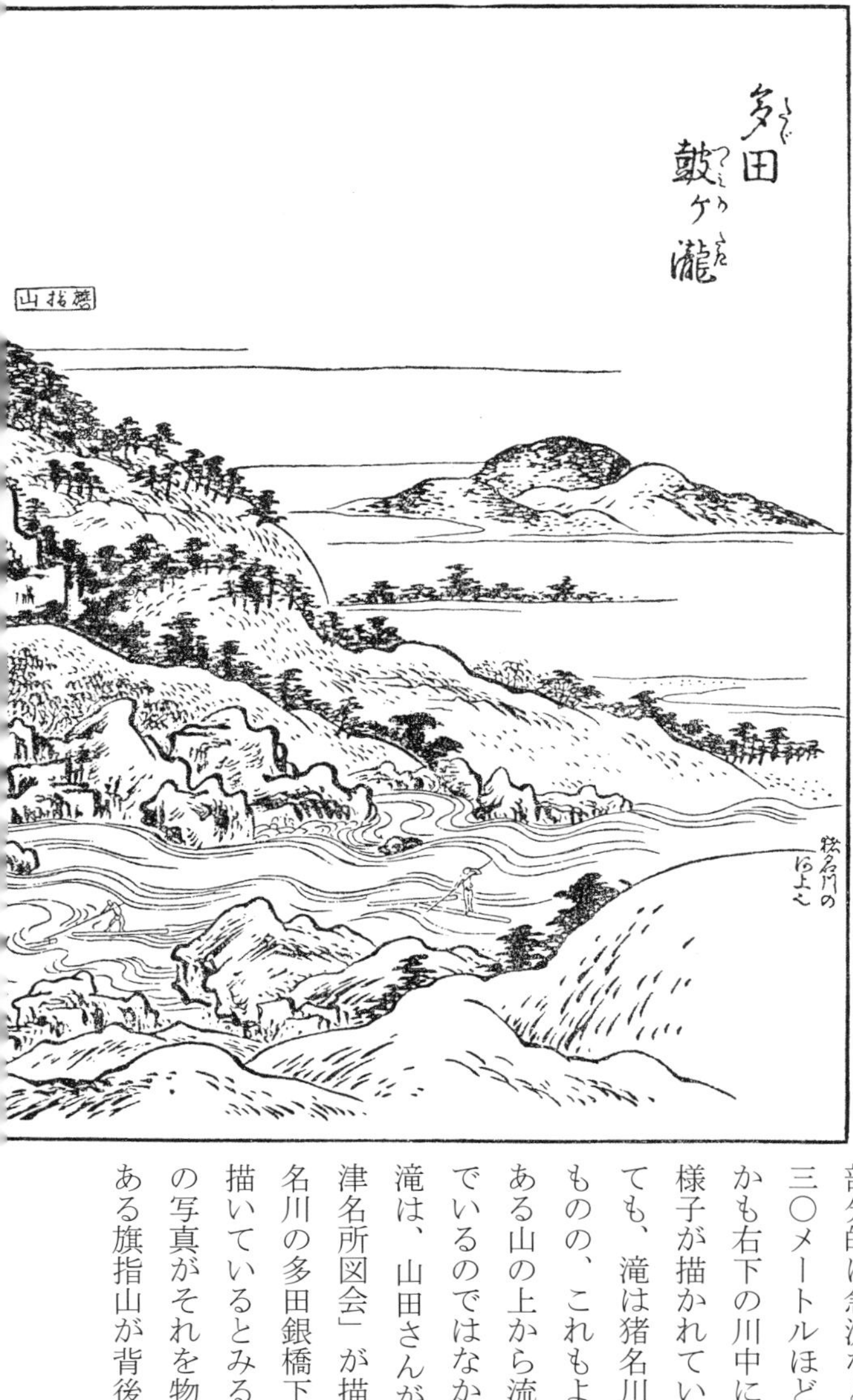

の落差は三十メートルに達していたことが容易に推測される」として、昭和になって滝壺に堂が立てられ滝に打たれる修行場として利用されていたことも報告している。

しかし山田さんが国絵図や「摂津名所図会」に描かれた鼓ケ滝について「歴史的事実に反するもの」「筆者が実体を見ずに書いた」とまで書いているがそれはどうだろうか。「摂津名所図会」をよく読めば「飛泉十丈余落る」と書いたのは、「いにしえ」であって、江戸時代の話ではない。事実かどうかは別にして、多田院造営の時に石を切り出した後は、「水音絶えて鼓ケ滝は名のみ」とあり滝ではなくなったと書いている。挿画も部分的に急流なところはあるが、決して三〇メートルほどもある滝ではない。しかも右下の川中には筏を操り川下りする様子が描かれている。国絵図の滝についても、滝は猪名川に重ねて描かれているものの、これもよく見れば、猪名川西にある山の上から流れ落ち、猪名川に注いでいるのではなかろうか。国絵図に描く滝は、山田さんが再発見した滝で、「摂津名所図会」が描く鼓ケ滝は、現在の猪名川の多田銀橋下流の岩場を現地で見て描いているとみるべきだろう。前ページの写真がそれを物語る。ただ多田院村にある旗指山が背後に描かれるなど、構図

は実際の景観と異なるので、デフォルメされている。

「摂津名所図会」の挿画で注目されるのは、汲み鮎漁である。「初夏の頃は年魚《あゆ》こゝに聚《あつま》る事数万に逮《およ》ぶ、近里の漁者手網を以ってこれを汲み取る事数斛《こく》なり、所謂《いわゆる》山州宇治川の鮎汲に比せり」とあって、山城の宇治川の鮎漁に匹敵するという。この鮎漁は、右岸では矢問村、左岸では東多田村（いずれも川西市）と古江村（池田市）が漁をしていて、寛政十（一七九八）年に鮎漁をめぐって漁場の境界争論が起きた（多田神社文書）。東多田村によれば猪名川の古跡鼓ケ滝落ち口で、三月ごろに農業の合間に汲み鮎をしているが、近年古江村が理不尽に汲み鮎をすると訴えた。二年後多田院役所の仲裁で、岩を目印に境界を定めて決着するが、この証文によれば、滝の落ち口上下十間では両村は当面禁漁とし、解禁には両者の合意を必要とした。また対岸では矢問村が同じように汲み鮎漁をしているが、今回の争論に関係していないのでこれまで通り漁を認めるとの内容だった。

挿画を改めてみると、波の沸き立つ下流で網で鮎をすくい取る漁師の姿が見える。ここが訴状にいう「古跡鼓ケ滝落ち口」であることは疑いがない。

56

猪名川と相撲取り

当時流行の相撲興行川のなりわいも描く

伊丹市下河原付近

猪名川の右岸の茶屋で休む大柄な三人の男の絵に、「いな川にてすまひ（相撲）取を見て狂歌をよめる」と添え書きがあるから、力士と分かる。茶店の張り紙には「新そば」に加えて「来る…花相撲興行…」の文字が読み取れ、この力士は単なる旅人ではなく、近辺で行われた相撲興行に参加するために集まってきた力士だろう。

場所はどのあたりだろうか。猪名川についての説明で「久安寺川・多田川二水、木部村（池田市）に会して流れ、池田に至って池田川といふ、下河原・北川原・桑津等（以上伊丹市）を経過し、田能村に至り分れて二流となり、一は椎堂・富田を歴《へ》て戸ノ内（以上尼崎市）に至り神崎川に入、一は西に流れて藻川といふ」とあって、池田、下河原から下流を指している。蛇行の様子や橋がかけられていること、旅人が描かれていることから西国街道が猪名川を渡る下河原付近ではなかろうか。

さて力士が描かれるのには訳がある。

実は近世の伊丹は相撲の流行で知られていた。猪名野神社の「神幸絵巻」によれば、八月二十三日に神輿の渡御が行われ、その翌日境内で相撲興行が行われた。伊丹の上層町人、八尾八左衛門が記した享保十六（一七三一）年の日記によれば、八左衛門らは古拝殿で陣取り、池田・尼崎・西宮・今津から多くの力士が集まった。観客は「大見物」となり、行司は三人いたが、相撲一番ごとにもめあい、ろくに相撲が取れなかったほど熱くなったという。この相撲は「宮の相撲」と呼ばれ、水上の村々の庄屋や時には京都からやってきた領主近衛家の役人も見物に参加した。猪名野神社の神輿は元禄十五（一七〇二）年に酒造家上島氏が寄進し、翌年から猪名寺村（尼崎市）・下市場村・北河原村（以上伊丹市）に渡御が行われるようになった。またこの神輿を担ぐ「神輿強力仲」は「伊丹相撲仲」が請け負っており、力士を組織する「仲間」もあったことが分かる。

江戸幕府は元々喧嘩口論の原因になるとして、しばしば相撲禁止令を出した。また農民の相撲見物の禁止、町々の相撲取のしこ名の禁止、町人による力士抱えの禁止なども触れられている。しかし伊丹では大坂からの力士も加わって、稽古相撲と銘打った相撲興行が再三開催されたことが八尾八左衛門の日記などに見える。

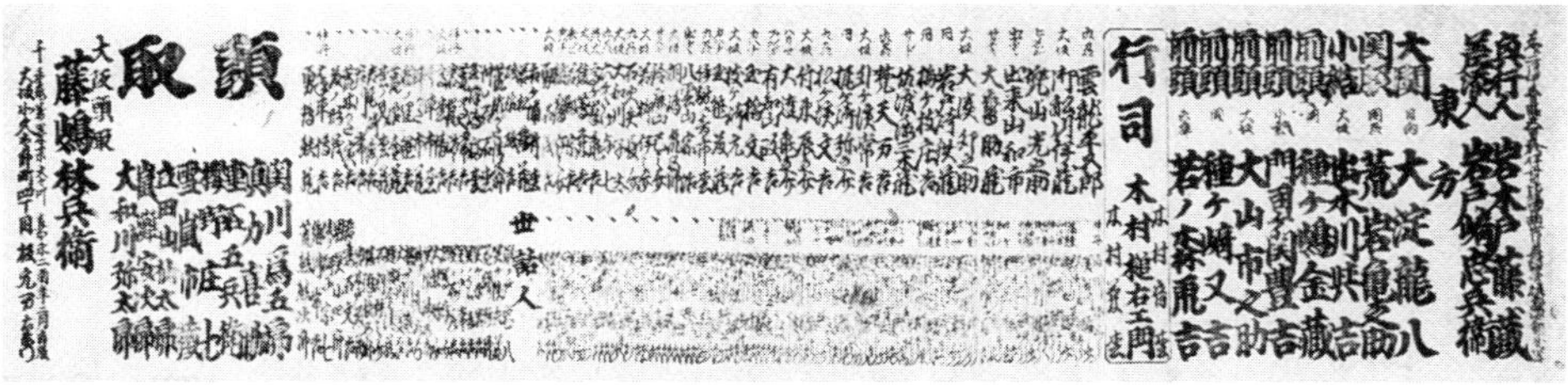

伊丹相撲の番付（小西新右衛門氏文書）

江戸時代後期になるとますます相撲は盛んになり、余りのフィーバーぶりで実際に喧嘩口論が発生し、近衛家と伊丹郷町は町中での勧進相撲を禁止したこともあった。しかしすぐに禁止令は撤回され、一九世紀になると、困窮する宿場町の救済のため、相撲や小見世物興行が行われた。また伊丹郷町の酒造家の間では、力士を抱えることが流行した。当時大名が競って有力な力士を抱えたが、裕福な伊丹の酒造家たちはそれを真似て力士抱えを行ったのである。幕末になるにつれて猪名野神社ばかりでなく町中や河原でも大掛かりな興行が行われている。参加力士を木版刷りした本格的な番付も作られるようになり、祭礼に付随して始まった相撲興行が、次第に町人の娯楽となっていく。

「摂津名所図会」の挿画には牛で荷を運ぶ男が描かれる。近世の宿駅は領主公用の旅人や荷物を運ぶため人や馬が集められ役負担を負う反面、民間の旅行者を相手に賃銭を取って営業をする特権を持っていた。ところが近世の中期以降になると、耕作の合間に百姓が農耕用の牛を使って荷物を運ぶ行為がしばしば問題になった。宿場とすれば、重い公用の役負担を果たさない百姓たちが、賃銭稼ぎで荷物を運ぶことは、宿場を疲弊させる由々しい問題だった。このため宿場は再三こうした百姓による牛馬などでの運搬を奉行所に訴えた。しかし大量の通行がある場合はこうした周辺農村の牛馬の助けが必要で、営業のための札、すなわち鑑札を渡すこともあった。共存共栄を図らざるを得ないところに宿場の弱みがあった。名所図会に堂々と描かれるあたりにそうした事情が垣間見える。

この絵に描かれているもうひとつの職業が漁師である。「摂津名所図会」によれば「初夏より秋に至り鮎・石伏など多し、漁者釣を垂れ、又は手網を以てこれをとる。暑中の一興なるべし」とある。鮎漁はこんな下流でも盛んだった。農業だけに頼らない暮らしと営みを活写しているのである。

57

伊丹の酒造り

今に続く酒造の歴史
工程を子細に紹介

伊丹市伊丹

「摂津名所図会」は、当時の伊丹酒の作り方を最初から紹介する。まず右上で人力による精米である。当時、宝暦四（一七五四）年の酒造勝手造り令以降、急速に発展した灘は大掛かりな水車を使って精米していたから、コストの差は歴然である。旧暦の九月に吉日を選んで米洗いを始める。蒸して人肌まで冷まして麹室で麹をふりかけ、麹を造る。蒸して挿画は蒸しあがった米を蔵の中に運ぶ男たちが描かれているが、そこから先の工程は隠されている。

「摂津名所図会」と同時代に伊丹酒造の工程を絵入りで詳しく紹介したのが、「日本山海名産図会」で、蔀《しとみ》関月が挿画を描いて寛政十一（一七九九）年に発行された。「日本山海名産図会」は巻一すべてを

「摂州伊丹酒造」に当て、五つの挿画を掲載している。ほかの名産はいずれも一枚だけの挿画なので、いかに力を入れたかが分かる。

五つの挿画は「米あらい」「麹醸《こうじつくり》」「酛《もと》おろし」「酘《そえ》・中・大頒《おおわけ》」「酒すまし」。「麹醸」では蒸した米をむしろに広げて人肌に冷まし麹室に入れる作業が描かれる。蒸米をアルコールに変える時に必要な酵母菌を多量に作るために、麹・蒸し米・水・純粋酵母・乳酸からなる酛《もと》＝酒母《しゅぼ》を造る。「酛《もと》おろし」は出来上がった酛《もと》を仕込み桶に移す作業。仕込み桶に移した酛に米・麹・水を追加することを「酘《そえ》」といい、三日経ったものを「中」と呼んで蒸飯・麹・水を追加、翌日半分を別の桶に分けることを「大頒《おおわけ》」と呼び、さらに翌日、蒸飯・麹・水を追加、これを「仕廻《しまい》」と呼んだ。

ここに掲げたのは、酛に蒸米や麹をつぎ足す「酘・中・大頒」と「酒すまし」の挿画である。「酒すまし」の挿画では、右下で発酵したもろみをすくい酒袋に入れ、醅《ふね》＝酒槽《さかふね》に積み上げている。隣の酒槽では長く伸びた男柱に、男たちが多くの石をぶら下

げ圧力を掛け、左の酒槽から酒が絞り出されている。これを「七寸」と呼ばれる澄ましの大桶に入れ四、五日置き四斗樽に詰めて出荷する。

「摂津名所図会」は「名産伊丹酒」について「酒匠の家六十余戸あり、みな美酒数千斛《こく》を造りて諸国へ運送す、特には禁裏調貢《みつぎ》の御銘を老松《おいまつ》と称じて山本氏にて造る、あるひは富士白雪の名酒は筒井氏にて造る、菊名酒は八尾氏にて造る、其の外、家々の銘を斗樽の外巻に印して神崎の浜に送り、渡海の船に積んで多くは関東へ遣す」と紹介する。

「老松」は朝廷に奉納したり将軍の御膳酒として有名で、江戸時代前期の江戸積み酒造家の番付では「老松」は東の大関、また「白雪」は前頭として登場する。ともに今も伊丹で酒造を続ける。八尾氏は屋号紙屋でこちらも前頭である。「摂津名所図会」は「当所の領主は近衛殿にして、むかしより村甲《そんこう》は酒匠の者、更々《かわるがわる》郷中の支配を蒙る《こうむる》」とも書く。近衛家は伊丹郷町の領主だったが、代官を置かず、酒造家を惣宿老という役職に任じ、自治を行わせた。

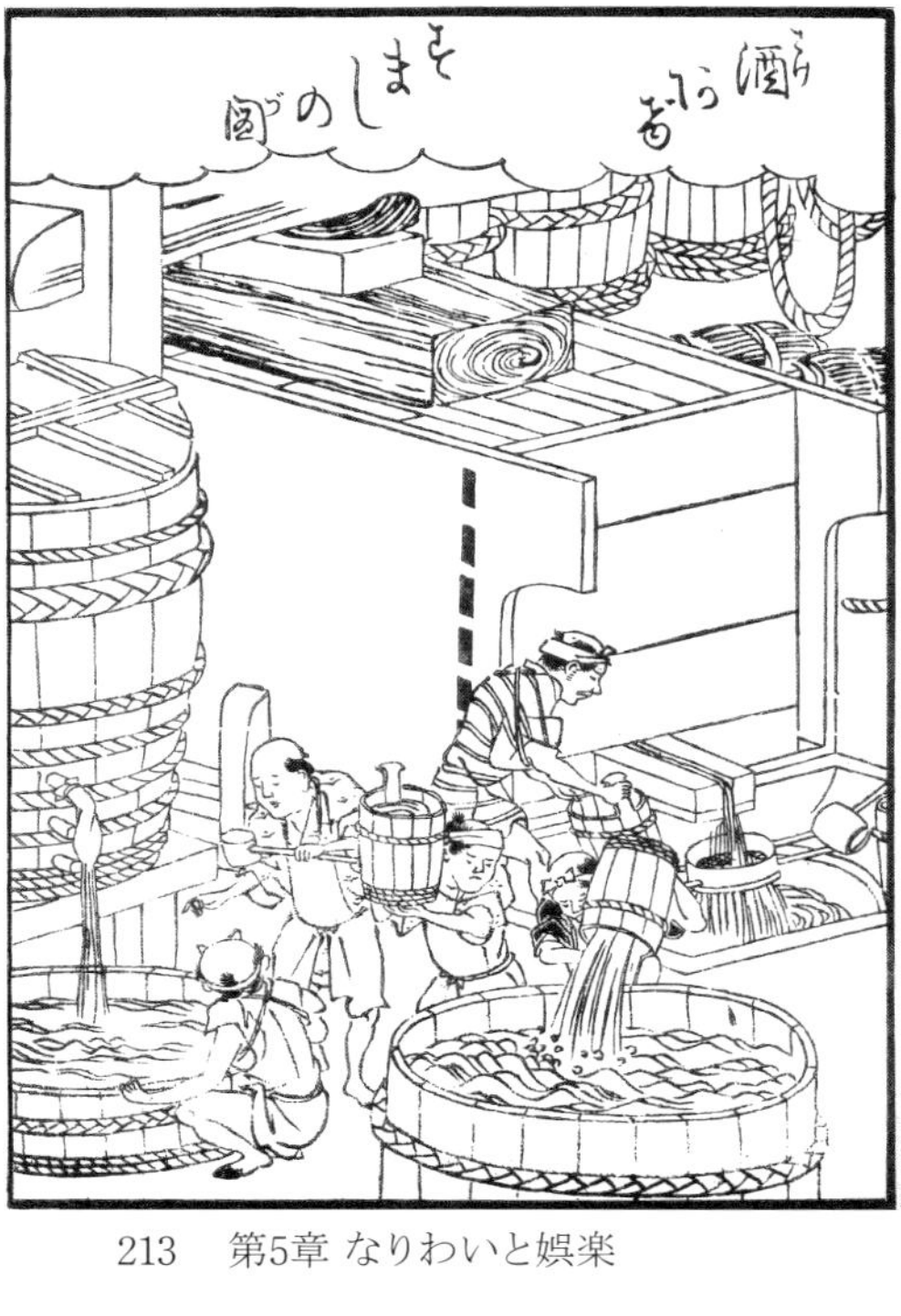

58 鳴尾の西瓜

「味よろしく暑気を払う」かつてはスイカの名産地

西宮市鳴尾

「摂津名所図会」に「名産鳴尾西瓜《すいか》」の項目があり、「鳴尾村より多く出づる、上品とす」とある。元禄十四（一七〇一）年の「摂陽群談」の記述はもっと詳しく「鳴尾村の田圃に作り、所々の市に沽《う》り、近歳人多く喰之、瓤《なかご》赤きを照と云へり、当所の西瓜、よく照て味甚《はなはだ》美なり、種の黒を以て宜《むべ》とす」とあって、実の赤いものを照と呼んでいて、鳴尾のスイカはよく照て味は特によく、種が黒いものがよいとされた。

「近歳人多く喰」とあるように、スイカは寛永四（一六二七）年薩摩に種が渡来したと伝えられ、一七世紀後半になって次第に食べられるようになった。肥前（佐賀県・長崎県）・薩摩（鹿児島県）と並んで、鳴尾のスイカが有名だった。中期以降は商業作物としても広く作られるようになる。

元禄十（一六九七）年に刊行された農業技術書「農業全書」には「味宜《よろし》ク暑気ヲ掃《はら》ヒ、酒毒ヲ解シ渇《かわき》ヲ止メ、潔《きよ》

キ食物ナリ」と書き、味がよく暑気払いになり、酒の毒を消し喉の渇きを潤すと絶賛している。また「種子ニ種々アレトモ、ジャガタラト云アリ、肉赤ク味勝レリ、之レヲ専ラ作ルヘシ」とさまざまな種類のうち、ジャガタラと呼ばれる種類を推奨している。ジャガタラとはジャワ島から日本に渡来した品物に冠したので、インドネシア産という。「海辺南向ノ肥タル沙地ヲ好ムモノニシテ、山中ハ悪シ」と海岸の砂地がよいとしている。

「摂陽群談」は「田圃に作り」とあるが、「摂津名所図会」挿画を見ると、「鳴尾西瓜畑」とありやはり畑に作ったのだろう。木の下では収穫したばかりのスイカを切って食べる農夫たちを描き、横では駕籠かきが一休みして汗を拭いている。「ひいやりと腹も鳴尾の西瓜かな」と、鳴尾の地名と「腹が鳴る」を掛けた秋里籬島自身の句も入れた挿画だったが、これは初版本だけにあり、再版本からは削除され岡本の梅林に差し替えられた。

59

西宮の傀儡師

人形繰りで流しの芸能「夷かき」で全国行脚

西宮市産所町

「摂津名所図会」の武庫郡の扉にあたるのがこの挿画である。西宮の傀儡師《くぐつし》（子）が箱から猫を出して見せている。人形を操って流浪し芸能を生業とした。図に付けられた詞書には「西宮傀儡《かいらい》師は末社百《もも》太夫神を祖とす」と書く。

百太夫社については平安末期に編纂され鎌倉初期に増補された百科辞書「伊呂波字類抄」に登場する。摂津国の廣田社の摂末社は五所あり、そのうちの一つが「百大（太）夫文殊　竈殿　二所」となっていて、廣田社の末社になっていた。ただその場所は、廣田社周辺ではなく、西宮神社の近くだった。貞享三（一六八六）年の「廣田西宮両宮古図」（廣田神社蔵）に、西宮神社北側に百太夫神社が描かれている。

平安時代の学者大江匡房の「傀儡子記」によれば、傀儡師集団は定住せず狩猟をし、二本の剣を投げ、木の人形を操る芸などを行った。千金を献じられて着飾り、田を耕さず、官に従属しない。

そして美濃・三河・遠江が豪貴で、次いで播磨、但馬、九州の順だと評価する。まだ摂津の傀儡師が登場していないのは興味深い。

しかし平安末期に西宮神社の近くに百太夫社があったことは間違いなく、西宮の傀儡師が室町時代には宮中に参内して操り人形を演じたことが宮中女官の日誌「御湯殿上日記」に見える。「皆々一だんと上手にて、ほんの能のごとくにしまいらせて」と評判だった。

江戸時代になると、傀儡師たちは全国行脚し「えべっさん」を取り上げた出し物で信仰を広める役割も果たした。そのため西宮の傀儡師のことを「夷かき」「夷まわし」とも呼んだ。人形操りが人形浄瑠璃を生み出したと考えられる。傀儡師たちが居た場所は「散所」と呼ばれ現在の産所町になった。しかし元禄の頃には三、四〇〇戸あったという産所村も一八世紀名が頃には夷かきが衰退、百太夫神社は、天保十（一八三九）年に西宮神社の境内に移転した。

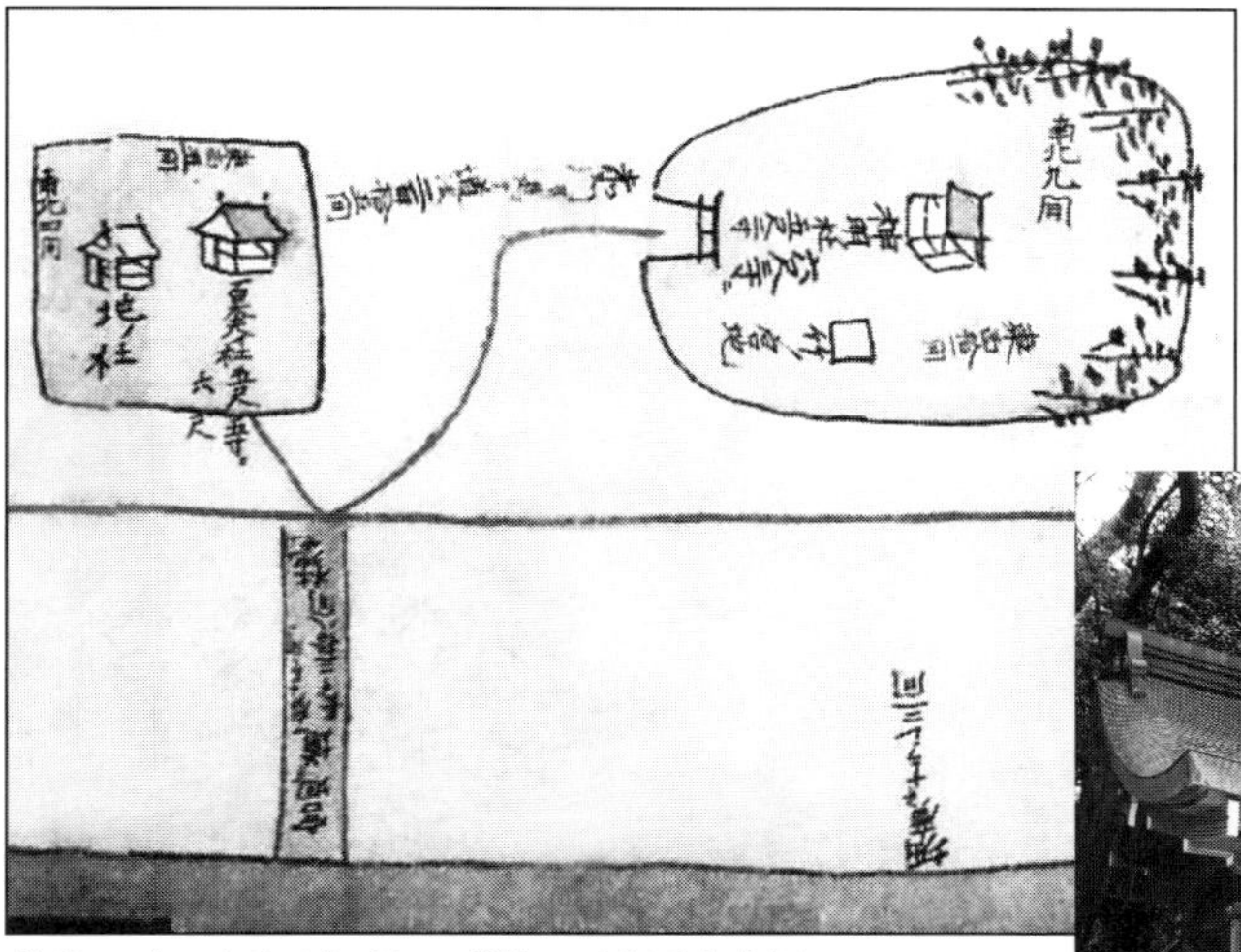

貞享三（一六八六）年の「廣田西宮両宮古図」（廣田神社蔵）にみる百太夫神社（左）

西宮神社内の百太夫神社

春の風物詩
西宮浜の漁風景を描く

西宮市

「摂津名所図会」は本文の中では「西宮名産」として真っ先に鯛を挙げ、「これを御前魚といふ」と書いている。「御前浜」「御前沖」で取れる鯛で、「御前」とは西宮神社の前の浜という説と、廣田神社前という説があるが、「摂津名所図会」は「いにしへは此の辺都《すべ》て広田郷といふ、今廃して広田村存す、一名広田浜ともいふ」として、藤原定家（一一六二〜一二四一）らの広田浜を詠み込んだ歌を引用する。

桜鯛は桜の花が盛りのころ、産卵のため浅瀬に群集するマダイで、最も美味だった。これに対して、産卵して麦の穂が実るころに取れるマダイを麦藁鯛と言った。「摂津名所図会」には桜鯛に

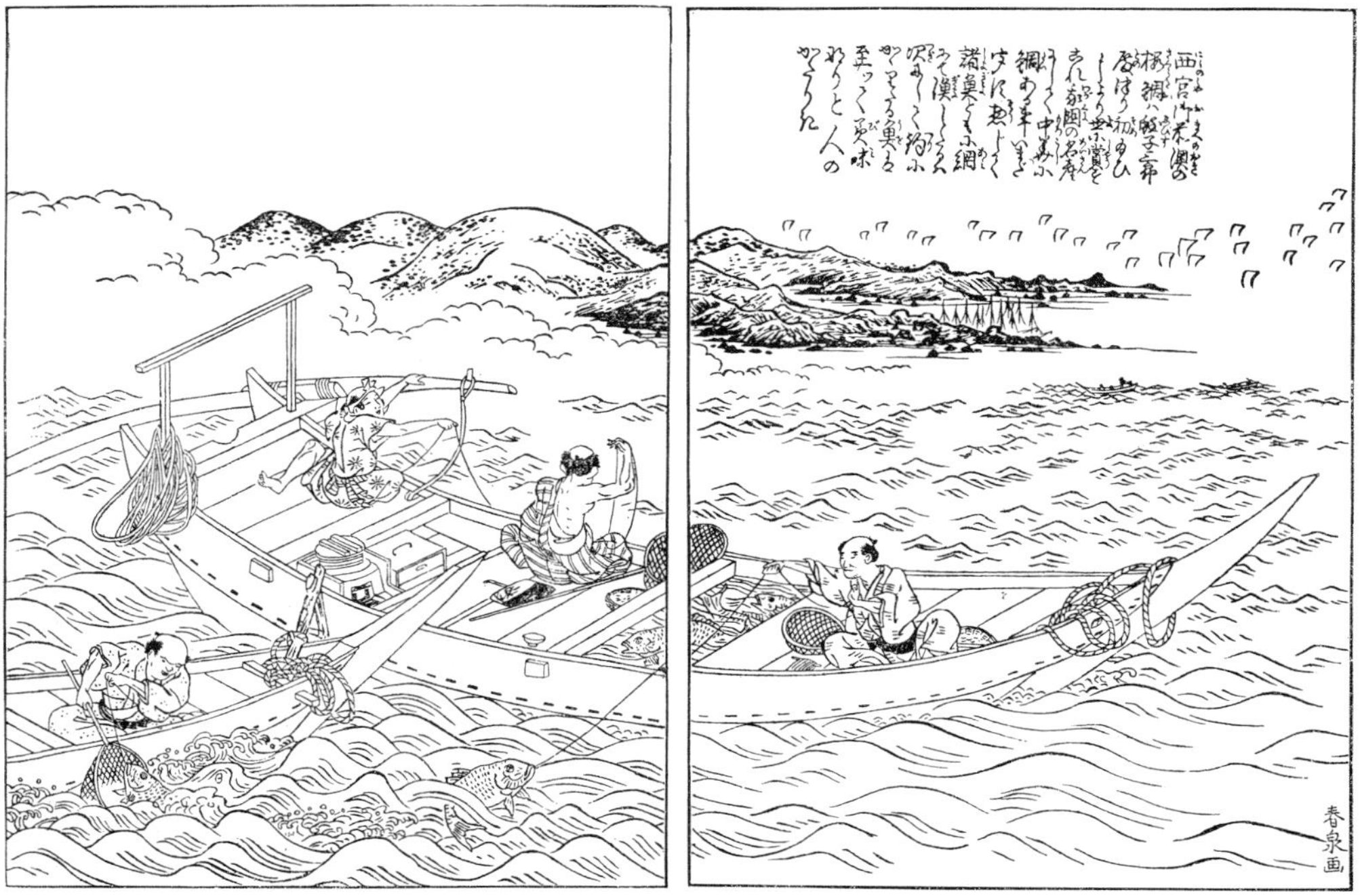

ついて、詞書で「蛭子三郎殿つり初給ひしより世に賞す、これ我国の名産にして中華に鯛ある事いまだ聞ず、惣じて諸魚ともに網にて漁したるは次にして、釣りにかゝりたる魚は至って美味なりと人の語りき」と書いている。桜の季節に、網ではなく一本釣りで釣り上げたものが最もうまいという。蛭子三郎は、平安末期に慣行され鎌倉初期に増補された百科辞書「伊呂波字類抄」に広田社の末社として「夷 毘沙門」「三郎殿 不動明王」が登場、次第に混同され、西宮神社の祭神となっていく。

挿画に描かれる三人の漁師は、いずれも一本釣りに徹している。船の中には釣り上げた鯛を入れる生け簀もあり、新鮮さを競っている。船にはかまども積み込んでいる。

一方、「日本山海名産図会」が描く西宮の代表的な漁は白魚《しろうお》漁である。入江に二、三月ごろ藁小屋を作り、杭を川の上に出し、網をつり下げ杓ですくい捕る漁である。

諸書によって代表する漁が違うのは、この地の多様な漁の反映である。

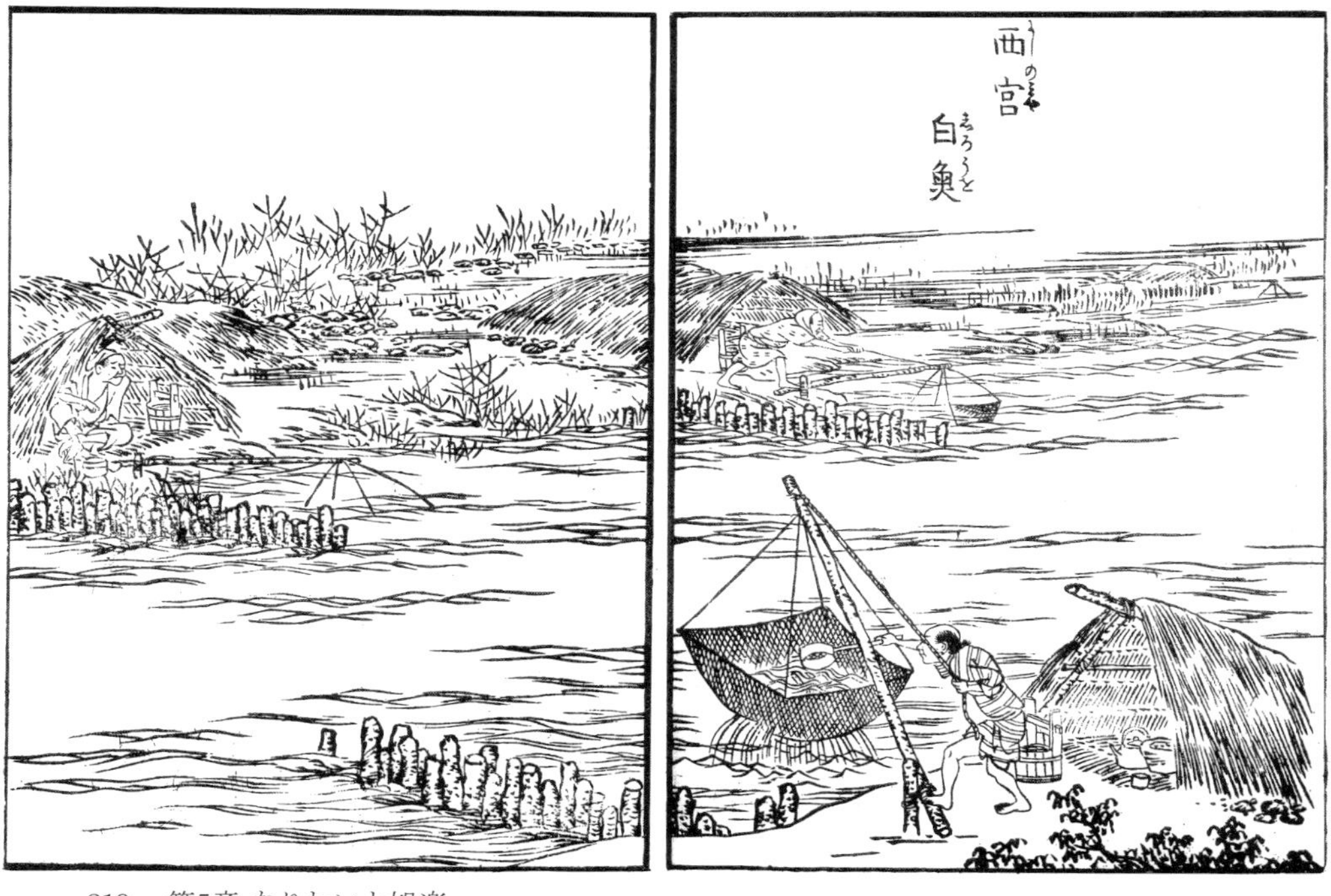

61 岡本の梅林

梅の名所の賑わいぶり 今は梅林公園として復活

神戸市東灘区岡本6

再版された「摂津名所図会」に掲載されている「岡本梅花見図」は、不自然な位置に掲載されている。というのは、岡本は当時菟原郡に属し、現在は神戸市東灘区にあるのに、「岡本梅花見図」は武庫郡の中に含まれ、「武庫川・おかしの宮・小松旧跡」という尼崎市と西宮市の境界にある名所に続いて掲載され、西宮御前浜の桜鯛漁・芦屋浦・踊松と続くからである。しかも梅林に関する記事がない。

実は流布本ではなく初版本の「摂津名所図会」を見れば疑問が氷解する。「武庫郡・菟原郡編」の初版本には「岡本梅花見図」の挿絵の場所に、「鳴尾西瓜畑」の挿画（二一四ページ掲載図）が掲載され、その次のページに「名産鳴尾西瓜」の記述があるのである。

「摂津名所図会」は、寛政八（一七九六）年に「武庫郡・菟原郡編」を含む四冊が発刊され、寛政十年に一～六巻が発刊されたが、六巻を発刊する際に、最初に発刊した「武庫郡・菟原郡編」の「鳴

尾西瓜畑」の挿絵を割愛し「岡本梅花見図」に差し替えて刷り直したのである。初版を出した際に、岡本の梅林が全く取り上げられていないことをよくないと考え、修正したのであろう。

明治四十四（一九一一）年に発行された『西摂大観』には、梅の名勝として大和の月ケ瀬、播磨の白国が有名とし「神戸より此の両地に遊びその行楽を果さんには、孰《いず》れも一泊せざる可からず、これ遠方に花を探らんよりは、寧《むしろ》ろ近き我が岡本に香を尋ぬるを便とす」と書き、わざわざ遠方の月ケ瀬や白国に行くより近くの岡本での梅見を勧めている。

また「此の所（阪神電鉄青木停留所）より梅林僅かに八町余に過ぎず、その便利なる固《もと》より月瀬・白国の比にあらず、而して岡本の名未だ天下に顕はれざるは、吾人愛郷の念よりすれば豈《あ》に痛歎せざる可けんや」とも述べていて、明治末期になってもまだまだ知名度が劣っていたことを嘆いている。「摂津名所図会」の初版本に「岡本梅花見図」が漏れてしまい、記述がないのは、そんな知名度不足が影響しているのかもしれない。

とはいえ兵庫の俗謡に「梅は岡本、桜は生田、松のよいのが湊川」と謡われ、尼崎藩主が数十人の家臣を連れて遊覧し、樹下に幕を張って宴を催し、岡本の旧家増田太郎右衛門は毎年梅を献上したという。知る人ぞ知る梅林であり、近世後期に急速に知られるようになったからこそ、二年後に「摂津名所図会」の全巻が発刊された際には、不自然を承知の上で、「鳴尾西瓜畑」の挿画を「岡本梅花見図」に差し替えたのではなかろうか。

「岡本梅花見図」をじっくり見てみよう。左側には、提げ重箱とよばれる野弁当を持参し、梅の花の下で酒を飲む三人の男が大きく描かれている。その横では盛り付けに夢中の二人。後ろには不届きにも枝を折って持ち帰る男もいる。手前の頭巾の女性と男は武家。その後ろには町人の親子連れか。武士も町人も入り混じっての花見である。

右の茶屋では短冊を持って一句をひねるご隠居。キセルでたばこをふかし老婆と語る男。また右端では温かい茶湯を振る舞っている。茶屋の営業が成り立っていたのであろう。子供も手伝いに忙しい。画面中央には三味線に合わせ、扇子を片手に踊る花見客が描かれている。

大正～昭和初期の岡本梅林

『西摂大観』は明治末期の花見客の様子を「遊客或《あるい》は隊を為し、或は伍を為し独行するあり、妓を携ふるあり、謡ふあり、吟ずるあり」「行く者帰る者、道路肩を摩して過ぐ」と賑わいぶりを記述する。

「岡本の梅は年々枝栄ふるも、生田の桜は早く伐り払はれ、湊川の松纔《わず》かに存す」ともあって、大正時代まで岡本から西岡本にかけて広い範囲に広がっていた。しかし宅地化に加え昭和十三（一九三八）年の阪神大水害による土砂崩れで大半が流出、昭和二十（一九四五）年の空襲の被害にも遭った。その後神戸市が六丁目にある岡本公園を梅林公園として整備、昭和五十七（一九八二）年に復活した。春には四五六六平方メートルの敷地に、三九種類一九二本の梅が咲き誇る。

62

御影の石切

高い評価の御影石
切出し作業をリアルに描く

神戸市東灘区御影、住吉台など

「摂津名所図会」は「名産御影石」として「武庫の山中より多く出る、御影村の石工、山に入て斫《きり》出し、京師・大坂及び畿内の石橋、伽藍の礎石あるひは鳥居、灯炉、手洗鉢の類、みなこの石を以て作る、むかしより折《きり》出すに、山中広くして際限なし」と説明し、挿画には「牛車のちからをもって日々運ぶ事多し、石は近州木戸より少し勝《すぐ》れて、京師の白川にはおとれり」と、牛車で運搬すること、近江の木戸より優れているが京都の白川石よりは劣っていると評価を下している。木戸石は滋賀県志賀町で産出される色の白い黒雲母花崗岩で、白川石は、比叡山から大文字山の間の京都市左京区北白川で産出する山陽帯比叡花崗岩であ

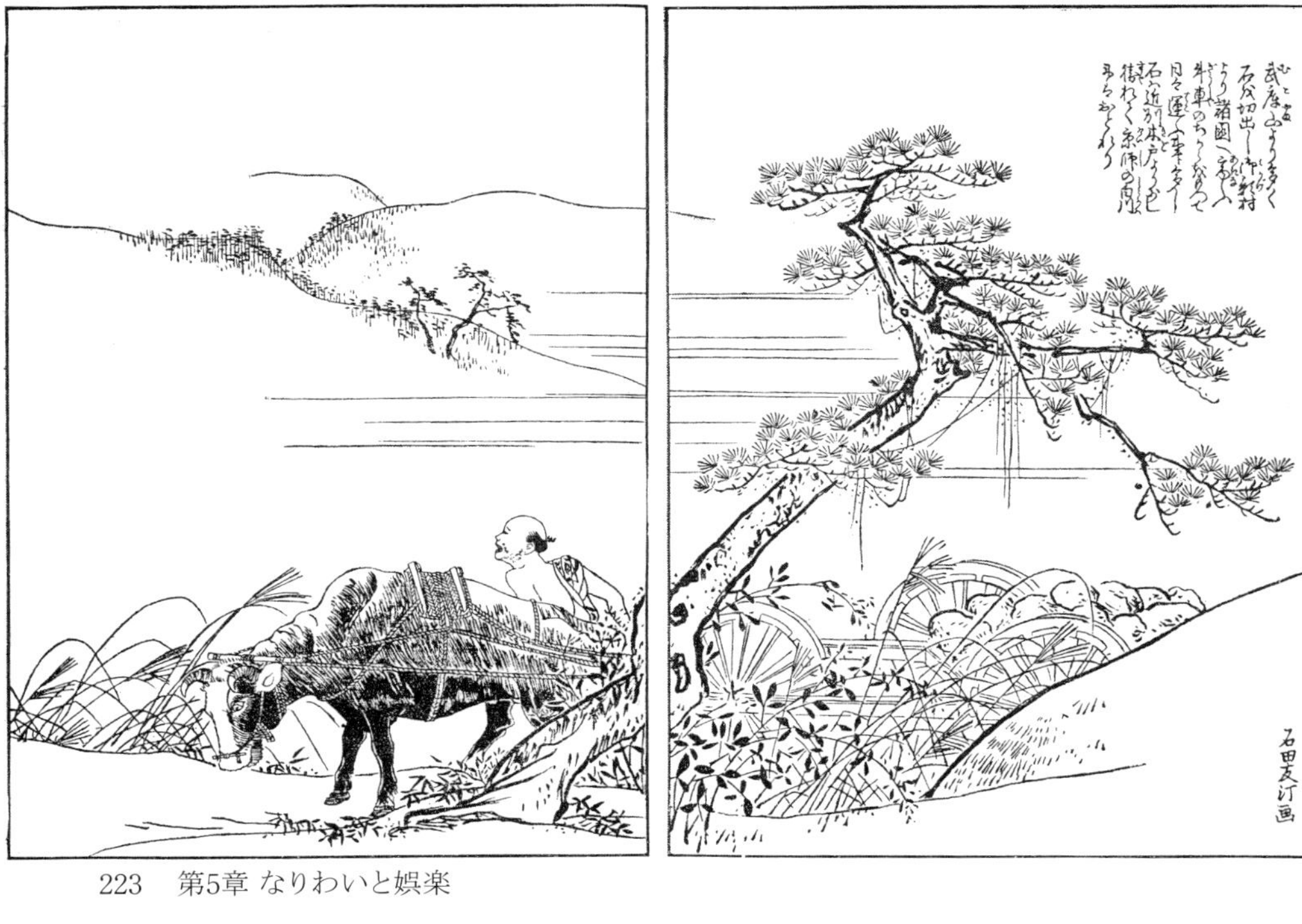

る。一般的に中目の黒雲母花崗岩である。

寛政十一（一七九九）年の「日本山海名産図会」はより詳しく御影石を紹介している。「往昔は牛車など負うすることはなかりし」「今は奥深く採りて二十町も上の住よし村より牛車を以て継て御影村へ出せり」と、かつては牛車などは使わなかったが、次第に採石場が遠くなり、二キロ以上も入った住吉村から切り出しているとする。「此の上品の石というは至って色白く黒文《くろふ》なし、是は昔に出て今は鮮《すく》なし」「高嶽深谷に入ては得ざるべきにあらずといえども、運送車力の便なき所のみ多し」と、色が白く黒点のないものを上質とするが嶮しい山中に入らないと取れないという。「京白川石に似て至て硬し、故に器物に制するに微細の稜尖《かど》も手練に応ず」と、石質は白川石に似て固く、微細は加工がやりやすい。「琢磨しては皮膚のごとし、是万代不易の器材、天下の至宝なり」と、磨けば皮膚のようで、永遠に変わら

ない天下の至宝であると高く評価する。

用途は鳥居、城郭、石槨、仏像、墓碑、築垣、橋台、石橋、庭砌《ていさき》、土居など用途は幅広い。

石の割り方は、大割、中割、小割、長く切る延條《のべ》、蓋石の種類があり、「切取には矢穴を堀て矢を入れ、なげ石をもってひびきの入りたるを手鉾《てこ》を以て離取を打附割といふ、又横一文字に割をそくい割とはいふなり」と解説し、石割の作業の風景が描かれている。ノミで矢穴を掘る石工、矢穴に矢と呼ばれる金具を入れ矢じめと呼ばれる大きなハンマーでたたく石工、大きな石を投げ落としてひび割れを大きくする石工、最後に梃子を使って薄く石を割る石工。作業工程がビジュアルに描かれている。一人を除いて被り物をしている。手前には石を運び戻ってくる人夫や牛車を描く。

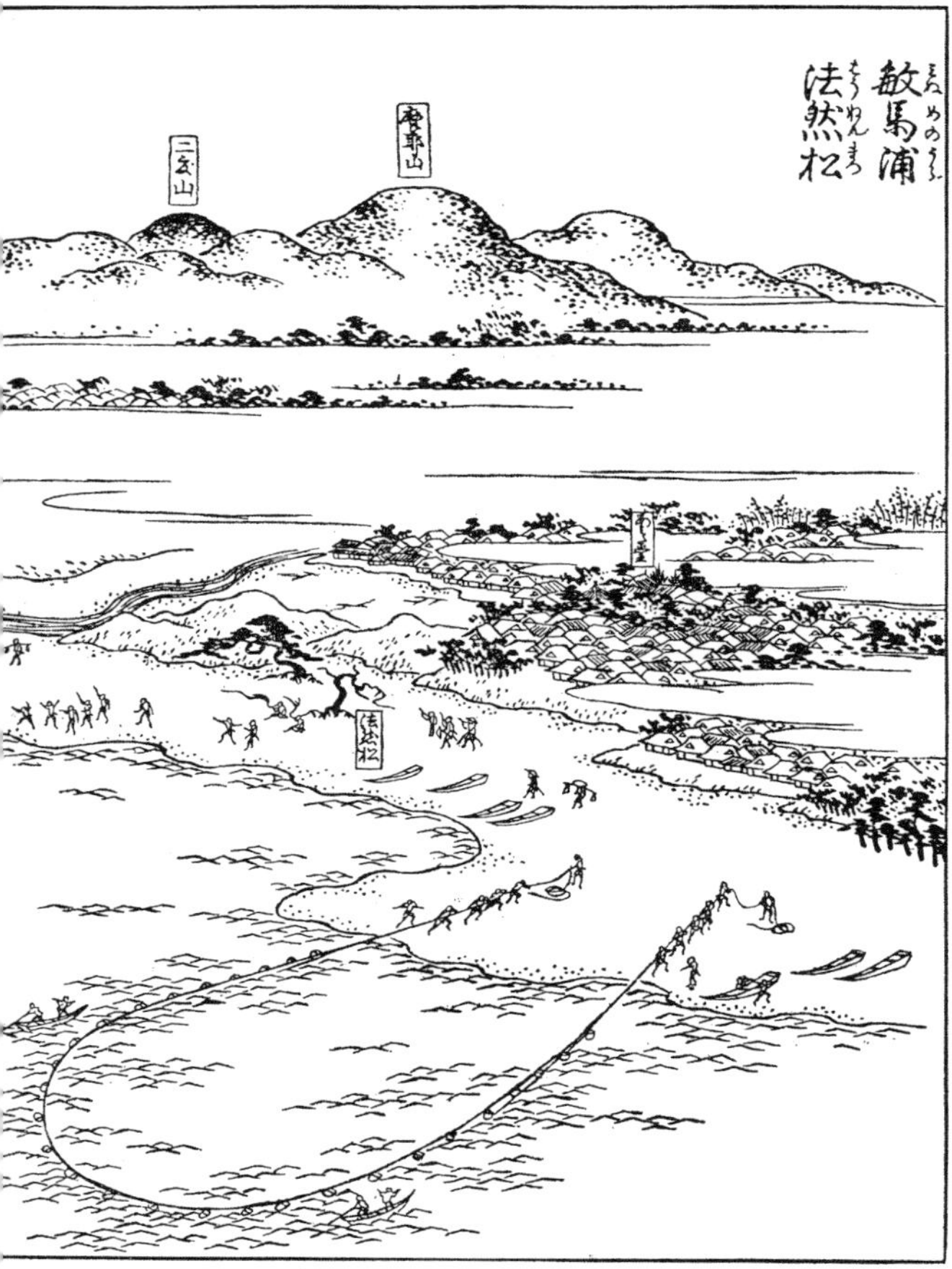

63

脇浜の地引網漁

俯瞰で描く漁村風景 法然上人伝承の松も

神戸市中央区脇浜町など

脇浜は古くからの漁村だった。慶長元（一五九六）年には、豊臣政権から朝鮮出兵に関して、西宮から二茶屋（神戸市）まで一三カ村に水主《かこ》役一四〇人を命じられ、うちの一六人を脇浜村が負担した。水主役は人や荷物の海上公用輸送に供するもので、これが江戸時代の公儀浦役の基準になった。公用の役負担をする村だけが「浦方」と呼ばれ漁業を許された。

天明八（一七八八）年の「御巡見様へ書上帳」（大利家文書）によれば、脇浜村は家数二五五軒のうち、小漁師一〇人、廻船持一人、小渡海船持八人、小廻し船持一一人がいた。

地引網では、カタクチイワシがよく捕れた。江戸時代の半ば以降、干鰯《ほしか》・鰯しめ粕が肥料として重要視され、イワシ漁は盛況をみた。

地引網漁は、まず網の引き綱先端を乗せた二艘の船が海上を走り、漁労長の指示で魚群のいる海域で網を打つ。網に魚が入ると船はそれぞれ浜に戻り、綱を人

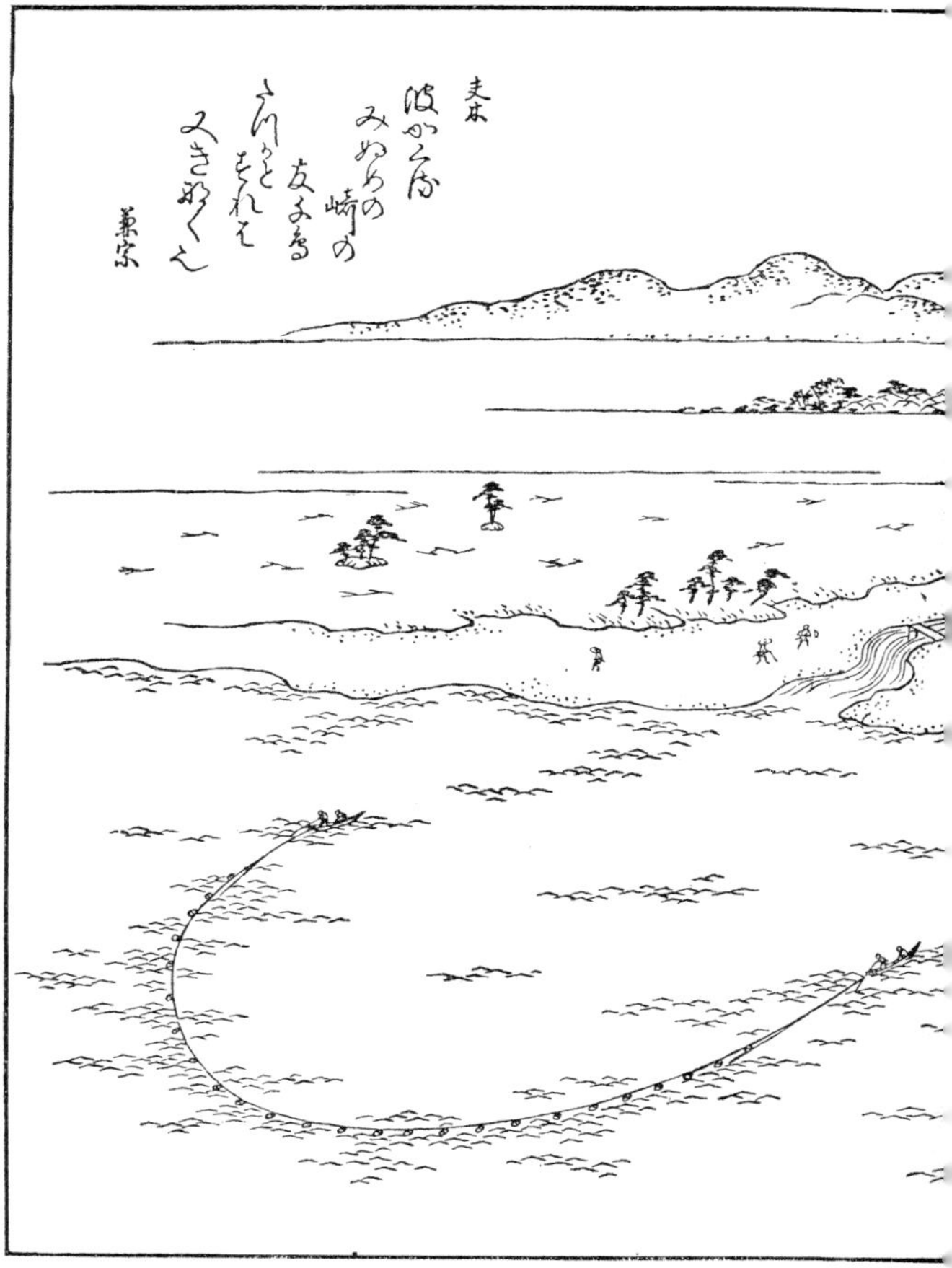

力で引く。近代になると陸に設けられたロクロに引き綱の端を結び、回しながら引いたが、「摂津名所図会」の挿画にはまだロクロは描かれていない。右には今まさに浜辺で引き綱を引いているが、左の方はその手前の段階で、沖で網を打ち、船が浜に戻る風景を描いており、地引網の作業工程を順に描いている。網には浮が付けられていることもうかがえる。

浜辺に描かれているのは法然松。法然が讃岐に流され、承元二（一二〇八）年に戻る際にこの地に立ち寄り植えたという伝承がある松で、立派に描かれている。法然は脇浜の冨松右衛門宅を宿泊所とし、松右衛門が後に自宅を寺にしたのが阿弥陀寺と伝える。法然が船中で念仏修行で鳴らした山越鉦《やまこしのかね》が寺に伝わっているとし、秋里籬島は「正しき旧跡なれば二十五霊場の中に入べきに、除かれし事不審なり、後世の所業か、後考をまつなり」と首をかしげているのが、秋里籬島の考えが出ていて興味深い。

挿画には繁栄する脇浜村の景観とその中に「あみだ堂」が描かれている。集落の民家は屋根が白いままの茅葺きと、細い線が引かれた瓦葺きとが半々に入り混じり、北部と南部の海岸沿いに茅葺きが多く、村の中心地には瓦葺きが多く描かれている。

64

若菜の調貢

生田の浜の「若菜」摘み 江戸時代は海藻を献上

神戸市中央区中尾町、小野浜など

神戸市中央区の泉隆寺は別名「若菜寺」と呼ばれ、平安時代に若菜を宮中へ献上した風習にちなみ、正月七日に七草がゆ法要が行われている。そのイメージが強烈すぎて、採取し献上されてきたのはずっと七草の若菜と信じられているが、実は江戸時代は海藻を献上してきたのに、ほとんど知られていない。

「摂津名所図会」には「今も臘月《しわす》二十五日には例年生田川の東の浜より壱町程沖の方、海底に生ふる若菜を中尾の村民これを取って同村の道場泉隆寺より京師西六條東中筋花屋町仏照寺へ贈らる、又此の寺より鏡餅を添て本願寺御門跡へ進上す、又こゝより天子へ献らるゝ事にや」とあって、海底の海藻と明記している。

さらに室町時代に一条兼良によって記された有職故実書「公事根源」に「若菜十二種」とあってその中に「水雲（モズク科の褐藻）」が含まれていることを紹介した上で、「按するに生田の若菜は

磯菜なるべし、八重垣に曰く、磯辺の若なり、十二種の中に水雲あり、海藻の類も磯菜ならんか」と、海藻説を強調する。そして再版本の挿画で右ページに描かれるのは、浜辺で海藻を摘む女たちである。

「播州名所巡覧図絵」はもっと明確で「中尾の人、毎年、生田の浜の海藻を採りて京師に献ず、これを生田の若菜と云、或いは曰く、万葉集、磯菜とよむ所、是、藻なり」と断定する。そのうえで「摂津志」が「七くさの其の一なり」と七草の一つとすることを「誤りなり」と批判している。

これは後世どう受け止められたのだろうか。明治三十一（一八九八）年刊行の『神戸開港三十年史』は、「摂津名所図会」の海藻説をそのまま引用しているが、明治四十四年に刊行の『西摂大観』では、上巻と下巻で食い違いが生じる。すなわち上巻「神戸市の沿革」では「小野若菜」の項目で、「生田の浦より若菜を採って禁裏に献ること名所図会に出づるも海草に非ず、是れ堀川百首師輔の歌にあり、されば野菜たることをしるべきなり」「生田の若菜は、磯菜なりとの説あるも、古歌又中尾村の者若菜を献上するは土地の名物たる菜菔《ダイコン》あり、之をいふこそ事実に近からむ、又磯菜を以て七種に入るゝは誤りにては非ざるか」と明快に「摂

津名所図会」の海藻説を否定している。この見解を安易に引き継いだのが現在の常識になった。
ところが『西摂大観』下巻「泉隆寺」の項では、若菜について「其の由来は前に之を記せるも尚補述するところあるべし」と、以前の記述にわざわざ触れたうえで、「古老伝へいふ、若菜の里は生田村字滝面の地なり、延喜年間より毎年朝貢の儀式怠りなかりし」として、本来の若菜を摘んだのは生田川の上流、滝面だったが、「蓮如上人此の地教化の砌《みぎり》、此の事を聞き旧例の再興を企て、其の時より若菜十二種の中磯菜をば生田の浦より採らせ中尾村の民之を泉隆寺に納め、此の寺より京都なる仏照寺に贈り」として、蓮如が復興した際に磯菜にすり替わったと主張する。

この変化はなぜだろう。それは「此の儀式も維新前迄行ひしとぞ、土地の老爺語るに、吾等幼少の頃、泉隆寺の住持と小野の浜に伴はれ、磯菜を取りしことあり、実に鄭重に乾かして之に触るゝ時は眼がつぶれるといふを聞きしこと、今に耳底に存せりといふ」と、決定的な証言を得たからである。

つまり『西摂大観』が編纂されたときには泉隆寺から京都の仏照寺に磯菜を贈る儀式は途絶えていて、上巻では「摂津名所図会」の説明を「誤

り」と切り捨てたが、その後、実際に泉隆寺の住職に連れられて磯菜を採取した古老の話を聞くことができたため、一部修正を加えたのである。磯菜を丁重に乾かし「触れば目がつぶれる」と幼子に警告する住職の厳重さは宮中への献上を意識した発言だろう。

このことから少なくとも江戸時代後期、「摂津名所図会」が描かれた時代に、泉隆寺から京都に運ばれたのは海藻だったこと、『西摂大観』が上巻で誤った記述をし下巻で修正しているにも関わらず、上巻の記述を孫引きし続けたことが誤りを続けている原因なのである。

なお、前ページに引用した挿画は再版本で使われた丹羽桃渓の作品で、初版本ではこのページに掲載した下河辺維恵の作品が使われている。右側は子供二人が海岸で若菜を摘み、白装束の男たちが運ぶために浜辺で待機している。ところが別の再版本では、右が丹羽桃渓の女たちの若菜摘み、左が下河辺維恵の白装束の男たちの挿画と、二人の挿画を組み合わせた再版本もある。

65

生田の花見

海浜の桜の名所「円居遊宴の図」

神戸市中央区三宮町ほか

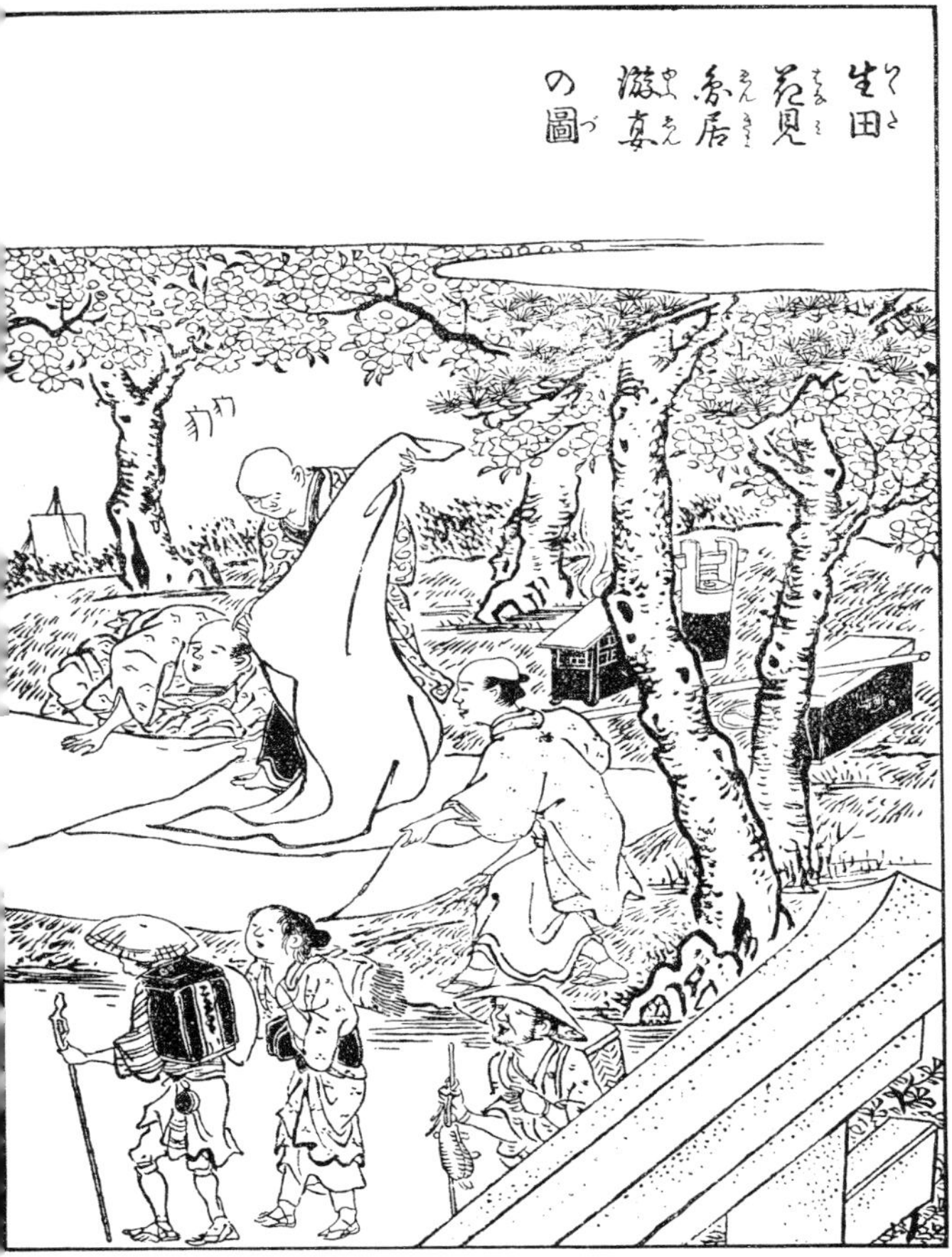

「摂津名所図会」は花見に興じる挿画を掲げ「海浜の神灯は夜走船《よはしりふね》の極《めあて》と成り、磯辺の鳥井(居)より本社まで、馬場八町計《ばかり》、梅・桜左右に烈《つらな》り、其の中を海道貫て、行人絶間あらず」と海辺の灯籠が沖を行く船の目印になっていること、そのすぐ脇にあった鳥居から生田神社の本社まで九〇〇メートル弱の馬場には梅と桜が連なり通行する人が絶えなかったと、参道の様子を紹介する。その景観は一五八ページの馬場の挿画からも参道の両側をびっしり桜などが植えられている様子がうかがえる。

そして梅については「梅匂ふ春のあしたより、鶯の初音神籬《ひもろぎ》にのどけく、特に籠(えびら)の梅はくれなゐの色こく、むかしにかはらず」と、源平の戦いで箙《えびら》に梅を差して戦ったという源氏方の武士、梶原景季の時代と同じく濃い紅色をしているという。

また桜については「桜花の盛は遠近人こゝに円居して、酒のみ物喰ひ、詩

作りて幽艶を賞し、さながら雲と見れば雪と散り、磯うつ浪に誘ひつれて浦漕ぐ船に香を送る、抑《そもそも》桜の名所といふは咸《みな》山にして、吉野・嵐山などなり、こゝは海浜にして汐風にもまれ、枝々風流にたはめるよそほひ、又奇なり」と、花見の時の賑わいぶりを描く。桜の名所はみな山にあるが、ここは海浜にあることが珍しいと、風情を強調する。

さて、ここに掲げるのは再版本に掲載されている丹羽桃渓の「生田花見円居遊宴の図」である。右下に鳥居が見え、桜の下に敷物を敷き、遊宴を始めようとする武家の一家が左手に描かれる。右手には桶に入った酒、その横には提げ重箱だろうか。海は見えないが船の帆も見え、海浜の風情も満喫できる。

ところで初版本の図柄は違っている。次ページの石田友汀の挿画で、社殿の周りに立つ二人の女と背中に荷物を背負い笠を持つ男の図。男は従者だろうか。今から花見の場所を物色しているようにも受け取れる。左側は参道に車座になって酒を汲み交わす五人の男と女。その奥にも三人が車座になっている。社殿から浜までには鳥居があるはずだし、社殿から浜辺までにしては、一五九ページの生田の馬場の景観を見る限り距離も不自然である。石田友汀のこの花見の図は実際の景観というより、社殿・参道の円居の遊宴、海辺などいくつかの要素を組み合わせデフォルメした図ではなかろうか。

また詞書は「生田社の馬場前八町許左右に梅桜まじへたる双樹《なみき》あり」「遠近人は此の神籬《かみがき》に円居して游宴す」と本文と重複している。このため再版にあたって詞書を削除し挿画も表情豊かなアップに変更したのだろう。ただ再版本の中には、右が石田友汀の社殿の図、左が丹羽桃渓の武家一行の図になっていて、左右がつながらない不思議な組み合わせの本もある。

風情のあった生田の馬場は、神戸開港によって桜や梅は伐採され居留地になった。明治三十年発行の鍋島直身編『神戸名勝案内記』（日東舘書林）は「一朝にして斯《かか》る勝地を失ひしこと惜みても猶余りありと謂《いう》べし」と嘆いている。

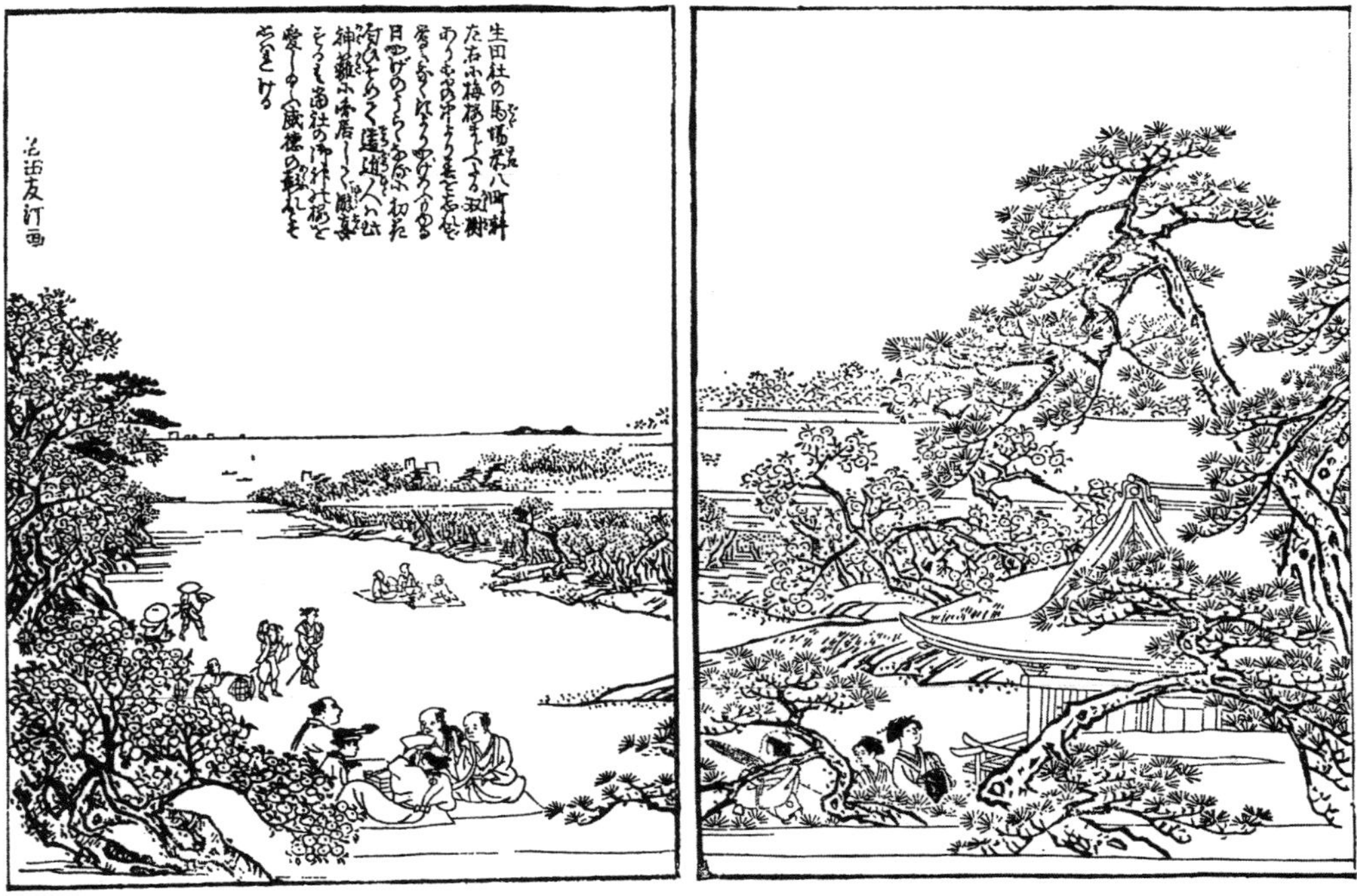

66

佐比江新地

花街の賑わい活写 幕末には柳原に移転

神戸市兵庫区佐比江町

「播州名所巡覧図絵」は佐比江について「上方より の入口にして、遊楼多し、名所にあらず、清からぬ江をさび江と云なり、この地、新地にして、元はさび江なるべし」と、遊所の多い新地として挿画を描いている。

その挿画は、神社に詣でる女、右上に五輪塔、松を描く。「摂津名所図会」は佐比江に続き「平経基墓」を掲げ「佐比江橋の北にあり、側に稲荷祠あり、平相国第四の舎弟、修理太夫経盛の次男なり」と紹介している。平経基とは平経俊の誤りなので、「播州名所巡覧図絵」が描く風景は、鎮守稲荷神社とその境内にある平経俊塚であろう。実際は現在の西出町に当たるが、当時はまだ町の境界は曖昧で、このあたり一帯を佐比江と呼んでいた。面白いのは「播州名所巡覧図絵」も経俊を経基と表記して同じ誤りをしているから、「摂津名所図会」を引き写したことが分かる。

また延宝八（一六八〇）年の「福原鬢鏡」には経俊塚について「右さひ江の堤にしるしの木あり」とあり、元は佐比江の堤の上にあったが、佐比江の埋め立てで移転したというのが通説になっている。しかし『西摂大観』は、埋め立ては享保年間（一七一六～三六）としているが、元禄九（一六九六）年の「摂州八部郡福原庄兵庫津絵図」には堤から遠い地に経俊塚が描かれ、幕末維新期の絵図と比べても位置の変化がないので、埋め

播州名所巡覧図絵

立てと移転は結びつかない。そして宝永七（一七一〇）年の「兵庫名所記」は、経俊塚について「右さひへのつゞき印の木あり」と、重要な記載がある。「佐比江に続き」を「福原鬢鏡」が「佐比江の堤」と書き誤ったのではないだろうか。要するに「福原鬢鏡」以降に、経俊塚が移転したというのは誤りではないかと思う。

さて「摂津名所図会」は、佐比江について「常に賑し、茶亭、花魁《うかれろ》の家、所〳〵に見えて、琴三弦をならし、旅客の袖をひく」とある。佐比江は平安時代から入江の名として和歌に詠まれるが、町場化されたのは遅く、天明八（一七八八）年の「兵庫津地方《じかた》地子方石高町数等覚書」に、明和六（一七六九）年に兵庫津が幕府領になった以降に町場となり「一カ町増え四五カ町になった」という趣旨の記載がある。

「摂津名所図会」は「兵庫髷紅おしろいの花の顔 佐比江といえど日々に新し」という俗謡を掲げ、挿画に新地の風景を描く。兵庫髷《まげ》は寛永十（一六三三）年刊行の「今様女中風々俗」に流

行している髪型として紹介されている。うなじの後ろに髪を集めて高く輪に結い、根元をねじ巻き頂上に突き出させた。佐比江の遊女から始まったという。

再版本の挿画を見ると、財布を落としても気づかぬほど遊女に見とれる男、酔っ払って肩を借りながら千鳥足の男。草履を忘れ片足は裸足だ。あんまを生業とする座頭、客引きの女、新地に立ち寄る旅人など、新地の町が活写されている。

遊女町としてにぎわった佐比江だが、天保年間（一八三〇～四四）に柳原に移転したといい、明治四十四（一九一一）年刊行の『西摂大観』は「其後花街は今の柳原町に移り市中も一変し、六、七十年来は常人の住む所となれり」と記載する。明治元（一八六八）年、東川崎町に旧福原が設けられるが、『神戸開港三十年史』は「其の頃、兵庫柳原に名媛甚《はなは》だ多く、是れ亦《また》検番所を設け福原芸妓と盛衰を競ふたり」と幕末には柳原が花街となって繁盛していたと記載している。

不漁に備えた生け簀 豊富な魚種に旅人も見物

神戸市兵庫区今出在家町1

「摂津名所図会」は、兵庫の生け簀について、「当津南浜今在家町にあり、長さ十三間、巾四間許《ばかり》、四方を囲みて、上に雨覆の屋根あり、中に潮水を湛《たた》へ、鯛《たい》・鱧《はも》・鱸《すずき》及び諸魚を多く放生《はなちいけ》て、常に貯ふ、これを兵庫の生魚といふ、禁裏調進の手当とす、往来の旅人、ここに来たって目を悦ばしめ、奇として時をうつす」と書く。今在家町にあって、鯛・鱧・鱸やさまざまな魚を泳がせ、朝廷へ納める時の手段にするという。また往来客に施設を開放し、見物できるようになっていた。挿画には「湿気《しけ》の時、不漁の用とす、禁裏臨時調貢もこれより捧《ささぐ》る事多し」と詞書があり、海が荒れて不漁の時に、臨時で朝廷に献上する場合に利用された、という。南浜公園に「史蹟生洲跡」の石碑がある。

挿画にはヒラメやエビ、タコも描かれている。桶を持った男は右足を踏み出しており、籠に入れて運ばれてくる鯛を受け取ろうとしている。生け簀で

直接魚を売買しているのだろう。左側には客が生け簀の中にまで入って、品定めしている。赤ん坊を背負った男と女、寺子屋帰りの子供、行商人、従者を従えた武士、旅の途中の武士、物見遊山の町人や隠居など、実に多様な人物が見物に訪れている。

表情豊かなこの挿画は、再版本に掲載された丹羽桃渓の画であって、初版本には次ページの秀雪亭の画が掲載された。構図は逆で、生け簀の外側から描く。見物する人影はまばらで、賑わいは今一つ。外から描くので見物人は後ろ向きになった上に、表情も単調だ。竹細工店の構図もそうだったが、主題と関係のない無駄な部分が多いのも難点。秀雪亭は円山応挙の高弟だったが、表情豊かな人物を描くのは丹羽桃渓の方が上手だったといわざるを得ない。この結果、画は有馬の竹細工店の描写と同様、「摂津名所図会」から外され、秀雪亭の作品は再版本から姿を消した。

生け簀がどのように運用されたのかは、まだよくわかっていないが、宝暦十四（一七六四）年に朝鮮通信使が兵庫津に来た時に、接待用の魚の調達をした網屋甚右衛門は生け簀を持っていた。「朝鮮人御用日記」によれば、急な追加注文があった場合、その時の値段と献上する魚の値段の差損や納入した魚と別の魚を要

求された場合の損銀の負担が問題になった。接待役の尼崎藩兵庫陣屋が「生け簀があるので世話料以外に損銀は払わない」と主張しているのは、生け簀の機能を考えるうえで興味深い。

「摂津名所図会」は、魚市も取り上げ「当津宮の前町にあり、これより西の方の漁者、船をこゝに寄せて、毎朝諸魚の市あり、こゝより又京師・大坂へ早船にて運送し、市に商ふ、都《すべ》て諸魚美味にして、兵庫の魚と賞ず」と、魚市までも名所に取り上げている。

兵庫津の鮮魚が注目されるのは一八世紀後半になってからで、宝永七（一七一〇）年の「兵庫名所記」に生け簀の記載はない。また元禄十四年（一七〇一）年刊行の「摂陽群談」では、兵庫津の海産物として鰯漬《いわしづけ》や簾干《すだれぼし》小鰯だけを紹介し、生魚は名物になっていない。鰯漬は「潮を以って製之、鰯胥《いわしのしおから》とす、香味甚《はなはだ》美なる事」、簾干小鰯は「簾を白浜に置きて炎天に干乾て能《よく》干たる時、升に量り市店に送る、魚小《ちいさ》く光在て銀魚の如し」とあり、どちらも保存食である。

68

舞子の浜

天下に名高い松の名所
旅人で賑わう茶屋

神戸市垂水区西舞子付近

「播州名所巡覧図絵」によれば、舞子浜について「たるみの西はづれより山田村迄の間東西一五、六町、南北五、六町の松林なり。此の地、古歌なければ、必ず名所といふには非ず、されども名高き事、天下に聞へたり、是正に、砂色、松の翠色、物に異なるが故なり、砂は雪より白く、数千株の松に高低なく梢を等ふして、丈に過ぎず、枝乾（幹）屈曲、をのづから見所ありて、葉の色、殊に深くして、鴨の毛のごとし」と描写する。舞子を詠んだ古歌がないので、必ずしも名所というわけではないが、砂は雪より白く、数千株の松は高さがそろい枝や幹が屈曲して、葉はカモの毛のように深い色で、天下に名高い

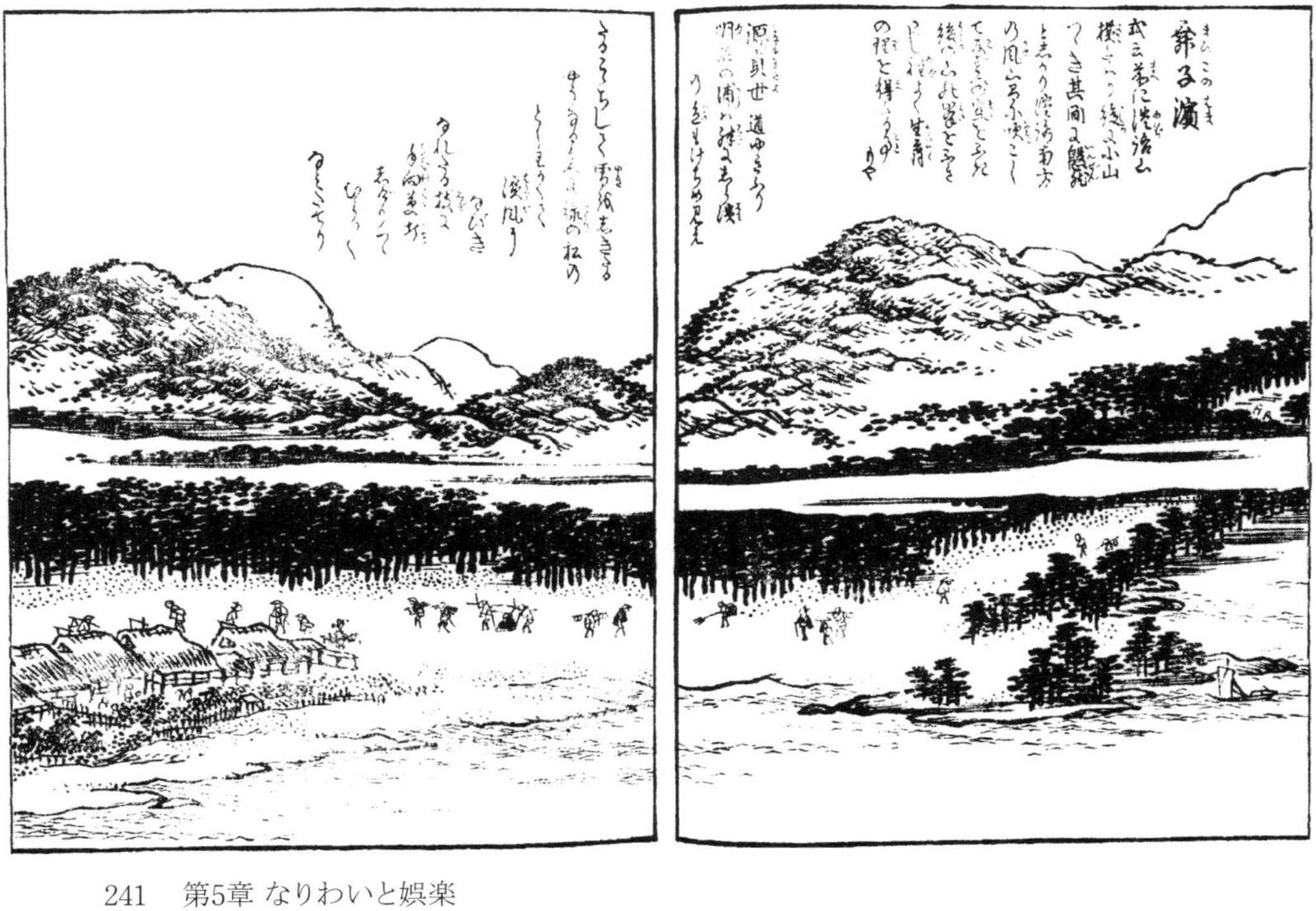

という。

前ページの舞子の浜の図を見ると、手前に砂浜、山側に松並木、その背後に小高い峰が続いている。「淡路南方の風、山間に吹こして、木ずへの空を吹き、後の山の峯をふきこし、程よく生育の理を得たる事もや」とあって、淡路島が迫っていてその背後の山との間の風が松をほどよく成長させる原因と書いている。描かれている場所は、右下に船が見える辺りが最も海に突き出した部分、現在の山陽電鉄霞ケ丘駅の南海岸辺りで、そこから現在の舞子公園駅にかけての付近だろう。図の右に見えるのは、民家ではなく、浜を望む人物が描かれていることや、茅葺き屋根のように見えて軒は瓦葺きになっていることから、茶屋である。全部で四、五軒の茶屋が見えるが、これは「播州明石舞子浜之図」（神戸市立中央図書館所蔵）に描かれた茶屋の景観とも一致する。拙著『古地図で見る神戸』の中で、この茶屋が海岸側にだけある理

由を、淡路島遠望のために利用されているためだと指摘した。

その楽しみぶりを描いたのが上の「舞子の浜より淡路嶋を望む」と題した図である。望遠鏡を持って立つ男は海峡を行き来する船に焦点を当てているのだろうか。くつろぐ客の大半の目線が海辺に注がれている。男たちの足元はいずれも脚絆が巻かれ、笠や手荷物からみても旅人が一服している風景である。茶屋はなかなかの賑わいである。砂浜に目を移すと敷物に座って煙草を吸う男、筆を執り何やら書き込む入道。俳句か風景画か。風景を愛でながら創作にいそしむ姿が見える。

茶屋は後に万亀楼・左海屋・亀屋・松菊楼などという料理旅館になり、大正期まで栄えた。このうち亀屋は明和三（一七六六）年には営業していたことが判明する老舗であり、左海屋は文久三（一八六三）年六月二十五日に坂本龍馬が宿泊したという記録もある。万亀楼は明治二十七（一八九四）年に創業した料理旅館で格式ある佇まいと生け簀料理で好評を博した。

これらの茶店は明治期に栄え、初代兵庫県知事で内閣総理大臣となった伊藤博文、外務大臣井上馨、日露戦争で有名な東郷平八郎などが宿泊した。大正二（一九一三）年には洋画家黒田清輝が万亀楼を訪れ昼食をとっている。しかし太平洋戦争が激化する昭和十八（一九四三）年に閉店した。

また山側の柏山には明治二十七年に有栖川宮熾仁《たるひと》親王が別邸を建て、皇族がしばしば泊ったことで知られる。現在の舞子ヴィラである。有栖川宮家は書道と歌道を家学とする四親王家のひとつで、九代目の熾仁親王は、慶応三（一八六七）年王政復古と同時に新政府の総裁に就任し、翌慶応四年鳥羽伏見の戦いが起こると東征軍大総督に任命され、兵部卿、福岡藩知事、元老院議官、議長、西南戦争では征討総督となり、さらに陸軍大将、左大臣、参謀本部長、近衛都督、参謀総長などを歴任した。

明治二十一年熾仁親王が妃殿下とこの山に避暑に来られてたいへん気に入られ、明治二十六年に別邸の建造を始めた。しかし別邸の完成間もない明治二十七年の暮れ、日清戦争で陸海空の総参謀長に任命され広島大本営に出仕中に病に倒れ、翌二十八年一月にこの別邸で療養中、逝去された。別邸は昭和九（一九三四）年、史蹟名勝記念物となった。

戦前の舞子浜の景観

【筆者】　秋里籬島（あきさとりとう）

籬島は俳人・読本作者。京都の人、「都名所図会」（一七八〇年）を皮切りに、五畿内の名所図会や「住吉名勝図会」（一七九五年）、「木曽路名所図会」（一八〇五年）まで、名所図会一四点を執筆した。

【挿画】

以下の画人が担当した。初版には下河辺維恵、小畑文祐も加わったが経歴などは未詳である。

●**竹原春朝斎**（?～一八〇〇）寺社の細画を担当。大坂の画人、本姓は松本、名は信繁、大岡春卜・阪本春汐斎の門人。

●**竹原春泉斎**　春朝斎の子。名は清秀、春泉斎、春泉と号した。

●**丹羽桃渓**（一七六〇～一八二二）人物画を担当。大坂の画人、名は元国、字は伯照、遅道と号した。師は蔀（しとみ）関月。

●**石田友汀**（一七五六～一八一五）京都の画人、名は叔明、法橋（ほっきょう）の地位に就いた。円山応挙らの師で禁裏御用絵師も務めた石田幽汀（一七二一～一七八六）の次男。

●**西村楠亭**（一七五五～一八三四）木綿縞商・嶋屋庄右衛門家に生まれ、円山応挙に学び、応挙十哲と呼ばれた。字は士風、または子風で京都に住み、豫章と号した。

●**西村中和**　京都の人。字は士達、梅渓とも号した。後に法橋となる。

●**秀雪亭**　円山応挙の高弟で京都に居住、禁裏造営で障壁画の絵師。権九郎と称し、字は子寿、別号に綿山があり、秀喬卿とも称した。

【参考文献】

原田幹「例言」『摂津名所図会』大日本名所図会刊行会、一九一九年
安田龍夫「摂津名所図会について」『大阪史談』復刊第一冊、一九五六年
浅野三平「秋里籬島」『女子大国文』京都女子大学国文学会七一、一九七三年
竹村俊則「解説」『日本名所風俗図会』七、角川書店一九七九年
森修「解説」『日本名所風俗図会』一〇、角川書店、一九八〇年
千田稔「秋里籬島と籬島軒秋里―名所図会の作者は作庭師か」『奈良女子大学地理学研究報告』Ⅱ、一九八六年
柳瀬万里「解説」『摂津名所図会』臨川書店、一九九六年
龍居竹之介「植栽の流れ（八九）『攝津名所図会』に見る植栽（その一、二）」『公園緑地建設産業』一五巻七、九号、二〇〇〇年
田原直樹・上甫木昭春・澤木昌典「摂津名所図会に見る江戸期の樹木観」『環境情報科学論文集』一五、環境情報科学センター編、二〇〇一年
田原直樹ほか「7078歴史的緑の研究：摂津名所図会に描かれた緑について（都市計画）」『日本建築学会近畿支部研究報告集　計画系』四一号、二〇〇一年
井上正紀「版本『摂津名所図会』の異同について」二〇〇三年
藤川玲満「吉野屋為八の出版活動」『国文』一〇八号、二〇〇七年
伊藤寿和「名所図会作家「秋里籬島」に関する基礎的研究」『史艸』四九、日本女子大学史学研究会、二〇〇八年
藤川玲満「国文学研究資料館蔵『秋里家譜』翻刻と解説」『国文』一一〇号、二〇〇八年
藤川玲満「名所図会をめぐる書肆の動向―小川多左衛門と河内屋太助」『江戸文学』四二号、二〇一〇年
長谷川奨悟「近世上方における名所と風景：秋里籬島編『都名所図会』・『摂津名所図会』を中心に」『人文地理』六四巻一号、人文地理学会、二〇一二年
千葉徳爾註解『日本山海名産名物図会』社会思想社、一九七〇年
井口洋校訂『播州名所巡覧図絵』柳原書店、一九七四年
橘川真一「解説」『播州名所巡覧図絵』臨川書店、一九九五年

おわりに

二〇〇五年に『古地図で見る阪神間の地名』を、二〇一三年に『古地図で見る神戸』を出した後、「図」を巡る読み解きの仕事は峠を越えた気分になり、何をなすべきか、何も考えないまま、時が流れた。転機は今春、神戸新聞総合出版センターから名所図をテーマにした本の出版について相談を持ち掛けられたことに始まる。大げさに言えば歴史図像学という観点で「摂津名所図会」の活用が不十分と感じていた私は、ねらいと組み立てを披露しそのまま採用されることになった。当初は摂津だけでなく播磨も、ということだったが、「摂津名所図会」には兵庫県内だけで挿画が約一〇〇点もある。やるからには、全部を網羅したいと思った。もちろんとても一人でこなせる仕事ではないと、共同執筆者を探すつもりだった。単なる名所図の紹介ならともかく、挿画から読み取る手法や視角は論者によってさまざまで、共同執筆する場合は、事前のすり合わせが重要である。しかし内容の検討に時を費やし、章立てが出来、何本か見本を書き「行けそうだ」となったのは初夏で、十一月末配本という発行計画では時間の余裕がなくなっていた。結局私の単著とせざるを得なくなった。

それから挿画とにらめっこしながら、虫眼鏡で隅から隅までなめるように眺め、由緒を調べ、現地を再訪しながらの執筆で、夜は時間が取れず未明に取り組んだ。挿画を読み解くことは楽しい半面、新しい発見のハードルは高く、生みの苦しみの連続だった。挿画から読み取れる新しい情報発見にこだわったため、一本の原稿を書くのに一週間以上かかった作品もある。途中、何度も「もう間に合わない」とギブアップしかけたが、岡容子さんの励ましで、締め切りをかなりオーバーしながらもなんとか滑り込み、ほっと、旅仕舞いをしている。

名所図の絵解きの旅を重ねて、事前に想像していた以上に、豊かで正確な描写、きめ細かな構図に圧倒され続けた。本文と照合しながら挿画をたどると、描き込まれた一つ一つの情報が本文とうまくマッチしていることも分かった。「播州名所巡覧図絵」との比較も発見があった。また「摂津名所図会」の初版本と再版本、再々版本で挿画が変わったところが、一三カ所あるが、うち九カ所が兵庫県内であり、両者を比較すると、鳴尾の西瓜を岡本の梅林に、有馬筆を明神祭に差し替えるなど、まったく異なる題材に変更したもの、淡泊な人物画が表情豊かな丹羽桃渓の作品に差し替えられたものが主なものだった。再版本は単一ではなく、若菜の調貢と生田の花見では、左右一コマずつ差し替えており、左右の図柄に連続性がなく挿画の観点からは不完全な再版本もあった。すなわち、若菜の調貢の挿画は①下河辺維恵のみ②右は丹羽桃渓、左は下河辺維恵③丹羽桃渓のみ、生田の花見の挿画は①石田友汀のみ②右が石田友汀、左が丹羽桃渓③丹羽桃渓のみ―という三種類ずつの組み合わせがあった。いずれも②は左右の挿画がつながらず、若菜の調貢では姓名印章のある方を取り換えたので姓名印章が消えてしまった。「姓名印章がないものはすべて竹原春朝斎の作品」という凡例は再版本には当てはまらない。なぜこんな不完全な差し替えをしたのか、まだ謎解きの旅の続きが待っている。

「五畿内名所図会」の存在を考えたのも発見の一つ。『国書総目録』は愛知県の岩瀬文庫・香川県の多和文庫・大倉精神文化研究所を掲載するが、国文学研究資料館・大阪府立大学上方文化研究センター・京都府立総合資料館・神戸深江生活文化史料館・萩市立図書館なども所蔵している。岩瀬文庫本には「寛政八年九月四冊出来／寛政十年九月八冊出来」の刊記があるが、これは「摂津名所図会」のもので、「五畿内名所図会」の刊行年ではない。これに対し多和文庫本・大倉研究所本・京都資料館本・深江史料館本は「享和二年戌正月吉日　京都書林小川多左衛門・大阪書林柳原喜兵衛・高橋平助・森本多助」の刊記がある。五畿内の名所図会は、安永九（一七八〇）年「都名所図会」、寛政三（一七九一）年「大和名所図会」、寛政八年「和泉名所図会」、寛政八・十年の「摂津名所図会」、享和元（一八〇一）年「河内名所図会」が秋里籬島によって刊行された。五畿内がそろったため享和二年に「五畿内名所図会」としてセットで三〇巻に再編され発売されたことが今回の調査で判明した。「五畿内名所図会」については存在の調査すら始まったばかりである。名所図会の流布については気の遠くなる旅が残っていることを指摘して、とりあえず筆をおきたい。

二〇一六年十月

大国　正美

大国 正美　おおくに・まさみ

1958年、福井県生まれ。京都大学文学部卒。専門は日本近世史。

神戸新聞社取締役企画総務局長のかたわら、ボランティアで神戸深江生活文化史料館長や伊丹市資料修史等専門委員長、雑誌『歴史と神戸』の編集長などを務める。共編著に、『角川日本地名大辞典』角川書店、『江戸時代人づくり風土記』農山漁村文化協会、『兵庫県の地名Ⅰ』平凡社、『源平と神戸ゆかりの50選』、『古地図で見る神戸』、『古地図で見る阪神間の地名』、『神戸の町名』、『神戸～尼崎　海辺の歴史』（以上、神戸新聞総合出版センター）、『兵庫県の不思議事典』、『兵庫県謎解き散歩』（以上、新人物往来社）など。自治体史では『播磨新宮町史　史料編Ⅰ』新宮町、『香寺町史通史資料編』香寺町、『同通史編』姫路市、『本庄村史』本庄村史編纂委員会。

江戸時代《えどじだい》の絵図《えず》と歩《ある》く
神戸《こうべ》・阪神《はんしん》「名所《めいしょ》」の旅《たび》

2016年12月5日　初版第1刷発行

著　者＿＿大国正美
発行者＿＿吉村一男
発行所＿＿神戸新聞総合出版センター
〒650-0044　神戸市中央区東川崎町1-5-7
TEL 078-362-7140（代表）／ FAX 078-361-7552
http://ec.kobe-np.co.jp/syuppan/html/

デザイン・DTP ／神原宏一
印刷／神戸新聞総合印刷

落丁・乱丁本はお取替えいたします

ISBN978-4-343-00917-3　C0021